Alfabetização
Uma perspectiva humanista e progressista

Stefânie Arca Garrido Loureiro

Alfabetização
Uma perspectiva humanista e progressista

Copyrigth © 2005 by Stefânie Arca Garrido Loureiro

CAPA
Victor Bittow
(Sobre foto da Stock Photos)

EDITORAÇÃO ELETRÔNICA
Glenda Milanio

REVISÃO
Rodrigo Pires Paula

Loureiro, Stefânie Arca Garrido
L892a   Alfabetização - uma perspectiva humanista e progressista / Stefânie Arca Garrido Loureiro . — Belo Horizonte : Autêntica , 2005.

248 p.

ISBN 85-7526-177-0

1.Educação. 2.Alfabetização. 3.Formação de professores. I.Título.

CDU 37
37.014.22
371.13

2005

Todos os direitos reservados pela Autêntica Editora.
Nenhuma parte desta publicação poderá ser reproduzida,
seja por meios mecânicos, eletrônicos, seja via cópia xerográfica
sem a autorização prévia da editora.

Belo Horizonte
Rua São Bartolomeu, 160 – Nova Floresta
31140-290 – Belo Horizonte – MG
Tel: (55 31) 3423 3022 – TELEVENDAS: 0800 2831322
www.autenticaeditora.com.br
E-mail: autentica@autenticaeditora.com.br

São Paulo
Rua Visconde de Ouro Preto, 227 – Consolação
01.303.600 – São Paulo/SP – Tel.: (55 11) 3151 2272

A Hélio Loureiro (em memória)
A todos aqueles que com suas atitudes contribuem para o advento de um mundo mais ético e mais humano. A eles, dedico este livro com os mais sinceros cumprimentos e humilde estima.

Agradecimentos

Agradeço, primeiramente, a Deus pela vida, por ter me sustentado nos momentos difíceis dessa caminhada e pelas oportunidades de crescimento e aprendizado.

Desejo agradecer, em especial, a Rosa Arca Garrido Loureiro e a Breno Loureiro Giacchini pelo incentivo constante e pelo apoio nos momentos difíceis desta trajetória.

A meus alunos, pessoas com quem muito aprendi em todos estes anos de magistério, o meu mais sincero agradecimento e estima. Os resultados da convivência autêntica em sala de aula, embasada na compreensão e no respeito pela pessoa do outro, do aluno, motivou a sistematização deste trabalho.

Meus agradecimentos dirigem-se, também, a todos aqueles que, durante esta caminhada, de variadas formas, me apoiaram e encorajaram: Clóvis Roque Giacchini, Wagner Dias da Silva, Maria Imaculada Pelluso, Maria Amélia Thomaz, Geraldo João Batista de Oliveira, José Resende de Oliveira, José Augusto Peixoto Guimarães.

Minha gratidão, em especial, à amiga Maria Elizabeth Martins que esteve conosco, em sala, durante dois dias letivos, enriquecendo nossos trabalhos.

Foram-me preciosos o apoio e a presença de Hélio Arca Garrido Loureiro, Fábio Arca Garrido Loureiro, Dario Arca Garrido Loureiro, Andréa Cristina de Cássia Barbosa e Idinara Souza Ferreira A. Loureiro.

Gostaria de aproveitar para expressar os meus mais sinceros agradecimentos à Nair Arca Gonzalves de Alvarenga e a Jairo Cleber de Alvarenga Alves, coordenadores da Escola de Pais de Belo Horizonte, pela disponibilidade e interesse com que se dispuseram a atender ao nosso convite para participarem de um projeto na Escola Municipal em que trabalhamos. Agradecemos toda a equipe da Escola de Pais que esteve com eles naquela ocasião, médicos e psicólogos pelas palestras realizadas para os alunos do noturno, atendendo à demanda dos mesmos, em um projeto anterior ao trabalho que estamos relatando neste livro.

Sumário

Introdução... 11

A vocação ontológica do homem é o crescimento humano, é humanizar-se.. 17

    A vocação ontológica do homem para o crescimento humano e a prática pedagógica como facilitadora desse processo............... 17

    A percepção das experiências vividas e sua implicação no processo de crescimento humano... 23

    Alguns pressupostos teóricos do existencialismo humanista que podem facilitar uma prática pedagógica libertadora............... 29

Infância... 35

    Uma breve discussão sobre o conceito de infância............... 35

    A idade escolar e a importância da escola no desenvolvimento psicossocial das crianças... 38

    A criança pertencente às minorias sociais e a exclusão social............... 44

A aprendizagem significativa................................... 53

    Uma breve discussão a respeito da aprendizagem significativa............... 53

    Atitudes que facilitam uma aprendizagem significativa............... 57

    Saberes necessários para uma prática pedagógica humanista e progressista... 64

O preconceito lingüístico, a escola e o processo de exclusão............ 75

    O preconceito lingüístico... 75

    A língua falada e a língua escrita não são iguais............... 83

    Desmistificando a gramática... 87

O lúdico na educação.. 93
   O jogo e a cultura... 93
   O jogo na infância... 98
   O lúdico na educação como facilitador da auto-expressão e da aprendizagem... 106

A metodologia de alfabetização de Paulo Freire........... 111
   O diálogo como essência de uma educação libertadora........... 111
   O homem é um ser que está em relação com o mundo............. 116
   As várias etapas do processo de alfabetização na metodologia de Freire.... 120

Uma metodologia humanista e progressista para a alfabetização de crianças.. 127
   A metodologia para alfabetização de crianças embasada na metodologia de Freire e no humanismo existencialista............................. 129
   Análise do processo vivido pelos alunos........................... 132
   O processo de alfabetização vivido pelos alunos................. 134
      O PRIMEIRO MÊS DE AULA.. 134
      O SEGUNDO MÊS DE AULA.. 149
      O TERCEIRO MÊS DE AULA... 164
      O QUARTO MÊS DE AULA... 184
      O QUINTO MÊS DE AULA... 199

Análise do processo vivido pela turma............................ 215
   A violência e o relacionamento interpessoal..................... 215
   A relação dos alunos com o estudo................................. 225
   O processo dialógico na sala de aula............................. 233
   Conclusão... 240

Referências.. 246

Introdução

O processo ensino-aprendizagem sempre nos interessou. Exercendo o magistério, sempre nos preocupamos em desenvolver uma prática pedagógica que pudesse facilitar a aprendizagem de nossos alunos e o seu processo de crescimento humano.

Em vários anos de magistério, na rede pública de ensino do município de Belo Horizonte, temos observado o quanto a escola se esforça para se desvencilhar de práticas autoritárias de ensino, baseadas apenas na transmissão de conteúdos, por meio de relações verticais.

A prática autoritária que prevaleceu na educação nos últimos séculos deixou um ranço que acompanha a escola atual e do qual os educadores tentam se libertar.

A relação entre educadores e educandos foi marcada, fundamentalmente, por práticas narradoras ou dissertadoras nas quais os educadores dissertavam sobre conteúdos que os educandos deveriam memorizar.

Nessa perspectiva, os educandos são passivos, objetos pacientes que ouvem o sujeito, o narrador materializado na figura do professor.

Nesse contexto, os conteúdos são, muitas vezes, fragmentos da realidade, recortes, desconectados da totalidade que, por isso mesmo, perdem, quase sempre, a dimensão concreta necessária à sua compreensão. As relações verticais entre educador e educando não favorecem o diálogo, uma maior compreensão dos conteúdos e, não raro, o educando perde o interesse sobre o tema a ser estudado.

A palavra, nessa concepção, fica esvaziada de sua força transformadora. Torna-se uma palavra "oca", solta, desconectada da realidade. Essa prática pedagógica autoritária dificulta não só a aprendizagem mas também a formação de pessoas críticas, conscientes e criativas. Se o aluno não é chamado a conhecer, mas a memorizar, já não há construção de conhecimento. Essa prática não permite uma análise crítica da realidade e a reflexão sobre formas diferenciadas de atuar sobre ela no sentido de modificá-la.

Essa atitude autoritária inibe ou anula a capacidade criadora dos educandos e dos educadores. O educador, também, se aliena nesse processo porque vendo-se como "aquele que sabe", esquece de sua própria incompletude e de sua necessidade ontológica de buscar e "ser mais". O saber passa a ser uma doação daqueles que sabem aos que não sabem. Essa posição, no extremo, nega a educação e o conhecimento como processo de busca a ser efetuada por educadores e educandos.

Os próprios alunos, muitas vezes, perguntaram-nos se íamos encher o quadro e afirmaram que "queriam é copiar". Fatos como esse nos mostram como os alunos, ao longo dos anos, identificaram-se com esse lugar de objeto que lhes foi imposto na prática pedagógica autoritária. Lugar de quem apenas "copia", de quem não tem autonomia, não pode criar porque o espaço para a criação lhe foi negado, dificultando um processo de educação que seja conscientizador e libertador.

Em nossos anos de prática do magistério, temos observado que a alfabetização de crianças, também, está marcada por esse autoritarismo. Apesar dos esforços do corpo docente em adotar métodos de alfabetização que favoreçam o crescimento humano dos educandos, nossos alunos, muitas vezes, aprendem a repetir palavras que não fazem parte de seu cotidiano.

Isso acontece quando a escola não ouve o que os alunos têm a dizer, ou querem dizer, silenciando-os para que ouçam o que o educador tem para falar. Essa prática pedagógica autoritária afasta as experiências reais de nossos alunos, inclusive, e principalmente, dos alunos pobres, moradores de periferia, do espaço-tempo escolar. Concomitantemente, afasta-os, também, pois, nesse contexto, esses alunos, se ainda permanecem de corpo presente na escola porque não podem se evadir, não conseguem se engajar nas atividades escolares de forma satisfatória. Eles procuram outras formas de "evasão", de se defenderem desse processo autoritário, mais um dentre vários processos de exclusão e dominação vividos por eles na sociedade mais ampla.

Infelizmente, às vezes, a escola não facilita o processo de compreensão crítica da realidade.

Então, sentindo-se tolhidos, não compreendidos, muitas vezes, os alunos recusam-se a fazer as atividades propostas, mostram-se apáticos, ou ainda comportam-se com brincadeiras ou agressividade. Nessas ocasiões, freqüentemente, são vistos como bagunceiros ou rebeldes e medidas educativas são tomadas no sentido de "ajudá-los" a se adequarem àquilo que é exigido deles em termos de comportamento e aprendizagem.

Entretanto, algumas vezes, esta última não acontece. É sabido que um grande número de alunos não consegue ser alfabetizado, embora freqüente a escola regularmente.

Uma metodologia que não facilita o diálogo, a troca, a descoberta a e compreensão não possibilita o crescimento do aluno. Ao contrário, ela o agride ao impor temas e histórias nos quais o aluno não se encontra e com os quais não pode se identificar, ou no extremo oposto, podem agredi-lo, ao mostrar uma realidade parecida com a dele, sem prepará-lo para trabalhá-la.[1]

Temos observado que muitos de nossos alunos, apesar da pouca idade, chegam à escola com conflitos e bloqueios emocionais. Por vezes, vivem um cotidiano difícil, com poucos recursos materiais ou quase miséria. Presenciam atitudes agressivas de outros, quando eles mesmos não são alvos dessa agressividade.

Uma das possibilidades de compreensão crítica do vivido, das relações sociais, da própria realidade é o estudo, o crescimento humano e, portanto, a escola. E nesse contexto, a alfabetização é um desses momentos privilegiados.

Cada habilidade adquirida pelo homem, em seu processo de desenvolvimento, possui um significado específico dentro das várias culturas e dá a ele um novo *status*. Participa, também, na construção de uma imagem positiva de si. Isso não só ressalta a importância do momento da alfabetização já conhecida por todos nós mas, ressalta, ainda, a influência e a responsabilidade da escola no desenvolvimento da vida afetiva, emocional e psicológica das crianças.

---

[1] Quando uma pessoa não está preparada para enfrentar seus conflitos, pode evitá-los. No âmbito do grupo ou da sala de aula, essa "fuga" do contato com os próprios conflitos pode se manifestar por meio de comportamentos que se caracterizem como uma "bagunça" do grupo ou por meio de comportamentos agressivos. A este respeito ler: PAGÈS, Max. A vida afetiva dos grupos. São Paulo: Editora Vozes, 1976.

O momento da alfabetização deve ser, também, um momento que propicie maior compreensão de si mesmo e da realidade, facilitando a construção de uma visão crítica.

Durante o período em que exercemos o magistério na rede municipal, graduamo-nos em Letras e em Psicologia e fizemos o mestrado em Psicologia Social. Esses cursos foram realizados e concluídos na Universidade Federal de Minas Gerais. Durante a graduação em Letras e em Psicologia, não nos afastamos da atividade de educadora, na escola onde lecionávamos, e, durante o curso de psicologia, realizamos alguns trabalhos em dinâmica de grupo. Alguns desses trabalhos foram realizados na própria escola com alunos e seus familiares, em horário diferenciado de nosso horário de trabalho.[2]

Voltando do mestrado em psicologia social e retomando as atividades de educadora na referida escola, deparamo-nos com grupos de alunos que, apesar de freqüentarem a escola regularmente, não liam nem escreviam. Esses alunos eram, também, conhecidos por não ficarem nas salas de aula e pela forma agressiva com que, às vezes, relacionavam-se com os colegas e professores.

Alguns de nossos colegas, por conhecerem nossos trabalhos, sugeriram que formássemos uma turma com um grupo desses alunos para alfabetização. Então, a partir dos conhecimentos adquiridos, durante nossos estudos, e de nossos trabalhos anteriores com alfabetização, montamos um projeto para alfabetização de crianças que articulasse a metodologia de Paulo Freire e as teorias do existencialismo humanista aplicadas à educação.

Assim, no início de 2004, assumimos uma turma de 4ª série com dezenove alunos entre nove e dez anos, que não sabiam ler nem escrever. Logo no primeiro dia de aula, explicamos a eles nossa proposta de trabalho. Eles se interessaram de imediato pela proposta e iniciamos já, no primeiro dia, nosso trabalho.[3] A turma esteve sob nossa responsabilidade durante todo o processo. Os alunos tiveram um contato menor com outras duas professoras: a de educação física e a de artes.

O resultado foi satisfatório, motivando-nos a desenvolver este estudo sobre o processo de alfabetização e de crescimento humano vivido por esses alunos. O processo vivido pela turma vai ser descrito e analisado nesta obra.

---

[2] Alguns desses trabalhos estão publicados e podem ser encontrados no livro: AFONSO, Lúcia. Oficinas em dinâmica de grupo: um método de intervenção psicossocial. Belo Horizonte: edições do campo social: 2000.

[3] Esse primeiro contato está descrito no capítulo seis, na descrição do processo vivido pela turma.

Nosso trabalho está embasado na metodologia do educador Paulo Freire, adaptada para alfabetização de crianças, e em uma prática pedagógica humanista. Visamos a aprofundar o conhecimento de como uma metodologia de alfabetização, embasada na perspectiva humanista, aplicada à educação, e na metodologia de Paulo Freire, pode ser utilizada e atualizada para a alfabetização de crianças no sentido de facilitar o processo de aprendizagem, de crescimento humano, do ponto de vista psicossocial, e a construção de uma visão crítica da realidade.

Esse estudo visa a contribuir com a elaboração de projetos sociais e escolares no que tange a alfabetização de crianças pertencentes às minorias sociais.

No primeiro capítulo, discutimos a vocação ontológica do homem para o crescimento humano, para a humanização, embasados nos estudos de Paulo Freire e apresentamos a teoria do desenvolvimento de Erikson. A não-solução satisfatória de etapas do desenvolvimento humano pode comprometer a resolução da(s) etapa(s) seguinte(s), interferindo de forma negativa no processo de crescimento humano. Como a escola é um dos grupos dos quais a criança participa, tem uma grande influência no desenvolvimento psicossocial da criança e pode dificultar ou facilitar a elaboração de algumas etapas, principalmente das vividas na infância.

Embasados nos estudos de Rogers, discutimos brevemente como uma prática pedagógica humanista pode facilitar o processo de aprendizagem e de crescimento humano dos alunos.

No segundo capítulo, procuramos compreender melhor o período da infância, enfocando a fase escolar, da teoria de Erikson, fase em que se encontram os sujeitos deste trabalho. Erikson enfatiza a importância da escola na resolução satisfatória da etapa escolar. Se a criança se sentir excluída, no âmbito escolar, se não se sentir aceita, habilitada para cooperar em grupo, pode incorporar sentimentos de inferioridade que tendem a interferir negativamente nas etapas subseqüentes de seu desenvolvimento.

Procuramos, então, aprofundar o conhecimento a respeito do processo ensino-aprendizagem, em uma perspectiva humanista e progressista, que contemple, também, o crescimento humano dos alunos.

Assim, no terceiro capítulo, apresentamos uma discussão a respeito da aprendizagem significativa. Essa refere-se a uma aprendizagem profunda que abrange várias dimensões do ser e facilita o processo de crescimento humano. Então, discutimos algumas atitudes do educador, fundamentadas em uma prática pedagógica humanista e progressista, que criam condições para a construção da aprendizagem significativa. Essa discussão está embasada nos trabalhos de Rogers e nos trabalhos de Freire.

Para que uma aprendizagem significativa aconteça, o educando precisa sentir que é aceito, respeitado, ou seja a relação entre o educador e o educando precisa ser dialógica e autêntica. Nesse contexto, o processo de aprendizagem precisa envolver temas que sejam relevantes para o educando. Uma prática pedagógica autoritária, baseada em relações verticais, em comportamentos estereotipados e em conteúdos fragmentados, desconectados da realidade do aluno, pode inibir o processo de crescimento humano dos educandos e dificultar o processo de aprendizagem. Uma prática pedagógica autoritária, muitas vezes, reproduz, na escola, a forma de organização da sociedade mais ampla, reproduzindo preconceitos e estereótipos criados para as minorias sociais, dificultando o processo de aprendizagem e de crescimento humano dos alunos.

Nesse ponto do trabalho, procuramos entender o processo de criação do preconceito lingüístico, um dos preconceitos existentes na sociedade como um todo e nas instituições formais de ensino e que acaba por estigmatizar os alunos pertencentes aos grupos minoritários, dificultando o processo de alfabetização e de aprendizagem. Então, no capítulo quatro, embasados nos estudos do lingüista Bagno e, também, nos trabalhos do lingüista Perini, apresentamos uma discussão a respeito do preconceito lingüístico. Discutimos, brevemente, o processo pelo qual a língua é usada como mecanismo de dominação e exclusão dos grupos minoritários.

Enveredando por esses caminhos, sentimos necessidade de compreender melhor como o lúdico, na educação, pode facilitar a desconstrução de estereótipos e o processo de alfabetização, de aprendizagem e de crescimento humano dos alunos. Assim, no capítulo cinco, apresentamos uma discussão sobre a importância do aspecto lúdico na vida humana e na educação como facilitador da auto-expressão, da aprendizagem e da expressão e superação de conflitos.

Para finalizar a parte teórica de nosso trabalho, no capítulo seis, apresentamos a metodologia de alfabetização de Freire. Essa metodologia foi adaptada, neste trabalho, para a alfabetização de crianças.

No capítulo sete, apresentamos a metodologia utilizada neste trabalho. Descrevemos o processo de alfabetização vivido por essa turma de educandos e discutimos alguns fenômenos importantes que aconteceram durante o processo de alfabetização e que facilitaram a aprendizagem e o crescimento humano dos alunos.

No capítulo oito, fazemos uma breve análise do processo vivido por esses alunos – do processo de alfabetização e do processo de crescimento humano – ou seja, do desenvolvimento psicossocial.

A vocação ontológica do homem é o crescimento humano, é humanizar-se

A vocação ontológica do homem para o crescimento humano[1] e a prática pedagógica como facilitadora desse processo

A vocação ontológica do homem é humanizar-se. O ser humano é um ser inacabado e esse "inacabamento" é próprio dos seres vivos. No entanto, só nos seres humanos essa inconclusão se tornou consciente.

Os homens e mulheres, a partir das relações que foram estabelecendo com o mundo, da invenção da existência a partir dos materiais que eram encontrados, criados, inventados, foram re-criando o mundo.

Nesse sentido, a diferença entre os homens e os animais é que para estes, o mundo é um suporte onde suas vidas se desenvolvem de uma maneira

---

[1] Estamos entendendo o processo de humanização do homem a que se refere Paulo Freire, como o processo de crescimento humano. Quando nos referirmos ao processo de crescimento humano, estaremos nos referindo a um processo no qual a pessoa consiga: uma relação autêntica consigo mesma, expressando seus sentimentos sem distorcê-los ou negá-los, um crescente autoconhecimento, fazer escolhas mais conscientes e assumir a responsabilidade de suas escolhas e seus atos, entender que o crescimento é um processo contínuo, perceber que as influências históricas, sociais e culturais presentes em sua história pessoal podem ser compreendidas e elaboradas e que, se a história influencia o homem, em uma relação dialética é o homem que faz a história. Ele percebe que tem sempre, em algum grau, liberdade de escolha.

fechada, inconsciente, ou seja, completamente determinada pela espécie à qual pertencem. Os animais não desenvolveram a linguagem conceitual, não podem representar o suporte no qual suas vidas se desenvolvem, não podem representar a si mesmos, nem aos outros animais que coabitam com eles. A ação executada por um animal é determinada pela espécie a que ele pertence. Ele não tem liberdade de escolha, não tem opção (FREIRE, 2003).

A postura erecta do ser humano permitiu que as mãos humanas ficassem livres para construir, para criar. Segundo Freire:

> Quanto maior se foi tornando a solidariedade entre mente e mãos, tanto mais o suporte foi virando mundo e a vida, existência. O suporte veio fazendo-se mundo e a vida, existência, na proporção que o corpo humano vira corpo consciente, captador, apreendedor, transformador, criador de beleza e não "espaço" vazio a ser enchido por conteúdos. (FREIRE, 2003, p. 51)

Então, à medida que o homem intervinha no "suporte", construindo a linguagem, dando nome às coisas e às coisas que fazia, construindo uma compreensão do "suporte" e a forma de comunicar o que estava sendo compreendido, ele criava "mundo". A construção da linguagem, da comunicação, em níveis profundos e complexos, da cultura, da arte e da espiritualização está associada à criação da existência e faz dos seres humanos seres éticos.

Existir passou a implicar a tensão entre o bem e o mal, entre o que era digno ou indigno, certo ou errado. Ou seja, já não era possível existir sem fazer escolhas e ser responsáveis por elas. Nessa perspectiva, o homem não apenas vive, ele existe e está em relação com o mundo. Ele é capaz de intervir no mundo, de tomar decisões, de escolher, de fazer compromissos, de romper com eles, de dar testemunhos dignificantes e também, infelizmente, de ações indignas. No âmbito da educação, isso nos remete à necessidade de uma prática formadora de natureza ética (FREIRE, 2003).

Nesse contexto, o homem não é um ser determinado. Sua relação com o mundo não é "fechada" como a dos animais que estão condicionados a agir como os da sua espécie. Apesar de ser influenciado pela época histórica na qual está inserido, pela cultura e pela sociedade, o homem tem, em algum grau, liberdade de escolha. Então, o homem pode criar, fazer diferente, pode concordar mas, também, discordar. O homem é influenciado pela história e pela sociedade, mas em uma relação dialética, ele as influencia. A responsabilidade do indivíduo na formação da cultura não pode ser ignorada.

A história é um tempo de possibilidades e não de determinismos. O homem é um ser inacabado, está em constante transformação e por isso mesmo, quando consciente de sua incompletude, pode ir além das influências e condicionamentos sociais. Essa é a diferença entre o ser condicionado e o ser determinado (FREIRE, 2003).

A esse respeito, Freire escreve:

> Seria irônico se a consciência de minha presença no mundo não implicasse já o reconhecimento da impossibilidade de minha ausência na construção da própria presença. Não posso me perceber como uma presença no mundo, mas, ao mesmo tempo, explicá-la como resultado de operações absolutamente alheias a mim. Neste caso o que faço é renunciar à responsabilidade ética, histórica, política e social que a promoção *do suporte a mundo* nos coloca. (FREIRE, 2004, p. 54)

Quando o homem renuncia à sua responsabilidade ética frente ao mundo, ele renuncia também à sua vocação ontológica de ser sujeito da história e da própria história.

O homem, como ser que tem consciência de sua inconclusão e consciência do mundo, vive em um permanente movimento de busca e, portanto, de transformação. Ele não está pronto, acabado – é um processo em constante movimento de crescimento. Seria uma contradição se, tendo consciência de sua inconclusão, o homem não se inserisse no movimento da busca. A esse respeito, Freire escreve:

> Estar no mundo sem fazer história, sem por ela ser feito, sem fazer cultura, sem "tratar" sua própria presença no mundo, sem sonhar, sem cantar, sem musicar, sem pintar, sem cuidar da terra, das águas, sem usar as mãos, sem esculpir, sem filosofar, sem pontos de vista sobre o mundo, sem fazer ciência, ou teologia, sem assombro em face do mistério, sem aprender, sem ensinar, sem idéias de formação, sem politizar não é possível. (FREIRE, 2004, p. 58)

No âmbito da educação, a própria consciência da inconclusão é que faz da "educação" um processo permanente. O homem está em constante processo de aprendizagem.

Não é a educação que faz os homens educáveis, mas a consciência que o homem tem de que é um ser inacabado é que gera sua educabilidade (FREIRE, 2004).

No que diz respeito à educação formal, um educador humanista deve orientar-se no sentido da humanização do educando e dele mesmo (FREIRE,

2003). Ou seja, deve estabelecer uma relação com seus alunos que facilite o processo de busca de conhecimento e de autoconhecimento. A relação educador-educando deve facilitar o processo de crescimento humano. Nesse aspecto, o pensar do educador e sua comunicação com seus alunos e consigo mesmo precisam ser autênticos.

No entanto, a relação educador-educando, geralmente, dificulta o crescimento humano. Na maioria das vezes, são relações verticais e, em quaisquer de seus níveis, contêm um traço marcante – o fato de serem relações nas quais não há diálogo – havendo essencialmente dissertações ou narrações (FREIRE, 2003).

Então, desde cedo nossas crianças são desestimuladas a criar, a falar, a argumentar. É cobrado delas uma atitude passiva, que fiquem quietas para escutar aqueles que sabem a fim de que possam guardar o que vai ser dito. Fica implícito nessa dinâmica que elas não sabem nada e, portanto, o que têm a dizer tem pouca, ou não tem nenhuma importância. Essa prática desestimula o diálogo. Ignora o movimento de construção existente no próprio diálogo. Nesse contexto, esquece-se de que, quando uma pessoa expõe uma idéia, ela a elabora no momento mesmo da exposição, dá um novo sentido ao que foi dito e, nesse processo, transforma-se.

Essa dinâmica autoritária implica a existência de um sujeito – o narrador – e a existência de um objeto passivo, – o educando – aquele que ouve. Os conteúdos assim transmitidos, sejam eles valores ou dimensões concretas da realidade, tendem a petrificar-se. Na narrativa, a realidade, que é algo em constante movimento, é descrita como algo estático, fragmentado. Fazem-se recortes da realidade que, desconectados do todo em que se engendram, perdem a significação. Então, o educando não consegue perceber a temática inserida no todo, não percebe suas causas e nem suas conseqüências. Nessas narrativas, a palavra perde a dimensão concreta que deveria ter ou se torna vazia. Passa a ser uma palavra alienada e alienante (FREIRE, 2003). Alienada porque está desconectada da realidade como um todo. Alienante porque, como está desconectada da realidade, mantém o educando afastado desta, da visão do todo, da percepção das relações de causas e conseqüências, dificultado a construção de uma visão crítica do mundo e, portanto, da própria realidade em que está inserido.

Na prática narradora, o educando precisa memorizar mecanicamente os conteúdos narrados. A educação torna-se um ato de depositar. Não há diálogo. O educador faz comunicados que o educando deve guardar, memorizar e repetir.

A prática da educação bancária, em que o aluno apenas recebe, dificulta em tudo o pensar autêntico e o processo de crescimento humano (FREIRE, 2003).

Na concepção bancária da educação, o educador é visto como aquele que sabe, cabendo a ele entregar ou levar o seu saber àqueles que nada sabem, os educandos. O saber não é construído por meio da experimentação e do diálogo. Não há busca. O saber é narrado.

O diálogo autêntico não pode alicerçar-se na superposição dos homens aos homens. Nele, os homens não podem ser reduzidos a objetos por outros homens.

Um educador verdadeiramente humanista não pode utilizar, em sua prática, a concepção bancária da educação, pois, assim, estaria se contradizendo. A concepção bancária aliena o educando de si mesmo e o mantém alienado, inibe o seu processo de crescimento humano, processo que Freire denomina de "humanização do homem".

A concepção bancária ao invés de "libertar o pensamento pela ação dos homens uns com os outros na tarefa comum de refazerem o mundo e de torná-lo mais e mais humano", controla o pensamento, inibe a criatividade, levando o homem ao ajustamento ao mundo (FREIRE, 2003). O homem passa a ser um "ser para outro", ao invés de ser um "ser para si". Nessa dinâmica, sua vocação ontológica para o crescimento, para o desenvolvimento de suas potencialidades, é negada.

Nessa perspectiva, há uma proibição à atuação dos homens e, quando os homens se sentem incapazes de usar suas faculdades, sofrem. Este sofrimento advém do fato de que o curso natural do seu processo de crescimento humano foi bloqueado ou inibido. O equilíbrio humano foi perturbado (FREIRE, 2003).

Essa prática opressiva sugere uma dicotomia entre os homens e o mundo que não existe. Nela fica implícito que os homens são espectadores do mundo e não seres que criam e recriam no mundo e com o mundo, transformando o mundo e transformando-se a si mesmos nesse processo.

O processo de "libertação", de retomada do crescimento humano, de humanização, não pode ser dado de uma pessoa à outra como uma coisa que se deposita no outro. É uma construção que se realiza na interação autêntica entre seres humanos, por intermédio do diálogo autêntico, da reflexão e da ação sobre o mundo com o objetivo de transformá-lo (FREIRE, 2003).

Uma educação que se estabelece a partir do diálogo e que problematiza a realidade pode facilitar o processo de crescimento humano. A educação problematizadora facilita o processo de libertação porque é uma prática fundamentada no respeito à essência do ser da consciência, à sua intencionalidade. Essa educação nega os comunicados, os depósitos, e dá-se por meio do diálogo autêntico entre os alunos e entre estes e o professor. O professor, nessa perspectiva, é um catalizador e um facilitador do processo de aprendizagem (FREIRE, 2003).

A superposição de uma pessoa à outra não existe nesse processo. Educadores e educandos não podem estar em lados opostos – o educador de um lado – o lado dos que sabem – os educandos do outro lado – o lado dos que não sabem. Uma das exigências da educação que se propõe libertadora é a superação dessa contradição. Educador e educandos passam a estar lado a lado, ambos sujeitos da busca da construção do conhecimento.

O educador humanista reconhece que é um ser em constante processo de crescimento e, por isto mesmo, inacabado. Como processo, não apenas educa, mas no ato mesmo de educar, no diálogo com seu educando, enquanto educa, também, transforma-se. Ambos passam a ser sujeitos do processo de aprendizagem. O diálogo autêntico que se estabelece entre eles facilita o processo de inserção crítica do educando na realidade.

Através do diálogo autêntico que se estabelece entre o educador e o educando, em suas reflexões sobre si mesmos e sobre o mundo, a percepção que ambos têm da realidade se amplia e esta passa a ser percebida com mais clareza, no todo e nas particularidades, inclusive com suas implicações. A realidade problematizada pode ser pensada no sentido de atitudes que possam facilitar uma mudança. Segundo Freire:

> Quanto mais se problematizam os educandos, como seres no mundo e com o mundo, tanto mais se sentirão desafiados. Tão mais desafiados, compreendem o desafio na própria ação de captá-lo. Mas, precisamente porque captam o desafio como um problema em suas conexões com outros, num plano de totalidade e não como algo petrificado, a compreensão resultante tende a tornar-se crescentemente crítica, por isto, cada vez mais desalienada. (FREIRE, 2003, p. 70)

Nessa perspectiva, o homem não é um ser solto, abstrato, desligado do mundo, e o mundo, por sua vez, não é "uma realidade ausente dos homens". Homens e mundo estão em relação, na qual consciência e mundo se dão simultaneamente (FREIRE, 2003).

O educando compreende, então, por meio do diálogo autêntico, o mundo e as relações que estabelece com ele. Compreende a realidade como um processo que pode ser transformado e a forma como atua sobre ela. Compreende que o homem, apesar de condicionado por processos históricos e sociais, tem, também, em algum grau, autonomia e liberdade para criar e atuar sobre a realidade, modificando- a. A realidade problematizada passa a ser um desafio.

Então, refletir sobre si mesmo e sobre o mundo é um processo atrelado à ação. Na reflexão e no diálogo, o educador e o educando vão percebendo criticamente como estão sendo no mundo. Reflexão e ação estão em relação porque a forma pela qual o homem atua no mundo depende, também, de como ele se percebe no mundo.

A percepção das experiências vividas e sua implicação no processo de crescimento humano

Segundo Erikson, a vida do homem gira em torno de algumas idades que são discerníveis e cruciais. Esse autor apresenta uma teoria do desenvolvimento na qual essas idades são em número de oito e caracterizam etapas importantes do desenvolvimento e da evolução (ERIKSON, 1976). Uma idéia fundamental dessa teoria é que cada uma dessas etapas evolutivas envolve a vivência de um conflito básico pertinente a elas.

O crescimento humano é, então, apresentado do ponto de vista de conflitos internos e externos que a personalidade vital suporta. A cada etapa, elaborando de forma satisfatória o conflito a ela pertencente, surge um sentimento maior de unidade interior, de capacidade para agir de forma adequada segundo os próprios padrões, sem perder de vista os padrões daqueles que são significativos para a pessoa.

É importante ressaltar que cada uma das etapas, com seu respectivo conflito, relaciona-se sistematicamente com as etapas anteriores, e que a forma como cada uma delas é vivida e o conflito solucionado influencia a vivência da etapa seguinte.

Na vivência de cada uma dessas etapas, há a possibilidade de incorporação de sentimentos positivos ou negativos. Se a experiência vivida foi positiva, o indivíduo incorpora o sentimento positivo, este passa a fazer parte de sua personalidade e seu desenvolvimento tende a ser harmonioso. No entanto, se, ao contrário, a experiência vivida não é positiva e, na tentativa de resolver o conflito básico, o indivíduo incorpora os sentimentos negativos que estão sendo vividos, seu desenvolvimento tende a ser complicado (ERIKSON, 1976). Seu processo de crescimento humano pode ser inibido ou bloqueado.

Acreditamos que as relações que se estabeleçam a partir da autenticidade, do respeito, da liberdade e da aceitação pela pessoa do outro possam facilitar a retomada do processo de crescimento humano pelo indivíduo.

Vamos descrever, de forma sucinta, todas essas etapas para a compreensão do processo de crescimento humano como um todo. Mais adiante, neste trabalho, no item "infância", vamos comentar de forma mais detalhada a fase escolar. Pois, os sujeitos com os quais estamos trabalhando, para este estudo, estão nessa fase do desenvolvimento.

A primeira etapa do desenvolvimento humano é a do bebê e o conflito básico envolvido é a confiança *versus* a desconfiança. Nessa fase, o bebê se relaciona principalmente com a figura materna. Se o bebê for atendido em suas necessidades de forma adequada, ele aprenderá a confiar nos provedores e em si mesmo, em sua capacidade para enfrentar suas vontades mais urgentes, enquanto os provedores se preparam para atendê-lo. Quando essa etapa é vivida de forma positiva, esse sentimento de confiança básica é incorporado à personalidade do bebê. Ao contrário, se o bebê não for atendido de forma adequada em suas necessidades, desenvolverá um sentimento de desconfiança básica que será incorporado à sua personalidade (ERIKSON, 1976).

O surgimento do sentimento de confiança se dá a partir da associação da percepção que a criança tem de que as suas necessidades são atendidas e a uma fidedignidade dos cuidados que lhe são dispensados ao modo de vida da cultura na qual ela está inserida. Esse processo dá à criança a base para um sentimento de identidade. Esse sentimento[2] de confiança básica é considerado por Erikson o requisito mais fundamental para a vitalidade mental. Consiste em uma atitude genérica, em relação ao Eu e ao mundo, e é derivada das experiências do primeiro ano de vida. O sentimento de "confiança" é um sentimento de segurança íntima na conduta dos outros e de si próprio, estando associado, também, a um sentimento de auto-estima (ERIKSON, 1976).

A segunda etapa é a da primeira infância e tem como conflito básico autonomia *versus* vergonha. O controle dos esfíncteres é a experiência mais

---

[2] Sentimento aqui deve ser entendido como um sentimento que "impregna" a pessoa e está intimamente associado ao processo de desenvolvimento da identidade. Esses "sentimentos" impregnam a superfície e a profundidade do ser, incluindo o que está na consciência, o que permanece vagamente consciente e o que está inteiramente inconsciente. Logo, esses sentimentos são acessíveis à introspecção mas são também um modo de conduta observável por outros. São, ainda, um estado interior passível de ser percebido em testes e tratamentos psicológicos. Essas três dimensões devem ser inferidas quando falamos desses sentimentos que podem ser incorporados ao processo de crescimento (ERIKSON, 1976).

importante dessa etapa e, nesse processo de aprendizagem, quando ainda não sabe fazê-lo com discrição, a criança precisa ser protegida de experiências de dúvida e vergonha. Nessa fase, o bebê é capaz de sentir vergonha e culpa e sentirá ambos se não for protegido de experiências de vergonha.

O controle dos esfíncteres está associado à duas ordens de modalidades sociais: soltar e agarrar. Agarrar pode significar uma retenção destrutiva e cruel ou cuidado, conservação. Da mesma forma, soltar pode estar associado a uma liberação hostil de forças destrutivas ou pode, também, significar um suave deixar fluir, deixar passar (ERIKSON, 1976).

A criança precisa sentir que está livre para escolher, que pode apoderar-se ou pode deixar passar. Ela precisa sentir que sua mudança de atitude, enquanto aprende a reter e a liberar, não compromete a confiança na existência. Ela precisa, então, ser protegida de exposições em que sinta vergonha. Se esse período não for vivido de forma adequada, o bebê pode incorporar os sentimentos negativos que experimentou, incorporando a vergonha e a dúvida na forma de se relacionar. Se, ao contrário, essa fase foi vivida de uma forma satisfatória, o bebê incorporará a autonomia (ERIKSON, 1976).

A terceira etapa é a do brinquedo. Nessa fase, a criança já domina a locomoção e a linguagem. É um período de conquistas, a criança sente prazer em conquistar. Há, também, uma curiosidade sexual e ao mesmo tempo em que a criança descobre os órgãos sexuais sente culpa ao manipulá-los. Os meninos disputam a figura materna e as meninas a figura paterna. O conflito envolvido é o da iniciativa *versus* culpa.

Nessa etapa, a criança vive uma rivalidade com os outros irmãos. Precisa renunciar ao desejo de uma ligação com os pais para iniciar o processo de sua formação como futuro genitor (a). Começa a desenvolver um sentimento de responsabilidade moral e a compreender as instituições, funções e papéis que permitirão sua participação de forma responsável na sociedade. Sentirá prazer em manejar ferramentas, brinquedos e em ajudar as crianças menores.

Se essa fase for vivida com tranqüilidade, a criança terá desenvolvido uma consciência moral daquilo que é permitido e do que não é. Adquire a capacidade de ter iniciativa. Pelo contrário, se esse período for vivido com muita culpa, a criança pode sentir-se culpada e incorporar esse sentimento à sua maneira de se relacionar (ERIKSON, 1976).

A quarta etapa é a escolar. Nessa fase, a criança esquece temporariamente a vontade da experiência sexual, que entra em um período de latência. A energia é canalizada para a aprendizagem da conquista das coisas. O conflito envolvido é a operosidade *versus* indústria (ERIKSON, 1976).

Essa é a etapa na qual as crianças de todas as sociedades passam por algum tipo de aprendizagem. Nas sociedades letradas, a criança inicia esse período de aprendizagem aprendendo a ler, escrever e fazer contas. Os fundamentos da tecnologia vão-se desenvolvendo à medida que a criança se capacita para manejar ferramentas e utensílios utilizados pelos adultos. Se a criança tiver êxito em suas relações interpessoais, aprendendo a cooperar, desenvolverá a operosidade ou a indústria. Se a experiência vivida não foi positiva, a criança pode desenvolver um forte sentimento de inadequação e de inferioridade (ERIKSON, 1976).

A etapa seguinte é a juventude, e o conflito básico é a identidade *versus* confusão de papéis. A construção da identidade é um processo que se desenvolve durante toda a vida do ser humano, mas, é na puberdade o momento em que o indivíduo busca o estabelecimento de sua identidade de Eu. Nesse período, o jovem passa por muitas mudanças físicas, o corpo se desenvolve rapidamente. Concomitantemente a esse desenvolvimento rápido, depara-se com tarefas concretas do mundo adulto. Na busca de coerência e construção de uma identidade positiva de Eu, os jovens precisam voltar a travar muitas das batalhas vividas nos anos anteriores e, para isso, elegem alguns "adversários", muitas vezes, entre as pessoas pelas quais sentem simpatia (ERIKSON, 1976).

A mente do adolescente é muito influenciada pelas ideologias, está entre a moral aprendida pela criança e a ética a ser desenvolvida pelo adulto. O adolescente está ansioso para se afirmar perante seus pares e para ser aceito pela sociedade. Nessa etapa, se o acúmulo de todas as experiências vividas nas fases anteriores e na própria adolescência permite uma projeção positiva para o futuro, em um projeto consciente para seus planos de vida, pode-se estabelecer uma identidade dominante do Eu. Se, ao contrário, a sua busca de definição de papéis, de individuação, não for vivida com êxito, o jovem pode viver uma confusão de papéis (ERIKSON, 1976).

A próxima etapa é a do jovem adulto. O conflito envolvido é o de intimidade *versus* isolamento. Nessa fase, o jovem adulto está pronto para fazer associações, para se filiar, desenvolver a força ética e ser fiel a esses vínculos. Está apto a assumir compromissos.

Nesse período, o corpo e o ego devem governar as habilidades orgânicas e os conflitos nucleares, a fim de que a pessoa possa enfrentar o receio da perda do ego em situações que exigem muita dedicação, quase um auto-abandono. Como, por exemplo, nas uniões sexuais, na solidariedade das filiações íntimas, nas situações de combate físico, nas experiências criadoras.

Quando as pessoas evitam essas situações por medo da perda do ego, podem viver um profundo isolamento e como conseqüência uma auto-absorção. Nesse caso, a pessoa não consegue fazer parte de associações, de grupos. Se as fases anteriores não foram elaboradas de forma satisfatória, e se a pessoa não conseguiu estabelecer relações de intimidade ou de compromisso, tende a se isolar e, em uma posição extrema, pode tentar destruir forças e pessoas que sejam percebidas como uma ameaça para o Eu. Muitos dos preconceitos existentes, utilizados e explorados em guerras e na política, nasceram desse processo de luta pela identidade, em que o ego se sente ameaçado e, assim, diferencia com crueldade o familiar do estranho.

Segundo Erikson:

> O perigo dessa etapa está em que as relações íntimas, competitivas e combativas experimentam-se com e contra as mesmas pessoas. Mas, à medida que se delineiam as áreas do dever adulto e se diferenciam o encontro competitivo e a união sexual, eventualmente se submetem ao *senso ético*, que é a marca do adulto. (ERIKSON,1976, p. 243)

Se as etapas anteriores não foram superadas de forma satisfatória, a pessoa pode evitar experiências que exijam fidelidade e força ética, e viver um profundo isolamento (ERIKSON, 1976).

A etapa seguinte é a maturidade e o conflito básico é o da generatividade *versus* estagnação. A vivência do amor maduro e a capacidade de trabalhar dá ao homem e à mulher a possibilidade da procriação e da "criação" no sentido, também, da arte, do novo e da ciência. Nessa etapa, o homem está preocupado em estabelecer e orientar a geração seguinte (ERIKSON, 1976).

O conceito de generatividade inclui, também, a produtividade e a criatividade. Algumas pessoas, por motivos físicos ou por terem dotes especiais em outras direções, aplicam esse impulso de paternidade ou maternidade em outros interesses ou atividades altruísticas que podem absorver esse impulso de forma saudável.

Segundo Erikson:

> E, com efeito, pretende-se que o conceito de generatividade inclua a produtividade e a criatividade, nenhuma das quais, entretanto, pode substituí-la como designações de uma crise no desenvolvimento. Pois a aptidão de um indivíduo para perder-se no encontro de corpos e mentes leva a uma gradual expansão dos interesses do ego e ao um investimento libidinal no que está sendo gerado. (ERIKSON, 1976, p. 138)

Se o atributo da generatividade não for incorporado de forma nenhuma, o adulto pode regredir e sentir uma necessidade de pseudo-intimidade, podendo entregar-se a si mesmo. Dessa forma, entrará em processo de estagnação pessoal (ERIKSON, 1976).

A última fase é a da velhice e o conflito básico envolvido é o da integridade *versus* desespero. Segundo Erikson, o homem que de algum modo supera os conflitos das etapas anteriores, incorporando atributos positivos à sua personalidade, consegue uma certa integridade de seu Ego. Integridade do Ego é entendido aqui como um estado interior, um sentimento de segurança e, relacionado a ele, uma predisposição para a ordem, um amor "pós-narcisista do ego humano", uma aceitação do ciclo da vida (ERIKSON, 1976).

Nesse contexto, a morte perde o seu sentido doloroso porque o homem que conseguiu a integridade de seu Ego compreende que, para ele, toda a integridade humana mantém-se ou acaba com o estilo de integridade do qual ele participa, em sua cultura. Sua cultura torna-se o patrimônio de sua alma.

Aquele que adquiriu a integridade de seu Ego, embora saiba da relatividade dos diversos estilos de vida que deram significado à vida humana, está preparado para defender a dignidade de seu próprio estilo de vida contra ameaças físicas e econômicas. Ele sabe que cada vida individual é um ciclo de vida associado a uma época histórica e, para ele, a integridade humana perdura ou desaparece com o único estilo de integridade de que ele participa. Assim, o estilo de integridade desenvolvido por sua cultura ou civilização passa a ser o "patrimônio de sua alma", como se fosse a marca da paternidade em si mesmo. Se a pessoa viveu esse processo de integração do Ego, a morte perde seu caráter pungente.

No entanto, se não viveu esse processo de integração do ego, sua vida pode lhe parecer uma experiência de fracasso, surge o temor e a recusa da morte como limite extremo. Surge o desespero (ERIKSON, 1976).

Acreditamos que uma relação que se desenvolva a partir do diálogo autêntico, do respeito por si mesmo e pelo outro, da aceitação incondicional, acolhimento e liberdade, pode facilitar a ressignificação de algumas dessas etapas que não foram vividas de forma satisfatória, facilitando o processo de crescimento humano.

Essa facilitação pode-se dar, também, no âmbito da educação. Uma prática pedagógica humanista e democrática facilita o processo de crescimento humano dos educandos e a aprendizagem.

*Alguns pressupostos teóricos do existencialismo humanista
que podem facilitar uma prática pedagógica libertadora*

Na abordagem existencial humanista, compreende-se que cada indivíduo tem a capacidade e a tendência inatas de se autodirigir, bem como de tratar de maneira construtiva todos os aspectos de sua vida que cheguem ao campo da consciência. Dessa forma, o organismo tende a se desenvolver de forma harmônica, a se atualizar e a buscar a realização de seus projetos existenciais.

No entanto, o desenvolvimento, o processo de crescimento humano, pode ser perturbado ou inibido no curso da história do indivíduo. Quando as relações que se estabelecem entre o indivíduo e as pessoas significativas para ele se dão sob um caráter condicional de considerações positivas, o indivíduo pode tentar construir uma imagem de Eu que se ajuste às expectativas dos outros. Então, a pessoa distorce ou bloqueia sistematicamente o processo de simbolização de suas experiências para ajustá-las às expectativas daqueles que são significativos para si (ROGERS, 1999).

Nesse contexto, o funcionamento ótimo da personalidade de cada pessoa pode ser bloqueado. Como resultado, há um desajustamento entre o que a pessoa é e o que ela tenta ser. Conseqüentemente, acontece, também, um desajustamento na forma como a pessoa apreende a si mesma e a realidade imediata.

A escola tem um significado importante na vida dos alunos e grande responsabilidade no desenvolvimento psicossocial dos mesmos. Os professores, de forma geral, são pessoas significativas para os educandos em todos os níveis, principalmente na infância e na adolescência. Quando os educadores adotam práticas pedagógicas autoritárias e preconceituosas, podem bloquear ou inibir o processo de crescimento humano de seus alunos.

Entretanto, a partir de relações saudáveis, pautadas no respeito pela pessoa do outro, na aceitação incondicional, na compreensão e na autenticidade, o processo de crescimento humano pode ser retomado. Por meio de relacionamentos saudáveis, a alienação no processo de desenvolvimento humano pode ser desfeita e o potencial inato para o crescimento humano, desbloqueado.

Segundo Rogers, o papel do educador humanista é facilitar um processo de aprendizagem no qual o educando adquira autonomia, responsabilidade e um relacionamento autêntico consigo mesmo e com os outros (ROGERS, 1999).

A aprendizagem torna-se significativa. Esse autor denomina de aprendizagem significativa aquela que provoca uma modificação na forma da pessoa agir, nos projetos que faz para o futuro ou mesmo em sua personalidade. Essa aprendizagem não é superficial, ao contrário, é penetrante e não se limita apenas a um aumento de conhecimentos. Ela penetra as várias dimensões do ser, facilitando um processo de mudança, de transformação (ROGERS, 1999).

Vários são os profissionais que se interessam por aprendizagens que possam ajudar o indivíduo em seu processo de crescimento humano e, dentre eles, Rogers cita o educador.

Não estamos nos referindo a condicionamentos ou a um processo de aprendizagem que seja dirigido por outras pessoas, sem a participação do educando. Isso porque não acreditamos que esses possam facilitar o processo de crescimento humano. Pelo contrário, eles podem bloqueá-lo, cerceando a pessoa, tolhendo sua criatividade, podando a construção de uma relação autêntica do indivíduo consigo mesmo e com os outros.

Estamos nos referindo a um processo que respeite a forma de sentir e a forma de pensar de cada pessoa. A um processo de aprendizagem em que o educando e o educador sejam sujeitos da busca e da construção do conhecimento.

Uma prática pedagógica humanista proporciona ao aluno o seu desenvolvimento pleno, como pessoa, facilitando o desenvolvimento da autonomia. A respeito de uma prática pedagógica que se limita a transferir conteúdos para os alunos, Rogers escreve:

> O simples conhecimento dos fatos tem o seu valor. Saber quem ganhou a batalha de Poltava ou quando é que foi executada pela primeira vez uma determinada obra de Mozart pode render 64 mil dólares ou outra soma qualquer ao possuidor dessa informação, mas creio que de uma maneira geral os educadores se sentiriam um pouco embaraçados perante a idéia de que a educação se constituiria na aquisição desse tipo de conhecimentos (ROGERS, 1999, p. 323).

A educação que se propõe libertadora é muito mais do que apenas arquivar conhecimentos.

Rogers descreve algumas atitudes que o educador pode desenvolver e, também, situações que podem facilitar uma prática pedagógica humanista e progressista.

Uma das situações que facilita o processamento de uma aprendizagem significativa é aquela na qual o aluno tenha contato com um problema conscientemente percebido.

Em sua experiência como professor universitário e dirigente de cursos e *workshops*, Rogers constatou o fato de que, quando o aluno percebe as situações como problemas que precisam ser pensados e solucionados, a aprendizagem que se processa tende a ser significativa. Mas, para que esse processo ocorra é necessário que a pessoa esteja em contato com um problema que ela reconheça como problema (ROGERS, 1999).

O aluno que segue um curso universitário regular, com aulas obrigatórias, está preparado para encarar o curso como uma experiência em que sua expectativa é ter uma atitude passiva durante o mesmo. Essa prática pedagógica autoritária, na qual os conteúdos são desconectados do todo, da realidade, e passados aos alunos de forma mecânica, pode gerar nos alunos um ressentimento com relação ao curso, ou as duas coisas ao mesmo tempo – passividade e ressentimento. Nessa perspectiva, estudar, muitas vezes, passa a ser uma experiência desconectada da vida e dos problemas dos educandos (ROGERS, 1999).

Entretanto, durante sua prática docente, Rogers percebeu que, quando uma turma de alunos regulares percebe que o curso é uma experiência que pode ajudá-los a resolver problemas que os afetam, há um grande progresso na turma e manifestações de alívio. Esse processo pode ser observado em todos os níveis da educação e em cursos de todas as áreas como, por exemplo, a matemática e a psicologia da personalidade (ROGERS, 1999).

Comentando a importância dessa descoberta para a educação, esse autor escreve:

> Por conseguinte, a primeira implicação no domínio da educação poderia ser a de permitir ao aluno, *seja em que nível do ensino for*[3], estabelecer um real contato com os problemas importantes da sua existência, de modo a distinguir os problemas e as questões que pretende resolver. (ROGERS, 1999, p. 330)

Nesse processo de facilitação de uma aprendizagem que seja significativa, uma atitude fundamental que o educador humanista precisa ter é a autenticidade.

O processo de aprendizagem pode ser facilitado quando o professor estabelece uma relação autêntica consigo mesmo e com seus alunos. Nesse

---

[3] O grifo é nosso. Queremos chamar a atenção para o fato de que a construção de uma prática pedagógica que facilite um processo de crescimento humano deve estar presente em todos os níveis da educação.

contexto, autenticidade é sinônimo de congruência. É a coerência existente entre o que a pessoa sente, o que ela pensa e a sua forma de agir. A autenticidade ou congruência implica uma harmonia entre as partes. Dessa forma, o indivíduo é aquilo que realmente é, em profundidade (ROGERS, 1999).

Para ser autêntica, a pessoa precisa simbolizar o que se passa com o seu organismo, sem distorcer suas experiências e seus sentimentos. A idéia que o indivíduo faz de si precisa ser congruente com aquilo que ele realmente é.

Nessa perspectiva, o professor pode mostrar seus sentimentos tais como existem no aqui-e-agora. Como, por exemplo, pode mostrar-se entusiasmado ao conversar sobre determinado tema e mais desanimado ao tratar de outro do qual não gosta. Pode expressar seus sentimentos de alegria, tristeza, pode irritar-se e ser simpático. O educador entende que estes sentimentos são seus e os aceita. Como compreende que esses são seus sentimentos, não os impõe aos alunos nem, tampouco, espera que eles reajam como ele frente às mesmas situações. O professor passa a ser visto pelos alunos como uma pessoa que, como eles, está em processo de crescimento humano e, porque é professor, dispõe-se a facilitar o processo de aprendizagem e de crescimento humano de seus alunos, ao mesmo tempo, em que se transforma com eles (ROGERS, 1999).

Segundo Rogers:

> O professor é uma pessoa, não a encarnação abstrata de uma exigência curricular ou um canal estéril através do qual o saber passa de geração em geração. (ROGERS, 1999, p. 331).

Outras atitudes importantes que o educador precisa ter em uma prática pedagógica humanista, progressista, são a aceitação e a compreensão com relação aos educandos.

Segundo Rogers, a aceitação e a compreensão do professor com relação a seus alunos são atitudes essenciais para que uma aprendizagem significativa aconteça. O professor humanista compreende os sentimentos que seus alunos manifestam, da forma como estão sendo manifestados e aceita cada aluno tal como ele é (ROGERS, 1999).

As atitudes de aceitação incondicional que o professor tem por seus alunos, a compreensão empática que estabelece em relação às reações e sentimentos expressos por eles – inclusive com relação às temáticas estudadas ou à aula –, participam de forma muito importante no estabelecimento de condições que facilitam a aprendizagem. Essas atitudes do professor precisam estar presentes desde o jardim da infância até a universidade.

Rogers ressalta que todos os sentimentos expressos pelos alunos precisam ser aceitos e não apenas aqueles que se referem ao trabalho escolar. Então, as atitudes perante os pais, sentimentos negativos com relação aos irmãos, a outras pessoas e a si mesmos precisam ser ouvidos pelo professor, quando expressos, e aceitos. O educando tem o direito de expressar esses sentimentos, inclusive, na escola. A esse respeito ele escreve:

> Têm esses sentimentos e essas atitudes o direito de existir abertamente num estabelecimento escolar? Minha tese é que sim. Estão relacionados com a evolução da pessoa, com sua aprendizagem eficaz e seu funcionamento afetivo, e tratar esses sentimentos de uma maneira compreensiva e receptiva tem uma forte ligação com a aprendizagem da geografia do Paquistão ou com o processo de fazer uma longa divisão. (ROGERS, 1999, p. 332)

Se o aluno não puder falar de seus sentimentos, pode não entrar em contato com eles. Pode, ainda, tentar distorcê-los para que se assemelhem ao que os outros esperam dele. Nesse caso, afasta-se de si mesmo, passando a agir de conformidade com o que os outros lhe dizem que deve ser feito. Perde sua autenticidade. Seu processo de crescimento humano fica dificultado ou bloqueado. O aluno perde a oportunidade de construir uma relação autêntica consigo mesmo e com o outro e de se transformar nesse processo.

É importante ressaltar que a aceitação incondicional com relação ao outro e a seus sentimentos não significa concordar com o material que é expresso. Significa compreender o que foi dito pelo outro sem negar ou tentar distorcer o que foi verbalizado. É a compreensão do que foi expresso e de que esse material pertence ao outro. O professor pode devolver para o aluno que compreendeu o que ele disse.

Uma outra preocupação que o professor humanista deve ter é a de disponibilizar recursos para a aprendizagem. No âmbito da educação, existem muitas teorias, técnicas, recursos que podem ser utilizados no sentido de facilitar o processo de aprendizagem. Em uma prática humanista, esses recursos não devem ser impostos aos educandos. Eles devem ser oferecidos, estar à disposição dos alunos.

Para disponibilizar recursos e para disponibilizar a si mesmo, seus conhecimentos e experiências como meios para facilitar a aprendizagem, o professor precisa ter muita sinceridade nas relações que estabelece com seus alunos e, precisa ter, também, sensibilidade. Rogers ressalta algumas maneiras por meio das quais o educador pode disponibilizar seus conhecimentos e experiências, estar disponível como facilitador da aprendizagem:

- O professor pode conversar com os alunos sobre sua formação, seus conhecimentos em determinadas áreas, possibilitando-lhes o recurso à sua competência. Contudo, não imporia os temas a serem estudados e nem os recursos a serem utilizados nesse processo (ROGERS, 1999).
- Pode explicitar para os alunos que seus conhecimentos a respeito de um tema estão à disposição dos mesmos, inclusive através de uma exposição oral, se eles assim o quiserem (ROGERS, 1999). Referimo-nos a uma exposição oral aberta para perguntas e para o diálogo. Essa seria mais uma forma, dentre outras, de facilitar a aprendizagem. Os alunos não precisam optar pela exposição oral, por parte do professor, se não quiserem.
- O professor pode-se colocar à disposição para buscar, como referência, as informações que os alunos, ou mesmo um aluno, quisesse, realmente, para aumentar seus conhecimentos. Ele procuraria ser conhecido, também, como um provedor de recursos (ROGERS, 1999).

Assim, os recursos oferecidos pelo professor como, por exemplo, um livro, um aparelho, uma excursão, um vídeo, uma aula expositiva, um mapa ou sua própria maneira de ver um tema seriam disponibilizados para que o aluno os utilize se lhe forem úteis. O uso de tais recursos não é obrigatório. Essa prática pedagógica progressista e humanista deve estar presente em todos os níveis da educação.

Desde as primeiras séries, a escola tem um papel relevante na vida dos educandos. É uma instituição importante, na qual a criança estará inserida por vários anos. Participa ativamente do processo de crescimento humano dos alunos, facilitando ou dificultando um crescimento saudável.

Para que possamos compreender melhor a influência que a escola pode exercer no processo de crescimento humano das crianças, uma vez que os sujeitos deste trabalho estão na etapa escolar, vamos discutir, brevemente, no capítulo seguinte, essa fase da infância do ponto de vista do desenvolvimento psicossocial.

Infância

Uma breve discussão sobre o conceito de infância

Neste item, faremos uma rápida discussão a respeito do conceito de infância, vamos comentar, brevemente, as modificações na concepção da infância tomando como ponto de partida a Idade Média.

A idéia de infância como a concebemos hoje é relativamente nova na história da humanidade. Até o século XVII, a sociedade não dava a devida atenção à criança, nem tampouco havia a consciência da particularidade infantil, das características que diferem a criança do adolescente e do adulto. A duração da infância na Idade Média não era bem definida e o termo "infância" era empregado indiscriminadamente naquela época, sendo utilizado, inclusive, para se referir a jovens com dezoito anos ou mais de idade (ARIÈS, 1981). Nesse contexto, a infância passava a ter uma longa duração e a criança passava dessa fase direto para a vida adulta.

Segundo Ariès, até o século XVII, a socialização da criança e a transmissão de valores e de conhecimentos não eram asseguradas pelas famílias. A criança se afastava cedo de seus pais e passava a conviver com outros adultos, ajudando-os em suas tarefas. A partir daí, não se distinguia mais desses. Nesse contato, a criança aprendia as coisas que eram necessárias para a vida em sociedade (ARIÈS, 1981).

As famílias tinham como função a preservação dos bens, a proteção e a prática comum de um ofício. O índice de mortalidade infantil era alto. A função afetiva da família não existia, não era considerada importante para o equilíbrio da família e do indivíduo. As trocas afetivas, geralmente, realizavam-se fora da família (ARIÈS, 1981).

A partir do final do século XVII, mudanças sociais importantes alteraram o processo de aprendizagem da criança. As mais importantes foram as reformas religiosas católicas e protestantes e a necessidade de afeto sentida pelas famílias, tanto entre os cônjuges quanto entre pais e filhos.

Essa afetividade era demonstrada, principalmente, por meio da valorização que a educação passou a ter. A aprendizagem das crianças, que antes se dava na convivência da criança com os adultos em suas várias tarefas cotidianas, passou a dar-se na escola. O trabalho com fins educativos foi substituído pela escola, que passou a ser responsável pelo processo de educação. As crianças foram, então, separadas dos adultos e mantidas em escolas até estarem "prontas" para a vida em sociedade (ARIÈS, 1981).

A respeito da importância do século XVII para a infância, Ariès escreve:

> A descoberta da infância começou sem dúvida no século XVII, e sua evolução pode ser acompanhada na história da arte e na iconografia dos séculos XV e XVI. Mas os sinais de seu desenvolvimento tornaram-se particularmente numerosos e significativos a partir do fim do século XVI e durante o século XVII. (ARIÈS, 1981, p. 65).

As crianças saíram do anonimato, passaram a ser pessoas insubstituíveis e a família passou a se organizar em torno delas. Perdê-las não era mais um fato sem importância e passou a causar dor. Nesse período, começa a existir uma preocupação em conhecer a mentalidade das crianças a fim de adaptar os métodos de educação a elas, facilitando o processo de aprendizagem. Surge uma ênfase na imagem da criança como um anjo, "testemunho da inocência batismal" e, por isso, próximas de Cristo. Com o surgimento do interesse nas crianças, começou a preocupação em ajudá-las a adquirir o princípio da razão e fazer delas adultos cristãos e racionais. Em fins do século XVII, há uma preocupação em utilizar a afetividade e a razão no processo de educação das crianças (ARIÈS, 1981).

A partir do século XVIII, com o surgimento do malthusianismo e com a extensão das práticas contraceptivas, as famílias passaram a limitar o número de crianças a fim de poderem cuidar melhor delas. O índice de mortalidade infantil começa a decrescer. À doçura e à razão que passaram a embasar o processo de educação infantil, junta-se um novo elemento – a preocupação com a saúde física e com a higiene (ARIÈS, 1981).

É importante lembrar que essas mudanças beneficiaram as crianças – da nobreza e da burguesia – das classes dominantes. As crianças pertencentes às camadas populares continuaram a trabalhar e praticamente não tinham acesso à educação, nessa nova concepção – a escola.

Nos séculos XVIII e XIX, as crianças provenientes das camadas populares trabalhavam nas fábricas de 14 a 16 horas diárias. Contabilizou-se na Inglaterra, no ano de 1835, 24.164 crianças com menos de 13 anos trabalhando em fábricas. Devido ao trabalho pesado a que eram submetidas no período de crescimento, a maior parte delas sofria de degenerações irreversíveis.[1] Muitas eram mutiladas nas máquinas.

A Primeira Guerra Mundial trouxe mudanças significativas na forma de encarar a juventude e, conseqüentemente, houve alteração no longo período que compunha a infância. A partir de 1914, a adolescência passa a ser vista como um período importante e os jovens como possuidores de grande potencial. O período da adolescência se expande, limitando o período da infância e empurrando o início da maturidade para diante.

Após a Segunda Guerra, a atenção se volta, com mais ênfase, também, para as crianças. O grande número de crianças órfãs e a necessidade de as mães saírem para trabalhar corroboram para o surgimento de instituições com a finalidade de cuidar e de educar as crianças.

Nessa época, introduziu-se o conceito de assistência social para as crianças pequenas, liberando as mães para o trabalho. Intensifica-se, nesse período, a preocupação com as necessidades sociais e emocionais das crianças. Várias teorias da Psicologia e da Pedagogia influenciam a educação escolar e fortalecem as discussões existentes em torno de temas como frustrações, agressão, ansiedade e a maior ou menor permissividade que deveria existir na educação das crianças. A atenção dos professores se volta para as necessidades afetivas da criança e para o papel que o educador deveria assumir, dos pontos de vista clínico e educacional.

Várias teorias passam a ter como objetivo uma melhor compreensão da criança, de suas necessidades básicas, dos processos de aprendizagem e de formas de facilitar um crescimento saudável, enfatizando aqui o aspecto psicológico.

---

[1] A esse respeito ler COGGIOLA, O. Movimento e pensamento operários antes de Max. São Paulo: Brasiliense, 1991.

Para melhor compreensão da infância – na fase escolar – fase em que se encontram nossos alunos, vamos descrever, nos próximos itens deste capítulo, alguns aspectos relevantes do ponto de vista do desenvolvimento psicossocial da criança[2] nessa fase. Vamos comentar de forma mais detalhada os conflitos relativos à etapa escolar, da teoria do desenvolvimento de Erikson[3]. Nós nos embasaremos, também, nos estudos de Lewin sobre a educação das crianças pertencentes às minorias sociais. Nosso objetivo é ter uma melhor compreensão do processo de crescimento humano na infância e das implicações das experiências vividas na etapa escolar, com relação às demais.

A idade escolar e a importância da escola no desenvolvimento psicossocial das crianças

A fase escolar é a quarta etapa do desenvolvimento da teoria de Erikson e o conflito envolvido é o da indústria *versus* a inferioridade.

Nessa etapa, a criança está internamente preparada para "a entrada na vida". Está apta a iniciar uma aprendizagem mais sistemática de habilidades consideradas importantes na cultura em que vive e das quais precisará na idade adulta.

Nesse período, a criança mostra-se pronta para aprender rápida e avidamente, para compartilhar obrigações, disciplina e desempenhos. Está, também, ansiosa para realizar coisas em conjunto e para participar de atividades grupais de construção e planejamento. Ela se identifica com seus professores e se liga, também, a outros adultos como, por exemplo, pais de outras crianças, tios e parentes. Tenta imitar outras pessoas, representando tarefas que pode entender. Assim, brinca de bombeiro, faxineiro, médico, maquinista, professor. Essa é uma fase de explorações (ERIKSON, 1976).

Essa é uma etapa em que crianças de todas as culturas recebem alguma instrução de forma sistemática. Nos povos alfabetizados, essa instrução é ministrada em escolas, organizadas em torno de professores que aprenderam como alfabetizar e administrar instrução (ERIKSON, 1976).

---

[2] Não nos ateremos ao desenvolvimento físico da criança e sim aos aspectos emocionais e sociais de seu crescimento, visto que nosso objetivo principal é estudar a facilitação do processo de alfabetização a partir da facilitação do processo de crescimento humano, por meio de uma metodologia embasada na perspectiva existencial humanista e nos estudos de Paulo Freire.

[3] A teoria do desenvolvimento de Erikson foi explicada de forma sucinta no capítulo um. Engloba todo o período da vida e foi dividida em oito etapas. O crescimento humano é um processo que acontece durante toda a vida do homem. Neste capítulo, vamos nos deter de forma mais detalhada na etapa escolar, fase em que se encontram os sujeitos deste trabalho.

Nos povos pré-alfabetizados, essa instrução é ministrada por adultos que têm habilidades naturais para ensinar. O ensino, nesse caso, refere-se a habilidades e tecnologias consideradas simples, necessárias à sobrevivência do indivíduo em sua cultura (ERIKSON, 1976).

Na nossa civilização, a criança deve ser preparada para carreiras mais especializadas e o primeiro passo é a alfabetização. Nas sociedades em que o leque de opções de papéis é muito extenso, como na nossa, a realidade social se torna mais complexa, o objetivo da iniciativa mais indistinto e os papéis do pai e da mãe mais vagos.

Entre a infância e a idade adulta, nossas crianças freqüentam a escola que parece ser um mundo em si mesma, com suas realizações e decepções, suas metas e limitações próprias.

Na escola, as crianças penetram em um mundo onde vão aprender a repartir umas com as outras. No início da convivência em grupo, as crianças, geralmente, ainda não sabem respeitar a individualidade dos colegas. Elas impõem brincadeiras umas às outras. No decorrer do processo de vivência em grupo, elas aprendem a compartilhar e, também, a delimitar aquilo que é seu e o que é do outro.

Nessa fase, a curiosidade sexual da fase anterior entra em um período de latência e a criança aplica toda a sua energia a aprendizagem, a empreendimentos concretos e a metas aprovadas.

A criança pode aprender, então, a granjear reconhecimento pela produção de coisas. Experimentando e interagindo com outras crianças, mediadas pela figura do professor, a criança aprende a compartilhar e a dominar a experiência social pelo experimento, pelo planejamento e pela repartição. Isso dá à criança um sentimento de que pode fazer alguma coisa e fazê-la bem. Nesse contexto, a criança incorpora o sentimento de indústria (ERIKSON, 1976).

Mas, se a criança não viveu essa etapa de forma satisfatória, se suas experiências de participação no grupo e sua identificação com o educador não foram facilitadas e encorajadas, a criança pode incorporar o sentimento de inferioridade.

Como dissemos no capítulo um, em cada uma das etapas do desenvolvimento humano, o indivíduo pode incorporar sentimentos positivos ou negativos à sua personalidade. É relevante comentarmos que os sentimentos positivos ou negativos que podem ser incorporados em cada fase não são absolutos, são dominantes. Cada um desses sentimentos dominantes

– positivos ou negativos – vai ter a seu lado, com menor intensidade, o sentimento que lhe opõe, que Erikson chama de "réplica dinâmica". Estarão ambos presentes em toda a vida da pessoa (ERIKSON, 1976).

Quando uma pessoa incorpora um sentimento positivo a sua personalidade, ela achou uma proporção entre os sentimentos negativos e positivos presentes, na qual o equilíbrio pendeu para o positivo. A incorporação deste a ajudará a enfrentar as crises com uma predisposição para recorrer às fontes de vitalidade.

O sentimento de operosidade ou indústria que se desenvolve nessa etapa está relacionado à superação de obstáculos externos e internos no uso de novas capacidades. Como a indústria envolve fazer coisas ao lado de outros e com outros, essa fase é, socialmente, a mais decisiva.

É nesse período que se desenvolve um sentido de divisão de trabalho, um sentido que Erikson chama de "ética tecnológica" de uma cultura. Nessa fase, as configurações culturais e as manipulações básicas da tecnologia predominante em cada cultura devem penetrar de forma significativa na vida escolar, *apoiando em todas as crianças o sentimento de competência* (ERIKSON, 1976). Ou seja, a criança deve experimentar livremente em suas tarefas escolares os exercícios da destreza e da inteligência. É na execução dessas tarefas, acompanhada pelo professor, que ela vai desenvolver um sentimento de que é capaz de participar na estrutura social de forma satisfatória, de que pode trabalhar, construir. Essa experiência dá à criança uma base duradoura para a participação cooperativa na vida adulta produtiva.

Nessa etapa, é como se a criança já soubesse, em nível inconsciente, que será um progenitor no futuro e que, antes que se torne um adulto, com possibilidades sexuais para ser um progenitor biológico, precisa se identificar com um trabalhador, preparando-se para ser um provedor potencial. Assim, nessa fase, toda a energia da criança está canalizada para empreendimentos concretos, a maioria deles direcionados para a escola. Então, quando a etapa escolar não é vivida de forma satisfatória e a criança não incorpora o sentimento de indústria, ela se sente mortificada (ERIKSON, 1976).

O perigo de uma vivência inadequada dessa fase é que a criança pode desenvolver um sentimento de inferioridade. Esse sentimento pode surgir, principalmente, *quando a vida escolar não sustenta as promessas feitas à criança nas fases anteriores, à medida que nada do que a criança aprendeu a fazer bem, até aí, parece ter valor para seus colegas ou professores* (ERIKSON, 1976).

Por isso, é imprescindível que o processo ensino-aprendizagem parta do conhecimento que a criança traz ao chegar à escola. Sua concepção de mundo não deve, sob nenhum pretexto, ser negada ou menosprezada, deve ser ampliada. O aluno precisa sentir que é aceito e que pode participar de forma construtiva no contexto da sala de aula. Por meio do diálogo autêntico, em um processo de aprendizagem que facilite o pensar crítico, a criança pode transformar a curiosidade ingênua em curiosidade epistemológica.

Negar ou menosprezar a concepção de mundo de um aluno é negar o próprio aluno como pessoa apta a participar ativamente da vida escolar. É abalar os alicerces sob os quais ele se apóia e sob os quais se desenvolveu.

Essa é a fase em que a sociedade torna-se significativa para a criança. É o momento em que a sociedade vai admiti-la em papéis preparatórios para a realidade da tecnologia e da economia. Recusar ou menosprezar as idéias e sentimentos da criança, discriminá-la, é sinalizar para ela que ela não está sendo aceita e que essa não-aceitação é o que a espera quando for se inserir no mundo do trabalho, na estrutura social.

Quando a criança descobre que os antecedentes de sua família ou a cor de sua pele, mais do que a sua vontade em aprender, são os fatores que decidem o seu valor como aluno ou aprendiz, a tendência do ser humano para se sentir impossibilitado e inabilitado para qualquer atitude positiva pode ser agravada e passar a ser determinante no processo de formação da identidade (ERIKSON, 1976).
Nessa etapa, a criança está potencialmente apta a desenvolver possibilidades que estão em estado latente e que, se não forem despertadas aí, talvez não se desenvolvam nunca (ERIKSON, 1976).

O que está em jogo, nessa fase, é um dos processos cruciais no desenvolvimento psicossocial da criança; é o desenvolvimento e a manutenção, nas crianças, de uma identificação positiva com aqueles que personificam o conhecimento, aqueles que sabem as coisas e sabem como fazê-las (ERIKSON, 1976).

Se a criança é desencorajada a se identificar com seus professores, se sentir-se excluída do mundo da indústria, em uma atitude muito conformista pode aceitar o trabalho como critério exclusivo de valor. Nesse caso, ela estará sacrificando a imaginação e o instinto lúdico e tornar-se-á escrava da tecnologia e do papel que lhe foi imposto socialmente. Segundo Erikson:

> O desenvolvimento de muitas crianças se desagrega quando a vida familiar não tenha conseguido prepará-las para a vida escolar ou quando a vida escolar deixa de cumprir as promessas das etapas anteriores (ERIKSON, 1976, p. 239).

Isso ressalta a importância da escola e, principalmente, do professor no sentido de facilitar o processo de crescimento humano e da aprendizagem, facilitando, assim, uma resolução satisfatória dessa fase.

Muitas vezes, pessoas dotadas de talentos considerados especiais creditam ao professor o mérito de lhes ter despertado o talento que estava oculto, inclusive, delas próprias. Por outro lado, a negligência no exercício do magistério e uma prática pedagógica autoritária podem inibir ou bloquear o processo de crescimento humano e assim podem bloquear, também, a aprendizagem e a criatividade. Segundo Erikson, o treino dos professores para um desempenho que proporcione o crescimento dos alunos é uma tarefa vital no sentido de evitar o perigo que pode ocorrer ao indivíduo, nessa fase, e que é a incorporação do sentimento de inferioridade, de que a pessoa "nunca prestará para nada" (ERIKSON, 1976).

Erikson denuncia o perigo que há em uma prática pedagógica na qual a vida escolar passa a ser uma extensão das responsabilidades dos adultos e que desenvolve nas crianças um sentimento excessivo e prejudicial de dever, na execução do que foi ordenado. No extremo oposto está o perigo da libertinagem, em que a criança faz apenas aquilo que tem vontade de fazer, sem regras ou limites (ERIKSON, 1976).

A primeira vertente explora na criança uma tendência para tornar-se inteiramente dependente dos deveres prescritos. Esse processo inibe a manifestação da criatividade e o próprio processo de crescimento humano.

A segunda tendência gera, na própria comunidade, a idéia de que na "escola já não se aprende mais nada" e, nas crianças, um sentimento de descaso, de exclusão do mundo dos adultos. Pois, nessa fase, as crianças necessitam ser "moderada, mas, firmemente" incentivadas a participar da aventura de descobrir que podem aprender a fazer coisas. Essas atividades proporcionam um sentimento simbólico de participação no mundo dos adultos, tão importantes na construção da identidade (ERIKSON, 1976).

Um dos grandes problemas sociais que interfere negativamente na vivência dessa e de outras fases e que dificulta o advento de um sentimento nas crianças de que poderão participar na estrutura social de uma forma que as realize é a desigualdade social. Grande parcela de nossas crianças não tem acesso aos avanços da ciência e da tecnologia. A respeito da desigualdade social, Erikson escreve:

> A desigualdade social e os métodos retrógrados ainda geram um perigoso hiato entre muitas crianças e a tecnologia que necessita delas não

> só para que possam servir à finalidades tecnológicas mas, de modo mais imperativo, para que a tecnologia possa servir à humanidade. (ERIKSON, 1976, p. 127)

Nessa etapa, se bem vivida – e aí existe uma grande responsabilidade por parte da escola – a criança estabelece uma sólida relação inicial com o mundo das ferramentas e das especializações tecnológicas, bem como com aqueles que as ensinam e delas participam. A respeito da importância da fase escolar na vida da criança e dos efeitos perversos da exclusão, Erikson escreve:

> E como o homem é não só o animal que aprende mas, também, o que ensina e, sobretudo, o animal trabalhador, a contribuição imediata da idade escolar para um sentimento de identidade pode ser expressa nas palavras: "Eu sou o que posso aprender para realizar trabalho". É imediatamente óbvio que, para a grande maioria dos homens, em todos os tempos, isso tem sido não só o começo mas também a limitação de sua identidade; ou melhor, a maioria dos homens sempre consolidou as suas necessidades de identidade em torno de capacidades técnicas e profissionais, deixando para grupos especiais (especiais por nascimento, por escolha ou eleição e por dotes de talento) o estabelecimento e preservação daquelas instituições "superiores" sem as quais o trabalho cotidiano do homem sempre pareceu uma inadequada expressão individual, quando não mera rotina ou até uma espécie de maldição (ERIKSON, 1976, p. 128).

Quando a criança é exposta a situações de exclusão, de descrédito de si mesma e de seu grupo de pertencimento, pode incorporar um profundo sentimento de inadequação, de inferioridade. Esses sentimentos tendem a interferir em todas as dimensões de sua vida, bloqueando inclusive seu processo de crescimento humano e de aprendizagem.

O grupo ao qual uma pessoa pertence tem uma importância crucial no desenvolvimento de sua identidade. Em sociedades em que alguns grupos são privilegiados – os grupos dominantes – em detrimento de outros – os grupos excluídos – é preciso preparar as crianças para enfrentar as situações de discriminação a fim de que elas possam superá-las com visão crítica e auto-estima preservada.

Kurt Lewin se dedicou ao estudo da educação de crianças pertencentes às minorias sociais. Ele defende uma educação que leve em conta os valores do grupo de pertencimento da criança.

A criança pertencente às minorias sociais e a exclusão social

O grupo social ao qual uma criança pertence é a base em que ela se apóia. A posição que a criança ocupa no grupo e sua relação com ele vão proporcionar à criança sentimentos de segurança ou insegurança. Quando o grupo, ao qual a criança pertence, sofre processos de estigmatização e exclusão, é preciso que ela tenha uma visão crítica da estrutura social e saiba como enfrentar a discriminação e a exclusão. Torna-se, então, necessário preparar a criança para enfrentar situações de discriminação em sociedades em que elas tenham probabilidade de acontecer (LEWIN, 1988).

É um erro não preparar as crianças para enfrentar as dificuldades da vida, querendo poupá-las de "aborrecimentos". Alguns adultos pensam que trabalhar questões como preconceito e discriminação com a criança, principalmente quando ela poderá ser alvo de discriminações, é sobrecarregá-la antes da hora. Crêem que devem abafar essas questões até as crianças crescerem e darem conta de "agüentar" situações tão adversas (LEWIN, 1988).

Não preparar as crianças pertencentes às minorias sociais, desde cedo, para enfrentarem situações de discriminação mascara a realidade e cria uma outra fantasiosa e irreal. Isso imobiliza as crianças, deixa-as passivas e sem possibilidades para o enfrentamento da realidade. Referindo-se à crença de que a criança deve ser poupada de situações-problema, Lewin escreve: "Trata-se de orientação pedagógica deficiente, que tende a colocar a criança em conflitos desnecessariamente graves; debilita sua capacidade de enfrentar as dificuldades;..." (LEWIN, 1988, p. 184).

Os problemas referentes à própria vida da criança ou a seu grupo de pertencimento, quando "escondidos" dela todo o tempo, fazem com que ela acredite em uma situação que não é real. Ou seja, nesse caso, seu "mundo" é construído sobre uma mentira ou uma ilusão. Quando mais tarde, a criança se deparar com a realidade social, poderá ter um colapso. Não saberá mais em que acreditar. Percebe que o mundo que tinha sido criado para ela, até então, não era real. Passa a temer o mundo real porque não o conhece e, então, tende a ter atitudes de medo e de passividade diante das várias situações da sua vida.

Como por exemplo, Lewin cita situações em que crianças negras foram criadas sem tomarem conhecimento do preconceito étnico-racial. Relata que, quando se depararam com uma situação de discriminação, sentiram-se perplexas e impotentes para enfrentá-la (LEWIN, 1988).

Quando uma pessoa cresce, por exemplo, acreditando que a discriminação étnico-racial não existe, embasa todos os seus projetos, inclusive para o futuro, nessa crença. No momento em que se depara com uma situação de discriminação, sua crença se revela falsa e seu mundo se vê profundamente abalado, inclusive, em seus alicerces (LEWIN, 1988). Isso dificulta uma mobilização da pessoa no sentido de lutar contra a situação de discriminação. Nessa circunstância, a pessoa perde seus referenciais, sente que não pode confiar neles, não sabe em que se apoiar para uma ação de enfrentamento.

Lewin cita, também, o caso de crianças adotivas, das quais é escondida a situação de adoção e o choque que sentem quando, anos depois, vêm a saber a verdade.

É necessário preparar a criança desde cedo para enfrentar as situações com as quais tende a se deparar. Uma criança preparada para enfrentar as mazelas sociais tende a se tornar um adolescente mais autoconfiante. A respeito da criança preparada para enfrentar problemas como, por exemplo, o de ser um filho adotivo, Lewin escreve: "Na adolescência, não tem dificuldade em enfrentar problemas que poderiam abalar os próprios fundamentos de sua existência, se só então soubesse a verdade" (LEWIN, 1988, p. 187).

O grupo social ao qual uma pessoa pertence é o chão em que ela se apóia. Esse "chão" precisa ser firme e confiável, ou seja, precisa ter firmeza e clareza a fim de que o indivíduo possa confiar nele, sabendo *a priori* o que pode fazer e as situações com as quais pode se deparar (LEWIN, 1988). A respeito do crescimento da criança dentro do grupo, Lewin escreve: "Disse que 'a criança aprende, adquire conhecimento, orienta-se'. Dever-se-ia compreender, contudo, que esta aprendizagem significa algo mais: a própria construção do mundo em que a criança vive, do chão em que se apóia" (LEWIN, 1988, p. 188).

O sentimento de pertencer a determinados grupos é um dos elementos básicos da construção da concepção de mundo e influencia fortemente o que a pessoa vai considerar certo ou errado, seus objetivos e suas buscas.

Essa construção do mundo precisa ser sólida e "verdadeira", ou seja, precisa preparar para a convivência em sociedade, para o enfrentamento e a superação dos problemas sociais, das contradições e injustiças. Se a concepção de mundo for irreal, fantasiosa, quando a pessoa se deparar com uma situação-problema, e que não fazia parte de seu mundo até então, como, por exemplo, ser discriminada por motivos étnico-raciais ou socioculturais, sentirá que toda a estrutura de seu mundo psicológico está despedaçada.

Nesse contexto, a pessoa fica desorientada. Perde a base para qualquer ação orientada, pois, já não sabe se os parâmetros que tem para orientar uma ação correspondem de fato à realidade. Sua fé na estabilidade do mundo fica abalada. Isso faz com que, muitas vezes, a pessoa perca a vontade de fazer planos para o futuro (Lewin, 1988).

Como a escola participa da construção da concepção de mundo da criança, precisa ter atenção redobrada no sentido de facilitar a construção de uma visão lúcida da realidade, crítica, que propicie à criança uma base sólida, auto-estima verdadeira e uma compreensão da forma como a sociedade se estrutura, para que possa se posicionar de forma consciente frente às várias situações.

Nesse sentido, o educador precisa partir do mundo que a criança traz ao chegar à escola. Negar esse mundo é discriminar a criança e reforçar nela sentimentos de menos valia. É preciso partir das vivências e experiências das crianças, ajudando-as a compreendê-las e facilitando a ampliação da sua visão de mundo.

Nesse contexto, a escola deve ter muito cuidado para não reproduzir os preconceitos existentes na sociedade mais ampla. Ela está a serviço da formação de pessoas e é no mínimo desumano privilegiar um grupo social e menosprezar os demais.

As crianças, principalmente as pertencentes às minorias sociais, precisam ser preparadas, inclusive na escola, para ter uma visão crítica da forma como a sociedade se organiza.

Quando o grupo ao qual uma criança pertence valoriza suas próprias características fenotípicas, sociais e culturais e prepara a criança para ter uma visão crítica da estrutura social, ele oferece uma base segura para a criança, e as experiências de discriminação não tendem a imobilizá-la. Pelo contrário, tendem a suscitar nela sentimentos de indignação e atitudes de enfrentamento da realidade. Nessas situações, a criança sente o apoio do grupo. O grupo passa a ser um "chão" sólido no qual ela pode se apoiar.

Segundo Lewin:

> É espantosamente grande a variedade de estruturas sociais a que uma criança em desenvolvimento se pode adaptar de maneira relativamente estável. Parece, contudo, ser extremamente difícil estabelecer um novo chão social estável depois de a pessoa ter entrado em colapso (Lewin, 1988, p. 190).

A escola torna-se para a criança um grupo do qual ela faz parte. A interação família-escola é importante. Não pode haver um hiato entre esses dois grupos, como, por exemplo, duas concepções de mundo, em um processo no qual a escola nega ou menospreza a concepção de mundo dos alunos. A escola não deve recusar o grupo de origem do aluno, pois, como já dissemos anteriormente neste trabalho, estaria recusando o próprio aluno. É preciso aproximar a família e a escola, ajudando o aluno a se aproximar de seu próprio grupo de pertencimento e ampliando, a partir daí, sua visão de mundo.

Lewin relata que, quando o indivíduo percebe que seu grupo não é aceito socialmente e que esse estigma também o acompanha, ele tende a se afastar de seu grupo e tenta entrar em outro que goze de maior prestígio. No entanto, barreiras sociais invisíveis e dinâmicas o impedem de entrar nos grupos dominantes e de deixar seu próprio grupo de pertencimento (LEWIN, 1988).

Nesse processo, o indivíduo impotente diante da sociedade mais ampla, incapaz de atingi-la, volta-se contra o próprio grupo, responsabilizando-o pela situação de exclusão. O grupo passa a ser sentido como um peso e o indivíduo passa a viver à margem deste. Passa, também, a nutrir sentimentos ambivalentes de amor e ódio com relação ao grupo de origem e, conseqüentemente, com relação a si mesmo (LEWIN, 1988).

Então, muitas vezes, a própria pessoa reproduz o preconceito existente na sociedade a respeito de seu grupo de pertencimento e ela mesma passa a desvalorizá-lo. Passa a reproduzir as representações sociais negativas criadas para seu grupo, fortalecendo o lugar de dominação e exploração imposto a ele. Desvaloriza, assim, a si mesma.

Esse processo pode ser observado, inclusive, em crianças. Muitas vezes, elas nutrem sentimentos ambivalentes – de amor e de ódio – com relação ao próprio grupo de pertencimento e o desvalorizam, repetindo "brincadeiras", "piadas", em que ele é ridicularizado e menosprezado. Nessas ocasiões, colocam a si mesmas em situação de menos valia.

Uma das formas de enfrentar essas forças sociais, que tendem a limitar o crescimento humano e a conquista de autonomia de uma grande parcela da população, é o encontro da pessoa consigo mesma em profundidade, com seus sentimentos e necessidades existenciais e a construção de uma visão crítica da forma como a sociedade se estrutura.

O encontro profundo do homem consigo mesmo tende a facilitar um certo distanciamento da coerção grupal, das pressões sociais e o processo de busca da satisfação de suas necessidades existenciais. Nesse processo, embora o homem seja influenciado pelo grupo, ele passa a ter consciência crítica dessa influência bem como a ter consciência de que ele é uma pessoa dotada, em algum grau, de liberdade para escolher, para romper, buscar, construir e modificar. Ele compreende que é responsável pela sua existência e de que precisa tomá-la nas mãos. Entende que, se é influenciado pelo grupo, em uma relação dialética ele o influencia.

Nesse processo de aproximação de si mesmo, de seus valores, experiências e sentimentos, a escola tem um papel fundamental. Ela pode facilitar ou dificultar essa aproximação e, assim, pode facilitar ou dificultar o processo de crescimento humano e a aprendizagem.

Baseados nos trabalhos de Erikson e também de Lewin expostos neste capítulo, vamos apresentar uma breve discussão a respeito da atuação da escola na construção da concepção de mundo dos alunos e na construção da concepção de si mesmos, de uma imagem de si.

O primeiro grupo ao qual uma pessoa pertence é a família. É na família que cada pessoa adquire os conceitos, hábitos e crenças que vão constituir o chão sobre o qual ela se apóia, os conceitos fundamentais sobre o mundo, as relações sociais, a ética, a forma como a sociedade se estrutura.

Esse primeiro grupo social prepara a criança para participar, gradativamente, da vida na sociedade mais ampla.

A escola pode ser considerada, em importância, pela relevância da influência que exerce na vida das crianças, depois da família, um dos mais importantes grupos dos quais uma criança participa. Ela consolida e atualiza, na criança, as bases necessárias para a participação na vida social. É na escola que a criança vai ou não incorporar sentimentos de adequação para a participação na sociedade mais ampla.

A escola tem, de certa forma, uma co-participação com a família, na educação das crianças no sentido de que tem a tarefa de cooperar com a família, de dar continuidade à preparação do indivíduo para que ele possa se inserir na sociedade mais ampla de forma satisfatória para si mesmo e para a sociedade na qual participa.

A escola representa para a criança a sua pré-estréia em um grupo mais amplo, como sujeito capaz de construir junto com outros, de criar e, pela sua atuação, de se realizar em uma importante dimensão da vida humana, a vida da indústria, da criação, da invenção. A escola prepara a criança para sua participação efetiva na estrutura social.

Essa instituição – a escola – não pode estar em oposição à primeira – a família – instituição que fundamentou os valores, crenças e conhecimentos que a criança adquiriu até aquela fase.

Quando os ensinamentos, valores e crenças difundidos pela escola estão em oposição sistemática aos ensinamentos e valores da família, a criança vive em conflito. Está apoiada em dois importantes pilares – família e escola – cujos valores, ensinamentos e crenças se opõem sistematicamente.

Muitas crianças vivenciam essa situação, como, por exemplo, as crianças pertencentes às minorias sociais, que muitas vezes vêem os hábitos de seu grupo de pertencimento, idéias, crenças e a variante da língua de que se utilizam menosprezados ou negados.

Nesse contexto, a criança não se sente segura. Pois, a escola que representa para a criança a própria participação mais efetiva na vida social rejeita os valores, crenças e hábitos expressados pela criança. E, então, apresenta outros valores e crenças, mas, não como continuação da construção e ampliação dos valores e crenças adquiridos até aquele momento pela criança, e sim como negação ou oposição sistemática aos mesmos.

Nessa dinâmica, há uma ruptura no processo de socialização e de construção da concepção de si e do mundo, que está sendo vivenciado pela criança. Não há uma continuidade que possibilite reflexão, ampliação e mudança. A construção da concepção de mundo fica fragmentada, dividida entre dois importantes grupos, em que um deles – a escola – menospreza os valores, costumes e crenças do outro, a família.

Quando a escola assume essa posição discriminatória e a família não tem recursos para ajudar essas crianças a superar essa dicotomia, o processo de construção da identidade dessas crianças pode ser prejudicado. Divididas entre dois pilares fundamentais, as crianças se sentem inseguras para se apoiarem completamente em um ou em outro, uma vez que ambos são importantes para si e participam ativamente na construção da concepção de si e do mundo.

Nesse contexto, elas, também, não se sentem seguras, apoiando-se nos dois, simultaneamente, pois um deles está em oposição sistemática em relação ao outro, eles não se compreendem mutuamente, não se complementam. Então, a criança pode ter sentimentos ambivalentes. De um lado busca o conhecimento, a participação na escola, mas, de outro, pode sentir-se inadequada para a participação na vida social, pois, o "chão em que se apóia" não é aceito, não é compreendido. A criança, também, não se sente aceita e nem compreendida.

Nessa dinâmica da exclusão dos hábitos, crenças e variante lingüística dos grupos minoritários, no âmbito escolar, a escola se coloca em direção contrária à dessas famílias, recusando-as ou menosprezando-as.

Nesse contexto, forças sociais de repulsão usadas, inconscientemente, para inibir os grupos minoritários atuam no ambiente escolar. Vêm em direção contrária à demanda de acolhimento, complementação e ampliação da educação das crianças pertencentes aos grupos minoritários. A escola, inconscientemente, utiliza, então, os estereótipos, os clichês, as músicas, textos e filmes que reproduzem a dinâmica pela qual a sociedade se estrutura, divulgando valores e crenças de um único grupo do sistema social e menosprezando os demais. Essas forças sociais se colocam em sentido contrário às das demandas das crianças pertencentes às minorias sociais e de suas respectivas famílias quando recusam os hábitos, crenças e linguagem das mesmas. A demanda da família e a ideologia de exclusão, atuantes nas escolas, se chocam, não se complementam.

O aluno, nesse contexto desrespeitoso, excludente, pode sentir-se inseguro. Seu universo passa a ser constituído de aprendizagens e experiências que, muitas vezes, não se complementam. Percebe que seu grupo de pertencimento e tudo o que ele aprendeu até aquele momento não são valorizados pela escola e nem pela sociedade mais ampla. Então, pode sentir-se inseguro quanto a sua competência para a participação na vida social.

O universo da criança em um contexto de exclusão na instituição escolar: oposição sistemática

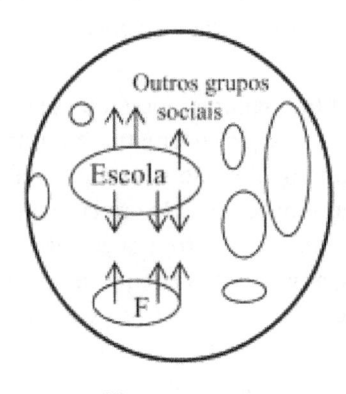

F= Família

As setas representam a direção das forças sociais em um contexto de discriminação e exclusão. Forças sociais atraem a família para a escola, instituição necessária ao crescimento da criança. Assim, por meio da ideologia dominante, veicula-se a idéia de que a criança é aceita e acolhida pela escola, instituição que complementará sua educação preparando-a para a participação no mundo do trabalho, da ciência e da tecnologia. Estas idéias são divulgadas pela mídia. No entanto, esquece-se de que quando o grupo de pertencimento da criança é menosprezado ela, também, não se sente aceita. Na situação de discriminação e exclusão, a escola reproduz mecanismos de exclusão, existentes na sociedade mais ampla, recusando a concepção de mundo que a criança aprendeu até aquele momento, seus hábitos, crenças e costumes. Neste contexto, divulga os hábitos e as crenças do grupo dominante como únicos corretos e aceitos. Há um choque entre a aprendizagem adquirida na família e a encontrada na escola, há uma ruptura no processo de aprendizagem, não há seqüência. O grupo de origem da criança, suas crenças e hábitos não são aceitos como ponto de partida para o processo ensino-aprendizagem na escola. Então, a criança vive um conflito, não pode recusar seu grupo de origem, mas, também, precisa da vivência na escola. Este conflito e o sentimento de inadequação que pode advir de tais experiências podem ser revividos quando a pessoa estiver inserindo-se em outros grupos sociais, prejudicando sua inserção e participação nestes grupos.

A criança, cujos valores, crenças e hábitos aprendidos com a família são similares aos valores, hábitos e crenças reproduzidos pela escola, tende a não viver esse processo de forma conflitante, bem como as crianças que tenham como professores, pessoas que adotem uma prática pedagógica humanista, democrática e progressista.

Nesse contexto, a escola não está em oposição à família – primeiro sustentáculo do desenvolvimento da criança – ao contrário é uma continuação desta, no sentido de trabalhar o que foi construído até ali e ampliar os conceitos adquiridos. Nesta dinâmica, os mecanismos de exclusão não são reproduzidos pela escola. Então, na escola, as forças sociais atuam em uma única direção, receptiva, direção de acolhimento e incentivo ao crescimento humano, não há discriminação e exclusão. Por meio de uma educação humanista e progressista, a forma de estruturação da sociedade pode ser melhor compreendida pela criança, suas lacunas e contradições, e um olhar crítico pode ser construído no processo ensino-aprendizagem.

Assim, as promessas feitas à criança, de possibilidade de participação efetiva na sociedade mais ampla, são reforçadas ou "confirmadas" na "pré estréia" da vida social da criança, ou seja, na escola.

Tudo o que a criança aprendeu até aquele momento é acolhido, discutido e ampliado pela escola. A criança sente-se segura, acolhida, desenvolve uma visão crítica da realidade e busca sua participação nas atividades escolares com mais segurança. Mais tarde, provavelmente, buscará sua participação na vida social, também, com segurança, de forma que possa realizar seus anseios e projetos existenciais.

Universo da criança que se sente aceita:

Quando a escola adota a concepção de mundo dos educandos como ponto de partida para o processo ensino-aprendizagem, não reproduzindo mecanismos sociais de exclusão, as forças sociais presentes na escola não entram em choque com as forças sociais que atraem a família para a escola, que veiculam idéias de acolhimento e sucesso. Por meio de uma pedagogia democrática e progressista, constrói-se uma visão crítica da realidade, a criança sente-se segura, aceita. Neste contexto, ela não precisa negar seu grupo de origem, este é sentido como base para seu crescimento e a aprendizagem adquirida até então, é ampliada. O "saber ingênuo" pode transformar-se em saber epistemológico. Os hábitos e costumes vividos pela comunidade na qual a criança participa, passam a ser compreendidos e respeitados como aspectos culturais, dentre vários outros

F= Família

existentes. Tendo adquirido um sentimento de "segurança básica", em sua participação na escola, tenderá a participar dos demais grupos sociais com segurança, contemplando seus projetos existenciais.

A escola tem uma grande responsabilidade no desenvolvimento psicossocial dos alunos. Não é possível participar de forma construtiva na vida dos alunos, impondo um modelo único, de valores, hábitos e crenças, o modelo do grupo dominante, para todos os segmentos da sociedade, e desconsiderar ou menosprezar os valores, hábitos e crenças dos demais segmentos.

Essa prática pode deixar as crianças provenientes das camadas populares em um grande conflito e insegurança, sem saberem onde se apoiar. Nesse contexto, elas podem incorporar um sentimento de inadequação que tende a influenciar negativamente sua *performance* na escola, no processo ensino-aprendizagem e a influir negativamente nas outras etapas de seu desenvolvimento. Esse sentimento de inadequação tende a acompanhá-las durante seu desenvolvimento, principalmente, se em todos os níveis da educação elas se depararem com modelos excludentes e discriminatórios.

Uma das tarefas mais fundamentais da escola é acolher todos os alunos pertencentes aos vários segmentos da sociedade para, a partir da aceitação, da compreensão e do respeito pela pessoa do outro, por suas crenças e valores, poder ampliar a concepção de mundo de seus alunos.

Nesse sentido, educar não é fazer o aluno repetir conteúdos que, às vezes, não têm nenhum significado para ele. Conteúdos que, aprendidos mecanicamente, por meio da repetição, têm grande probabilidade de serem logo esquecidos.

Educar é facilitar um processo de crescimento humano e de uma aprendizagem que seja significativa para a pessoa. Então, discutiremos no capítulo seguinte o conceito de aprendizagem significativa e as atitudes do educador que tendem a facilitar um processo de crescimento humano e de aprendizagem que seja significativa.

A aprendizagem significativa

Uma breve discussão a respeito da aprendizagem significativa

Segundo Rogers, o significado da palavra "ensinar"[1] está associado à ação de instruir, comunicar conhecimento ou habilidade, fazer saber. Não está implícito, nesse significado, uma relação que seja dialógica. Fica implícito uma relação vertical em que uma pessoa comunica conhecimento a uma outra que, em atitude passiva, deve ouvir e guardar o que foi comunicado (ROGERS, 1972).

---

[1] Rogers faz uma distinção entre o significado das palavras "ensinar" e "educar". Para ele "ensinar" está relacionado apenas à transmissão de conhecimentos, um processo no qual o educando apenas decora os conteúdos que lhe são transmitidos. Esse sentido atribuído à palavra "ensinar" assemelha-se à definição da concepção bancária da educação de Paulo Freire, discutida no capítulo um. "Educar", segundo Rogers, é uma prática na qual o educador preocupa-se em facilitar um processo de aprendizagem que tenha significado para o aluno, que envolva as várias dimensões do ser, facilitando, também, o processo de crescimento, de auto-realização. Essa concepção assemelha-se à pratica pedagógica humanista e progressista proposta por Paulo Freire. Este autor utiliza os termos ensinar e educar indistintamente, mas faz a diferenciação entre as práticas pedagógicas humanistas e as autoritárias. Neste trabalho, com exceção das referências feitas à Rogers, utilizaremos os termos "ensinar" e "educar" como sinônimos, no entanto, diferenciaremos entre uma prática pedagógica autoritária, que pode bloquear ou inibir o crescimento humano do educando, e uma prática pedagógica humanista, democrática e progressista que tende a liberar o crescimento humano do aluno ou educando.

Nessa prática, o conhecimento que deve ser comunicado aos alunos é previamente estipulado, muitas vezes, sem levar em conta a realidade na qual eles estão inseridos. Nesse contexto, as relações que se estabelecem entre educador e educando não possibilitam aos alunos uma participação mais efetiva durante as aulas. Não se estabelece uma relação dialógica que possibilite aos alunos que falem livremente de seus sentimentos e impressões com relação ao tema que está sendo estudado, facilitando, talvez, uma associação destes com a realidade que o aluno vive.

Delimitar o que os alunos devem aprender em cada etapa de suas vidas, sem ouvir os anseios e necessidades dos envolvidos no processo de aprendizagem, é uma prática que distancia o aluno do que está sendo estudado, dificultando a aprendizagem e, dificultando, simultaneamente, o contato do aluno consigo mesmo e com sua realidade.

Para exemplificar como o ensino puramente repetitivo, baseado apenas na transmissão do saber, é inadequado ao crescimento humano, Rogers cita o exemplo de uma tribo de índios australianos que vivem da mesma forma há centenas de anos, em ambiente inóspito. O segredo da sobrevivência dessa tribo tem sido ensinado aos jovens, passado de geração para geração. Cada detalhe do conhecimento adquirido é passado para as gerações mais novas e qualquer mudança, inovação na maneira de caçar, encontrar água, cortar caminho através do deserto sem trilhas é desaprovada (ROGERS, 1972).

A prática de ensinar, apenas transmitir conhecimentos, poderia, talvez, ter algum sentido em um ambiente imutável. Na época na qual vivemos, as coisas estão em constante mudança. A prática de comunicar conhecimentos, em relações verticais, nas quais o diálogo, a pesquisa e a descoberta não são incentivados, não faz sentido em um meio no qual as mudanças são rápidas e constantes (ROGERS, 1972).

Nesse contexto, uma prática pedagógica que seja significativa para o aluno é aquela que educa, que facilita a aprendizagem e a mudança, que estimula a criatividade. A esse respeito, Rogers escreve:

> O único homem que se educa é aquele que aprendeu como aprender, que aprendeu como se adaptar e mudar; que se capacitou de que nenhum conhecimento é seguro, que nenhum processo de buscar conhecimento oferece uma base de segurança. Mutabilidade, dependência de um **processo**, antes que de um conhecimento estático, eis a única coisa que tem certo sentido como objetivo da educação, no mundo moderno. (ROGERS, 1972, p. 105)

Nesse contexto, o processo ensino-aprendizagem nas escolas se divide em duas vertentes principais. Em uma delas, o processo de aprendizagem se resume em dar aos educandos conteúdos para serem memorizados, é o ensino tradicional. Na outra, há uma preocupação em que os conteúdos, pesquisados e estudados a partir de relações horizontais, tenham significado para o aluno. Há uma preocupação em facilitar uma aprendizagem que seja significativa.

Assim, na primeira dessas vertentes – o ensino tradicional –, dá-se aos educandos a tarefa de memorizarem fatos, contas, sílabas, geralmente, desprovidos de qualquer sentido para eles. Rogers cita, como exemplo, o processo em que as crianças têm de guardar na memória sílabas que não significam nada. Essa tarefa é difícil pelo fato mesmo de não haver nenhum significado nas sílabas. Elas podem ser memorizadas em um instante, mas, como não têm significação alguma, podem ser esquecidas no instante seguinte (ROGERS, 1972).

Muitos dos conteúdos apresentados para os alunos em sala de aula têm a mesma falta de significado das sílabas sem sentido. Isso porque os conteúdos estão desconectados da realidade, fragmentados a tal ponto que perdem a ligação com o todo. Tornam-se isolados e sem uma significação que permita ao aluno uma compreensão da totalidade, das relações de causa e conseqüência. Nesse contexto, ao invés de facilitar, eles dificultam uma compreensão da realidade.

Segundo esse autor, quase todo estudante descobre que grande parte de seu currículo não tem o menor significado para si. Então, a educação passa a ser uma tentativa frustrada de aprender conteúdos que não tenham qualquer significação pessoal (ROGERS, 1976).

Esse processo se torna mais difícil para a criança que tem poucos recursos materiais, pouco contato com livros, com materiais e brinquedos pedagógicos. Suas experiências anteriores não oferecem contexto algum no qual possa ser inserido o material com o qual se defronta na escola. (ROGERS, 1972)

A aprendizagem, desconectada da realidade dos educandos, trabalha apenas com o cérebro. Não abrange os sentimentos ou os significados pessoais, os interesses, gostos e experiências de vida. Não têm nenhuma relevância para a pessoa como um todo.

A outra vertente de aprendizagem contrasta com o ensino tradicional. É a aprendizagem significativa ou experiencial. A aprendizagem significativa é plena de sentido para o educando.

Para definir a aprendizagem significativa, Rogers utiliza os elementos que participam desse processo de aprendizagem, que torna possível uma educação que tenha significado para o aluno.

O primeiro deles é o envolvimento pessoal. Na aprendizagem significativa, a pessoa participa do processo de aprendizagem como um todo (ROGERS, 1972). Não é apenas a parte cognitiva que trabalha. Todas as dimensões da pessoa participam do processo, incluem-se então, além do cognitivo, o emocional, suas experiências de vida, percepções, crenças e valores.

Ela é auto-iniciada. Ainda, quando o primeiro estímulo seja exterior ao aluno, a pesquisa, o senso de descoberta, de compreensão e de captação vêm de dentro.

Ela é penetrante. A aprendizagem significativa modifica a forma de o aluno agir. Podem ser observadas mudanças em suas atitudes, talvez haja mudanças até mesmo em sua personalidade (ROGERS, 1972).

É avaliada pelo educando. O educando sabe se está buscando aquilo que realmente quer saber, se está indo ao encontro de suas necessidades. O lócus da avaliação reside no educando.

Significar é a essência da aprendizagem experiencial. No processo de uma aprendizagem que seja significativa, o elemento de significação desenvolve-se, para o educando, dentro de sua experiência como um todo.

A respeito da aprendizagem significativa, Rogers escreve:

> Parece importante ressaltar que tal aprendizagem significativa, auto-iniciada, experiencial é possível, que é viável em situações educacionais nitidamente diversas, e que dá origem a "aprendizes" autoconfiantes (ROGERS, 1972, p. 9).

Nesse contexto, o educador facilita o processo de transformação de um grupo de pessoas, no qual ele se inclui. Enquanto educa, o professor também se transforma. Um educador humanista preocupa-se em libertar a curiosidade, em criar um clima no qual as pessoas se sintam à vontade para seguir novas direções, motivadas por suas necessidades e interesses pessoais. Preocupa-se em estimular o gosto pela pesquisa, em abrir os temas e fatos acontecidos para discussão e análise. O educador compreende que tudo está em processo de constante transformação.

Baseado em algumas das experiências que realizou, em seus estudos sobre a aprendizagem significativa, Rogers escreve:

> De tal contexto emergem verdadeiros estudantes, aprendizes reais, cientistas, eruditos e profissionais com capacidade criadora. Aquela

espécie de pessoas que podem viver num delicado, mas, sempre mutável equilíbrio entre o que hoje se conhece e os fluentes, móveis, alteráveis problemas e fatos do futuro. (ROGERS, 1976, p. 105)

Para que uma aprendizagem significativa aconteça, além do conhecimento que o professor precisa ter da matéria que leciona e da existência de recursos materiais como, por exemplo, recursos audiovisuais, livros, aulas expositivas, palestras e todo o material didático que se possa colocar à disposição do aluno, é fundamental que se estabeleça uma relação entre o educador e o educando que facilite a aprendizagem.

Essa relação é autêntica e tem algumas características específicas que se associam às atitudes desenvolvidas pelo educador durante seu contato com os alunos.

Atitudes que facilitam uma aprendizagem significativa

a) A autenticidade do facilitador ou professor

A mais fundamental de todas as atitudes de um educador é a condição de ser uma pessoa autêntica. Nessa perspectiva, quando o educador é uma pessoa que desenvolveu relações autênticas consigo mesmo e com os outros, ele se apresenta como uma pessoa "real", sem utilizar fachadas durante as aulas. O educador autêntico reconhece seus sentimentos, é capaz percebê-los tais como estejam sendo sentidos e, se necessário, se for útil ao processo de aprendizagem, ele pode comunicá-los. Então, ele tem um contato direto com o aprendiz, de pessoa para pessoa. A relação que se estabelece é de respeito, abertura e aceitação pela pessoa do outro. Professor e aluno tornam-se parceiros, ambos sujeitos da construção do conhecimento (ROGERS, 1972).

O educador deve, então, reconhecer todos os seus sentimentos, como, por exemplo, de satisfação, desânimo, entusiasmo, irritação, enfim, todos os sentimentos que surgirem durante as aulas. Reconhecendo-os e aceitando-os como seus, ele não precisa impô-los aos alunos. Ele pode gostar ou não do trabalho de seu aluno, sem que isto implique juízos de valores para ele ou para o aluno. Ou seja, nem ele, nem o aluno estão condicionados a serem bons ou maus pelo fato de um trabalho ter sido considerado bom ou mal. O professor deve dizer ao aluno o que pensa a respeito do trabalho que lhe foi entregue, conforme o sinta realmente, sem que isso implique rotulações ou generalizações. É apenas uma reflexão sobre o material que foi entregue. Os julgamentos são, quase sempre, discutíveis.

Quando verbalizamos juízos, estes quase nunca são exatos e, por isso mesmo, causam sentimentos de irritação e ressentimento, além dos sentimentos de culpa e apreensão (ROGERS, 1972).

Rogers adverte que o fato de cada um apropriar-se de seus próprios sentimentos não pode ser tomado com licença para formular juízos sobre os outros, projetando nas outras pessoas sentimentos "próprios". Essa atitude é exatamente o oposto do que acabamos de descrever como atitudes de autenticidade e de compreensão empática (ROGERS, 1972).

Na educação humanista, o professor passa a ser visto por seus alunos como uma pessoa, que tem sentimentos reconhecíveis. Não é apenas um meio pelo qual o conhecimento é passado de uma pessoa para outra (ROGERS, 1972).

Essa atitude humanista contrasta com o estereótipo criado para o professor, como alguém que detém o saber e com quem os alunos não podem falar de seus problemas e conflitos. Alguém com quem os alunos não podem conversar, alguém que precisa ser sempre ouvido, que não pode ser interrompido, que está na sala de aula apenas para passar conhecimentos para os alunos.

b) Aceitação, confiança, apreço pelos alunos

A aceitação pela pessoa do outro, a relação de confiança e o apreço que se estabelecem entre o professor e os alunos são essenciais para que uma aprendizagem significativa aconteça. Essas atitudes envolvem respeito pelo aprendiz, respeito por suas opiniões, sentimentos, experiências, enfim, respeito por sua pessoa.

A esse respeito, Rogers escreve:

> É a aceitação de um outro indivíduo, como pessoa separada, cujo valor próprio é um direito seu. É uma **confiança** básica – a convicção de que essa outra pessoa é fundamentalmente merecedora de crédito. (ROGERS, 1972, p. 109).

O educador que desenvolve uma relação autêntica com seus alunos aceita as manifestações de hesitação e receio que estes demonstram quando se deparam com um novo problema, aceita, também, suas manifestações de alegria quando têm êxito. Percebe e aceita as situações nas quais o aluno demonstra apatia, as em que ele procura atalhos para adquirir o conhecimento de que necessita, tanto quanto os seus esforços quando se empenha de forma disciplinada para aprender algo.

Nessa perspectiva, o educador aceita o aluno como pessoa humana que é com todos os seus conflitos, anseios, necessidades e potencialidades. A aceitação incondicional do professor com relação a seus alunos é a expressão de sua confiança na capacidade do homem como um ser em processo de transformação, de crescimento. O educador humanista sabe que, por meio de relações autênticas, pode facilitar o processo de crescimento humano do aluno, se esse estiver inibido ou bloqueado.

Na relação autêntica, todos os sentimentos e experiências dos alunos são respeitados, o aluno é aceito da forma como é. Respeitar um sentimento ou experiência, aceitar o aluno, vamos repetir mais uma vez neste trabalho, não significa concordar com ele, significa ouvi-lo e compreendê-lo. O professor, então, devolve para o aluno a compreensão que teve do que foi dito e deixa claro para ele que o conteúdo expresso pertence a ele, ao aluno.

Quando, por exemplo, um aluno diz que não gosta de determinada matéria ou que não quer fazer determinada atividade, o professor precisa entender o que ele está dizendo e não reprimir a manifestação de seus sentimentos. O professor pode, por exemplo, perguntar a ele por que não quer fazer a atividade, se tem alguma outra tarefa que ele gostaria de executar naquele momento que pudesse facilitar a aprendizagem dele com relação à temática que está sendo estudada. Vamos comentar as várias formas de intervenção por parte do professor, no relato que faremos da prática pedagógica humanista, conforme vivenciada por nós, na situação de uma sala de aula.

Uma das atitudes que demonstra apreço pelo aluno é escutá-lo, mas escutá-lo realmente.

Para que o professor compreenda o que o aluno diz, é preciso escutá-lo. Estamos nos referindo a uma escuta em que a pessoa esteja realmente aberta ao outro. Rogers, referindo-se às suas lembranças da escola primária, à forma como o professor "escutava" seus alunos, escreve:

> Uma criança fazia uma pergunta ao professor e este lhe dava resposta perfeitamente correta a uma pergunta completamente diferente. Vinha-me sempre, um sentimento de pesar e de aflição. Minha reação era: "Mas o senhor não ouviu o que ele perguntou!" Sentia uma espécie de desespero infantil ante aquela falta de comunicação que era (e é) tão comum. (ROGERS, 1972)

Muitas vezes, o educador não consegue ouvir o que o educando está lhe dizendo porque crê, de antemão que já sabe o que o aluno vai dizer ou perguntar. Assim, não lhe dá a devida atenção. Nessa dinâmica, o educador acaba por ouvir apenas o que ele já tinha decidido que o aluno ia lhe dizer. Então, ele não escutou, realmente, o aluno (ROGERS, 1972).

Uma situação ainda pior é aquela na qual o educador não escuta o aluno porque o que este está dizendo é sentido pelo professor como uma ameaça, no sentido de fazê-lo refletir, gerando uma mudança de comportamento ou de opinião. Nessas ocasiões, infelizmente, um educador "fechado" a mudanças, ao próprio processo de crescimento humano, muitas vezes, pode tentar distorcer a mensagem do aluno para que possa parecer com o que ele, o professor, quer ouvir (ROGERS, 1972).

A respeito do processo de distorcer o que alguém diz, Rogers escreve:

> Exatamente por deformar um pouco suas palavras, por distorcer, num mínimo, o que ela pretende significar, posso tornar evidente que não só ela diz o que eu quero ouvir, mas que se mostra a pessoa que eu quero que ela seja. É só quando verifico, através do seu protesto ou do meu gradual reconhecimento de que estou a manipulá-la, sutilmente, que fico desgostoso de mim próprio. Sei, também, por haver estado do outro lado, o quanto é decepcionante ser tido por aquilo que não se é, ser ouvido como se estivesse a dizer o que não se disse ou não se pretendeu significar. (ROGERS, 1972, p. 212)

Quando conseguimos ouvir alguém, em profundidade, sem tentarmos distorcer o que a pessoa está nos dizendo, entramos em contato com ela. Só aqueles que aprenderam ou estão aprendendo a ouvir a si mesmos, seus sentimentos e necessidades existenciais, são capazes de ouvir o outro.

c) A compreensão empática

A compreensão empática é uma das atitudes que participa na criação de um clima que favorece a aprendizagem significativa. Por compreensão empática, estamos nos referindo a uma atitude na qual o professor tenha desenvolvido a sensibilidade de compreender os sentimentos e reações dos alunos. Referimo-nos a uma sensibilidade para perceber a forma como o aluno sente o processo de educação e de aprendizagem.

Essa compreensão em nada se assemelha à "compreensão" usualmente manifestada em várias instituições sociais, inclusive de ensino, em que se tenta "compreender" o que há de "errado" com o aluno. Nessas situações, nas quais o aluno é rotulado, estigmatizado, geralmente, o educando não se intimida e nem se envergonha das acusações que sofre. Então, fala-se em uma perdição total. Mas, na verdade, essas atitudes do educando expressam a resistência a ingressar-se em uma sociedade[2] e em instituições que se mostram ansiosas em rotulá-lo como uma "pessoa-problema" e que se comprometem em reabilitá-lo apenas na condição de aluno-problema.

A criança e o jovem têm necessidade de aceitação e compreensão por parte da sociedade e, nesse caso, da escola. As atitudes de aceitação por parte da sociedade e de instituições sociais são fundamentais para que seu processo de desenvolvimento ocorra de forma satisfatória.

A respeito da importância da compreensão empática Rogers escreve:

> Quando há empatia sensível, ao contrário, a reação do aprendiz obedece a um padrão que se exprimiria assim: até que enfim alguém compreende o que se sente ser e o que parece ser **eu**, sem querer analisar-me ou julgar-me. Agora posso desabrochar, crescer e aprender. (ROGERS, 1972, p. 12)

Infelizmente, a tentativa de "ver com os olhos dos alunos", de tentar colocar-se na situação deles, quase não é encontrada na sala de aula (ROGERS, 1972).

O processo de crescimento humano é facilitado quando a compreensão empática acontece. Quando os alunos são compreendidos do **seu** ponto de vista, sem serem julgados, avaliados, sentem-se reconhecidos.

Para que a compreensão empática aconteça, ela precisa ser verdadeira. Nesse sentido, a compreensão empática precisa estar alicerçada na autenticidade.

Se o professor usar uma máscara, fingindo que se preocupa com o aluno ou que compreende seu mundo interior, quando isso não é verdade, a relação autêntica entre eles não se estabelecerá (ROGERS, 1972). É melhor, nesse caso, que o professor seja autêntico e expresse para o aluno seus sentimentos tais como existam nele.

Os alunos percebem quando há ou não autenticidade, sinceridade. Qualquer tentativa de manipulação de sentimentos ou atitudes aborta o processo de construção de relações autênticas. Os alunos percebem situações de manipulação e perdem a confiança no professor. Nesse contexto, relações saudáveis, que facilitem o processo de aprendizagem e de crescimento humano, não acontecem.

---

[2] A este respeito ler: ERIKSON, ERIK. H. *La juventud en el mundo moderno*. Buenos Aires: Ediciones Hormé, 1969.

d) Confiança no organismo

O educador humanista, aquele que se propõe a facilitar o processo de aprendizagem de seus alunos, precisa ter confiança no organismo humano e em suas potencialidades para o crescimento. Precisa ter confiança na tendência que seus alunos trazem em si para se atualizarem e se desenvolverem como pessoas.

Se o educador tem uma desconfiança básica em relação ao ser humano, não será capaz de uma abertura para a pessoa do outro. Então, dificilmente estabelecerá relações autênticas com seus alunos.

O educador que desconfia da capacidade que cada ser humano traz em si para escolher o que mais lhe convém no curso de sua própria existência vai "encher" seus alunos de informações e conceitos próprios com a intenção de ajudá-los, a fim de que não tomem um caminho incerto ou indesejável (ROGERS, 1972).

Ao contrário, quando o educador acredita na capacidade que cada pessoa tem para desenvolver seu potencial, na capacidade de buscar a realização dos projetos que lhe pertencem, coloca à disposição do educando todos os materiais possíveis, proporciona oportunidades, respeita as escolhas que o educando faz e permite que este direcione sua aprendizagem pessoal (ROGERS, 1972).

Essa pedagogia humanista baseia-se na hipótese de que, quando os alunos estão em contato com problemas reais, que sejam relevantes para eles, querem resolvê-los. Então, empenham-se em aprender, fazer descobertas, criar. Nesse processo, adquirem mais autodisciplina, autonomia e transformam-se.

O educador humanista preocupa-se em estabelecer um clima na sala de aula em que as atitudes de respeito, autenticidade, compreensão e acolhimento favoreçam o desabrochar dessas tendências naturais. Quando um educador consegue estabelecer as condições necessárias para que os alunos se sintam livres, respeitados e seguros para se envolverem na solução de problemas, ocorre uma aprendizagem significativa.

Rogers desenvolveu várias pesquisas e acompanhou outras tantas, que se referiam aos resultados da aplicação de uma pedagogia humanista no processo de aprendizagem. Essas pesquisas foram realizadas em turmas que estavam em níveis diferentes de aprendizagem. Abrangeram da pré-escola à universidade. Segundo Rogers:

> Ocorre uma aprendizagem de qualidade diferente, um processo de ritmo diverso, com maior grau de penetração. Sentimentos – positivos, negativos, difusos – tornam-se uma parte da experiência de uma sala de aula. Aprendizagem transforma-se em vida, e vida mais existencial. Dessa forma, o aluno, com entusiasmo, às vezes, relutantemente, em outros casos, comporta-se como alguém que está passando por uma aprendizagem, por uma certa mudança. (ROGERS, 1972)

Um ensino massificante, autoritário, que se baseie em relações verticais, que não favoreça o crescimento humano do aluno, está a serviço de uma ideologia de exploração de algumas pessoas por outras.

A esse respeito, Rogers escreve:

> Já ouvi especialistas de importantes escolas de ciência e eruditos de importantes universidades argumentarem que é um absurdo tentar estimular todos os estudantes a serem criativos – precisamos é de uma multidão de técnicos e de trabalhadores medíocres e, se uns poucos cientistas, artistas e líderes criativos emergem, isso já será o bastante. Pode ser o bastante para eles. Pode ser o bastante para convir a este ou aquele. Quero ir ao extremo de afirmar que não é o bastante para mim. (ROGERS, 1972, p. 125)

Muita atenção e recursos materiais são dedicados à pesquisa tecnológica, do aperfeiçoamento das máquinas. Esses investimentos são necessários, mas, se não dispensarmos igual atenção e recursos à libertação do potencial humano de cada indivíduo, ao processo de crescimento humano, vai haver uma discrepância entre o "nível de recursos de energia física" e o de recursos humanos (ROGERS, 1972).

Uma educação autoritária, que inibe a criatividade dos alunos, que é antidialógica, que tem os alunos como objetos passivos, que ignora suas necessidades, conflitos e sentimentos, bloqueia o processo de crescimento humano dos educandos. Está a serviço da antinomia. Forma pessoas, muitas vezes, alienadas de si mesmas e da realidade na qual estão inseridas. Pessoas "educadas" para ouvir e calar. Para ouvir e repetir o que a outra pessoa disse.

Paulo Freire, também, nos adverte sobre a violência que existe em uma prática autoritária. Consideramos violência inibir o processo de crescimento de uma pessoa, ignorar seus conflitos, sentimentos e necessidades. Freire descreve alguns saberes necessários à prática docente humanista e progressista.

Saberes necessários para uma
prática pedagógica humanista e progressista

Paulo Freire enumera alguns saberes[3] que são necessários à prática docente de educadores críticos, progressistas.

O primeiro saber que um educador progressista possui é de que ensinar não é transferir conhecimento. Ensinar é criar possibilidade para sua construção ou produção.

Ensinar não implica a existência de um único sujeito – o professor – aquele que vai doar conhecimentos e um objeto – o aluno – aquele que vai receber o conhecimento doado e arquivá-lo. Não implica relações verticais, antidialógicas. Pelo contrário, desde o início do processo de educação e em todos os seus níveis, é preciso explicitar que professor e aluno são ambos sujeitos da busca e da construção do saber. Enquanto educa, o professor se transforma.

A esse respeito, Freire escreve:

> É preciso que, pelo contrário, desde os começos do processo, vá ficando cada vez mais claro que, embora diferentes entre si, quem forma se forma e re-forma ao formar e quem é formado forma-se e forma ao ser formado. É neste sentido que ensinar não é transferir conhecimentos, conteúdos nem formar é ação pela qual um sujeito criador dá forma, estilo ou alma a um corpo indeciso e acomodado. Não há docência sem discência, as duas se explicam e seus sujeitos apesar das diferenças que os conotam, não se reduzem à condição de objeto um do outro. (FREIRE, 2004, p. 23)

Foi aprendendo as coisas, descobrindo, inventando, que mulheres e homens perceberam que era possível e necessário buscar métodos para ensinar. Nesse contexto, aprender vem antes de ensinar, ou seja, ensinar fazia parte da experiência de aprender. O ensino só tem validade quando aquilo que foi ensinado foi apreendido e pode ser recriado pelo aprendiz. À medida que aprende, o aluno vai ficando mais curioso e mais crítico (FREIRE, 2004).

É na disponibilidade do homem em conhecer a realidade que ele constrói a sua segurança. Por outro lado, essa segurança é indispensável à própria

---

[3] Alguns desses saberes podem ser encontrados tanto em educadores conservadores quanto em educadores progressistas. Nesse caso, são saberes que a própria prática pedagógica demanda, independentemente da opção política do educador ou da educadora. Outros são encontrados apenas em educadores progressistas que desejem realizar uma prática pedagógica que ajude os educandos a desenvolver relações autênticas consigo mesmos e com os outros, que os ajude na construção da autonomia e na construção de uma visão crítica da realidade (FREIRE, 2004).

situação de disponibilidade. Então, segurança e disponibilidade – para conhecer-se a si mesmo e à realidade – estão em relação dialética (FREIRE, 2003).

No processo ensino-aprendizagem, é importante que o professor transmita a seus alunos a segurança que sente ao expor uma idéia, discutir um tema ou analisar um fato. A segurança de que falamos não é aquela que advém da falsa suposição de que o professor sabe tudo. Pelo contrário, a segurança de que falamos provém de uma relação autêntica do professor com ele mesmo e com seus alunos. Portanto, está fundamentada na certeza que o educador tem de que sabe algo e de que ignora algo. Essa certeza dá-lhe uma outra certeza – a de que pode saber ainda melhor o que já sabe e de que pode conhecer o que ainda não sabe.

A consciência da própria inconclusão abre caminho para buscar e para ser mais. O professor que se reconhece como um processo em constante transformação testemunha aos outros sua abertura para a vida. Não tem vergonha por desconhecer algo, vivencia constantemente a disponibilidade curiosa frente à vida. Essa é uma atitude fundamental para uma prática pedagógica humanista (FREIRE, 2003).

Se o professor se apresenta como alguém que sabe tudo, não está sendo autêntico, sincero e está negando sua própria situação de inacabamento, inerente a todo ser humano.

A esse respeito, Freire escreve:

> O sujeito que se abre ao mundo e aos outros inaugura com seu gesto a relação dialógica em que se confirma como inquietação e curiosidade, como inconclusão em permanente movimento na história. (FREIRE, 2004, p. 136)

Outro saber que faz parte da prática docente é de que é preciso pesquisar para ensinar.

Todo professor é um pesquisador; faz parte da prática docente o ato de pesquisar. Ensinar e pesquisar estão entrelaçados. O educador ensina porque está em um constante movimento de busca, de saber mais. Quando pesquisa, o educador constata, pode então, intervir e, na ação, educa e se educa (FREIRE, 2004).

Uma educação que seja libertadora, humanista, facilita o processo no qual o saber "ingênuo" do senso comum vai se transformando em um saber crítico. Essa transformação se dá durante o processo de aprendizagem (FREIRE, 2004). Mas, para que ela ocorra, é preciso que o professor respeite o senso comum durante o processo de sua transformação. A aprendizagem é um processo que acontece a partir da curiosidade e do conhecimento que o aluno tenha sobre determinada coisa ou fato.

Então, é fundamental respeitar os saberes que o aluno traz consigo ao chegar à escola. Inclusive e principalmente os saberes das crianças que pertencem às classes populares, muitas vezes, negados pela escola (FREIRE, 2004). Se o saber do aluno for negado, não vai poder se transformar.

Os saberes que as crianças pertencentes às classes populares trazem para a escola fazem parte de sua experiência de vida e são construídos a partir de crenças, valores e práticas comunitárias. Quando esse saber é negado, recusado, mesmo como ponto de partida para o diálogo que se inicia, fica implícito que a criança, também, está sendo recusada, que sua experiência de vida não tem nenhum valor no contexto da escola.

Isso pode desenvolver nela um sentimento de inferioridade e de inadequação que tende a se ampliar em um sentimento de impossibilidade para a participação na sociedade mais ampla, de uma forma efetiva, em que possa desenvolver seu potencial.

Nessas circunstâncias, a criança fica marginalizada e, quando maior, é explorada pelo mercado de trabalho, em trabalhos mal-remunerados, que não exigem qualificação. Esse processo cruel, muitas vezes, inicia-se na escola e pode ser decisivo já nos primeiros anos de escolaridade.

Os saberes de todas as crianças, independentemente da classe social a que pertençam e de seu grupo étnico-racial, precisam ser aceitos e tomados como "ponto de partida" para o processo de aprendizagem.

Freire ressalta a importância de associar os saberes que os alunos trazem para a escola com o conteúdo que vai ser estudado. Deve-se estabelecer um elo entre os saberes curriculares e a experiência social que os alunos têm como indivíduos (FREIRE, 2004).

Um outro saber fundamental para a prática docente é que é preciso ter criticidade para ensinar.

Não há uma ruptura entre o saber do senso comum e o saber adquirido por meio de experimentos metodologicamente rigorosos. O que há é uma superação do saber do senso comum que no processo de aprendizagem se transforma de curiosidade ingênua em curiosidade crítica (FREIRE, 2004).

À medida que a curiosidade ingênua se transforma em curiosidade epistemológica, que se aproxima do objeto com rigor metódico, obtém achados mais exatos. A curiosidade que motiva o indivíduo à busca do saber é a mesma em um e em outro caso. Ela se transforma na sua qualidade, mas não na sua essência. Uma pessoa que supera a curiosidade ingênua torna-se epistemologicamente curiosa (FREIRE, 2004). A respeito da importância da curiosidade na criatividade, Freire escreve:

> Não haveria criatividade sem a curiosidade que nos move e que nos põe pacientemente impacientes diante do mundo que não fizemos, acrescentando a ele algo que fizemos. (FREIRE, 2004)

A curiosidade faz parte da experiência vital e, se não for tolhida ou inibida por práticas pedagógicas autoritárias, que mutilam a capacidade da pessoa de criar e de buscar, tende a se expandir e a se transformar, motivando o indivíduo a buscar respostas às perguntas que faz de uma forma lúcida, crítica, epistemológica e criativa.

No entanto, a transformação da curiosidade ingênua em curiosidade epistemológica não acontece naturalmente. Facilitar o desenvolvimento da curiosidade crítica deve ser uma das preocupações do educador progressista.

Uma outra preocupação do educador progressista, humanista, é a formação ética em todos os níveis da educação (FREIRE, 2004).

O processo de educação não deve estar desvinculado de uma rigorosa formação ética e, também, não deve prescindir da presença da estética. Ética e estética devem acompanhar o processo de transformação da curiosidade ingênua em curiosidade crítica (FREIRE, 2004).

À medida que mulheres e homens desenvolviam a linguagem, pensavam sobre si mesmos e sobre o mundo e o transformavam com suas ações. Nesse processo, iam cada vez mais comparando situações, atribuindo valores, fazendo escolhas, tomando decisões e, assim, iam se tornando seres éticos.

Não é possível pensar os homens longe da ética, quanto mais fora dela. Como somos seres em constante relação com os outros seres e com o mundo, estarmos longe da ética ou fora dela é uma transgressão. Quando a experiência educativa se transforma em puro treinamento técnico, perde a sua dimensão humana, perde o seu caráter formador. A formação moral do educando deve-se desenvolver lado a lado com o ensino dos conteúdos. Não se tem uma visão crítica da realidade quando se pensa de maneira superficial. A compreensão e a interpretação crítica dos acontecimentos e dos fatos exige profundidade na forma de pensar e de refletir (FREIRE, 2004).

Quando o ser humano se relaciona com o mundo, consigo mesmo e com os outros de forma ética, verdadeira, autêntica, ele está sempre disponível para rever os seus achados e, se estes mostrarem que ele está equivocado, ele está sempre disposto a mudar de opção, sabe que tem o direito de fazê-lo.

No âmbito da ética, não é possível haver uma contradição entre a reflexão e a ação. Se o indivíduo constatou que estava equivocado, não pode continuar agindo como fazia antes, pois, assim, não haveria ética.

Então, um outro saber necessário ao educador é o de que ensinar exige que as palavras sejam exemplificadas pelas atitudes. Reflexão, palavra e ação devem estar em sintonia, devem ser congruentes. As palavras precisam ser corporificadas pelo exemplo (FREIRE, 2004).

Quando há uma contradição entre as idéias e as ações, a palavra se torna oca. Perde sua força transformadora e nada mais significa além de um discurso vazio.

O educador que não apresenta congruência entre suas palavras e atos, que é incongruente na relação consigo mesmo, não conseguirá desenvolver relações congruentes, autênticas, com seus alunos. Os alunos não se deixam manipular. Ou o professor é autêntico ou não vai estabelecer relações autênticas com a turma.

Um outro saber fundamental ao educador humanista é o de que ensinar exige aceitação do novo e recusa por qualquer forma de discriminação (FREIRE, 2004).

O educador é alguém que está sempre pesquisando, está em busca de respostas e, também, do novo, do que ainda não é de seu conhecimento (FREIRE, 2004).

Quem desenvolve uma visão crítica da realidade e, queremos acrescentar, uma relação autêntica consigo mesmo, aceita o novo sem distorcê-lo para que se pareça com aquilo que já lhe é conhecido. Aceita o novo tal como é e se lança em uma busca em que o objetivo é conhecê-lo melhor.

O novo não deve se acolhido ou negado pelo simples fato de ser o novo. Tampouco o critério de recusa do velho pode ser apenas cronológico. Pois o velho que continua atual, que marca uma "presença no tempo" ou que se relaciona a uma tradição continua novo (FREIRE, 2004).

Nesse sentido, uma pessoa que está em processo de crescimento humano, que aprendeu a se relacionar de forma autêntica consigo mesma e com o outro, não tolera qualquer tipo de preconceito. O preconceito étnico-racial, o preconceito de classe, gênero ou crença jamais podem ser aceitos por um educador progressista ou humanista.

O preconceito é uma prática antidemocrática. É a intolerância com o novo, com o diferente, denota a fragilidade do Eu que se sente ameaçado diante da diferença. É a personalidade em seu estado mais primitivo.

Um outro saber que o educador progressista ou humanista precisa ter é que ensinar exige reflexão crítica sobre a prática (FREIRE, 2004).

Em uma prática pedagógica progressista, a reflexão crítica sobre a prática deve ser um exercício constante do educador e faz parte da relação dialética que existe entre a prática e a teoria. Sem uma reflexão constante, a teoria vai virando "blábláblá", vai-se distanciando da realidade e a prática vira ativismo, agir por agir (FREIRE, 2004).

O educador humanista ou progressista sabe que precisa estar constantemente repensando sua prática. Nesse contexto, é importante que o professor tenha adquirido uma visão crítica da realidade e que estude e pesquise com o rigor metodológico da pesquisa científica.

Um educador que não tem uma visão crítica dos fatos e da realidade, que não pesquisa com a rigorosidade metódica que deve caracterizar a curiosidade epistemológica do sujeito, não pode facilitar o desenvolvimento dessas habilidades em seus educandos. Pelo contrário, uma prática docente desprovida da criticidade e da rigorosidade metódica que deve caracterizar a construção do conhecimento produz um saber ingênuo (FREIRE, 2004).

Um saber ingênuo não possibilita ação para mudança. O saber ingênuo é a repetição daquilo que foi ouvido sem uma reflexão crítica, sem a compreensão do todo. É um saber fragmentado. Não há crescimento humano no saber ingênuo porque ele não facilita o contato do indivíduo consigo mesmo e nem com a realidade. Pelo contrário, ele aliena o sujeito dele mesmo e de sua realidade.

É fundamental que o educador compreenda que, no processo ensino-aprendizagem, o saber crítico, construído, também, com o rigor que a ciência exige, só é produzido pelo próprio educando, na relação com o educador. Ele não pode ser doado aos educandos, precisa ser construído (FREIRE, 2004).

É por isso que o professor deve estar sempre refletindo, de forma crítica, sobre sua prática. A esse respeito, Freire escreve:

> É pensando criticamente a prática de hoje ou de ontem que se pode melhorar a próxima prática. O próprio discurso teórico, necessário à reflexão crítica, tem de ser de tal modo concreto que quase se confunda com a prática. O seu "distanciamento" epistemológico da prática enquanto objeto de sua análise, deve dela "aproximá-lo" ao máximo. (FREIRE, 2004, p. 39)

Quanto mais autenticidade o professor tenha ao se perceber, ao perceber a forma como está sendo e as razões que o fazem ser desta ou daquela maneira, mais ele se torna capaz de mudar e de promover mudanças, como, por exemplo, um estado de curiosidade ingênua para um de curiosidade epistemológica (FREIRE, 2004).

Segundo Freire, não há mudança e construção de um saber crítico sem se levar em conta o emocional (FREIRE, 2004).

No processo de uma aprendizagem que seja significativa, é fundamental que a pessoa reconheça seus sentimentos, tais como ela os sinta durante a aprendizagem. O processo de aprendizagem envolve a pessoa como um todo, inclusive seus sentimentos, conflitos e emoções.

Uma educação que seja libertadora, humanista, preocupa-se com a dimensão emocional presente no processo de aprendizagem. Não há crescimento humano sem o reconhecimento e a elaboração dos próprios sentimentos. O processo de aprendizagem, quando é significativo e crítico, envolve a pessoa como um todo. Não é um processo fragmentado que acontece só em nível cognitivo.

Uma das atitudes mais fundamentais do educador humanista é o respeito pela autonomia e dignidade de seus alunos, sejam eles crianças, adolescentes ou adultos.

O desrespeito à curiosidade do aluno, à sua linguagem, ao seu gosto estético, à sua crença ou a seu grupo de pertencimento é uma transgressão dos princípios fundamentalmente éticos de nossa existência, uma ruptura com a decência (FREIRE, 2004).

Ensinar requer, também, apreensão da realidade. Apreender a realidade implica, também, apreender a essência do que foi aprendido. Memorizar mecanicamente não é aprendizado verdadeiro. A apreensão da realidade é uma compreensão do todo, das causas e das conseqüências, uma busca do conhecimento da essência dos fatos e das coisas. Por isso mesmo a apreensão deve ser crítica, deve permitir uma transformação para a mudança (FREIRE, 2004).

Ensinar requer alegria e esperança. A esperança não é um cruzar de braços, ao contrário, é uma das molas que movimenta a busca, que motiva a ação. Segundo Freire, a esperança é inerente ao ser humano, associa-se a sua condição de incompletude. Reconhecendo-se como incompleto, o homem se inscreve em um movimento de busca. Seria uma contradição se não buscasse com esperança. Sem a esperança, a história seria puro determinismo (FREIRE, 2004).

Nesse contexto, para haver história, o tempo precisa ser problematizado. A história é negada quando o futuro é apresentado como inexorável.

A esse respeito, Freire escreve:

É preciso ficar claro que a desesperança não é maneira de estar sendo natural do ser humano, mas distorção da esperança. Eu não sou primeiro um ser da desesperança a ser convertido ou não pela esperança. Eu sou, pelo contrário, um ser da esperança que, por "n" razões, se tornou desesperançado. Daí que uma das nossas brigas como seres humanos deva ser dada no sentido de diminuir as razões objetivas para a desesperança que nos imobiliza. (FREIRE, 2004, p. 73)

Nesse sentido, seria uma contradição se o educador progressista e humanista, que procura criar condições que facilitem o crescimento humano de seus alunos, que facilita o processo de construção de uma apreensão crítica da realidade, que se ofende com as injustiças e discriminações, não tivesse esperança.

Para um educador humanista, a história é um tempo de possibilidades e não de determinações.

Nesse contexto, para poder ensinar, o professor precisa ter a convicção de que a mudança é possível. Em suas relações com o mundo, o homem faz constatações, não para se adaptar, mas para poder mudar. A partir de constatações, o homem pode intervir na realidade. A intervenção, no sentido de mudar uma dada realidade, é uma tarefa complexa e geradora de novos saberes; nela o homem se transforma.

Um outro saber necessário ao educador é o de que ensinar exige o reconhecimento e a assunção da identidade cultural (FREIRE, 2004).

Uma das tarefas mais importantes de uma educação libertadora ou humanista é criar condições para que os educandos, por meio de suas relações uns com os outros e com o educador, possam começar a viver a experiência de assumirem-se (FREIRE, 2004).

Nessa perspectiva, o educando entra em contato com todas as partes que compõem o seu Eu. Ele reconhece e aceita cada uma delas. A identidade étnica[4] ou "racial" e a cultura de classe são dimensões importantes do Eu. Nesse contexto, assumir-se significa aceitar-se por inteiro, não recusar nenhuma parte que compõe o Eu. Significa integrá-las em um todo. Para

---

[4] Ao nos referirmos à identidade étnica, estaremos utilizando o conceito de Oliveira (1976). Segundo esse autor, a identidade étnica está relacionada ao ... "uso que uma pessoa faz de termos **raciais**, nacionais ou religiosos para se identificar e, desse modo relacionar-se aos outros" (OLIVEIRA, 1976, p. 3). O destaque na palavra – raciais – é nosso. Queremos ressaltar que, quando nos referirmos à identidade étnica, estaremos nos referindo, também, à consciência de uma origem comum e às características fenotípicas dos vários grupos étnico-raciais.

facilitar o processo de assunção da identidade étnica ou racial e da cultura de classe, o educador precisa respeitar seus alunos.

A escola tem um papel fundamental no que diz respeito à assunção da cultura de classe e/ou da identidade étnica ou racial de seus alunos. Muitas vezes, elege um único modelo – o modelo branco – e os valores e costumes da classe dominante para todos os alunos. Desconsidera, assim, as várias culturas de classe e os diversos grupos étnico-raciais existentes e, geralmente, presentes em uma sala de aula.

Nesse contexto opressivo, a escola dificulta o processo no qual o aluno possa entrar em contato com sua identidade étnico-racial ou com os costumes de sua comunidade, com a "cultura de classe". Então, ela aliena o aluno de si mesmo e de seu grupo de pertencimento, causando nele sentimentos ambivalentes. Pois ele tem de se identificar com um modelo que lhe é imposto e que em nada corresponde ao seu grupo de pertencimento.

Na educação humanista, o aluno se reconhece como um ser dotado de liberdade para assumir-se por inteiro. Percebe criticamente as influências sociais e históricas que tendem a condicioná-lo e se aproxima de seus sentimentos, experiências e necessidades. Ele se assume como pessoa responsável por suas atitudes e escolhas. Como uma pessoa capaz de criar o novo, de mudar, de transformar e de se transformar.

As atitudes de compreensão, respeito e acolhimento por parte do professor são fundamentais para facilitar o processo no qual o aluno vivencia a experiência de assumir-se. Encontramos em Freire:

> É uma pena que o caráter socializante da escola, o que há de informal na experiência que se vive nela, de formação ou deformação, seja negligenciado. Fala-se quase exclusivamente do ensino dos conteúdos, ensino lamentavelmente quase sempre entendido como transferência do saber (FREIRE, 2004, p. 43).

Quando temos uma relação autêntica conosco, com os outros e com o mundo, quando compreendemos que podemos escolher, que temos algum grau de liberdade, não podemos ter uma atitude de quem apenas se adapta ao mundo, mas de quem se insere no mundo, de forma crítica e consciente (FREIRE, 2004).

Nesse sentido, a neutralidade não existe. Não é possível estar no mundo de forma neutra, como se o mundo estivesse distante de nós, como se não tivéssemos nada a ver com ele e com o que acontece nele (FREIRE, 2004).

O educador, por meio de suas atitudes e de uma comunicação autêntica, facilita a compreensão, por parte dos alunos, de que eles podem fazer escolhas e de que são responsáveis pelas escolhas que fazem. Então, eles percebem que são sujeitos de seu processo de aprendizagem e que o professor é um facilitador desse processo.

O educador humanista é autêntico. Toma posições claras diante dos fatos, posições que não impõe a seus alunos, pois, respeita a autonomia destes e sua liberdade de escolha. Nesse sentido, estabelece uma relação dialógica com seus alunos, fundamentada na autenticidade, na aceitação e no respeito pela pessoa do outro. Facilita o processo de assunção da identidade dos alunos.

Para que o diálogo autêntico se estabeleça entre o educador e os educandos, é necessário que haja respeito pela pessoa do educando, por suas experiências, idéias e sentimentos. Dentre os vários preconceitos existentes em nossa sociedade e que pesam sobre os grupos desfavorecidos socioeconomicamente, influenciando negativamente o processo ensino-aprendizagem nas instituições formais de ensino, encontramos o preconceito lingüístico.

O preconceito lingüístico, existente na sociedade mais ampla, é reproduzido, muitas vezes, pela escola e é um dos muitos obstáculos ao processo de alfabetização, de aprendizagem e de educação. É um desrespeito ao aluno e a seu grupo de pertencimento. No capítulo seguinte discutiremos, brevemente, a respeito do preconceito lingüístico e do prejuízo que ele traz para a educação e para a sociedade como um todo.

O preconceito lingüístico, a escola e o processo de exclusão social

O preconceito lingüístico

Um dos preconceitos com os quais os alunos, provenientes das camadas socioeconomicamente desfavorecidas, geralmente, deparam-se ao entrar na escola é o preconceito lingüístico.

Sabemos que, em um país grande como o Brasil, é quase impossível haver uma forte unidade lingüística. Em nosso país, há muitas variações da língua falada. Cada região desenvolve maneiras próprias de pronunciar algumas palavras.

Enfatizam-se certas sílabas em algumas regiões, pronunciando-as mais fortes e, em outras, isso não acontece. A forma de organização da vida social e a própria geografia de cada região e de cada microrregião[1] corroboram para a criação de palavras com significado específico às respectivas comunidades.

Então, dentro de uma mesma região e, inclusive, dentro de uma mesma cidade, podemos encontrar algumas variações lingüísticas. São formas diferenciadas de pronunciar algumas palavras e até palavras novas que foram criadas e que têm sentido e significado nas atividades desenvolvidas pelas respectivas comunidades.

---

[1] Estamos chamando de microrregião às várias regiões existentes dentro de cada território em que se divide o Brasil.

É conveniente lembrarmos, também, que cada indivíduo imprime algo de si mesmo à língua que fala. Há uma relação profunda entre a língua e cada falante.

Cada pessoa, ao aprender uma língua, ao se "apropriar" dela, desenvolve uma forma singular de utilizá-la. Uma forma que é só sua e que é conhecida como idioleto.

Apesar da existência de todas essas nuanças que uma língua comporta, a forma eleita como padrão de uma determinada língua passa a ser aceita como absoluta em detrimento das demais.

Nesse contexto, todas as outras variantes passam a ser consideradas erradas e aqueles que as usam passam a ser excluídos a partir da forma como falam.

Para desenvolvermos uma pequena discussão a respeito do preconceito lingüístico, neste item, vamos nos embasar nos estudos do lingüista Marcos Bagno.

Um dos mitos existentes em nossa sociedade é o de que a língua portuguesa falada no Brasil apresenta uma unidade admirável (BAGNO, 2001).

O mito da unidade lingüística no Brasil está arraigado à nossa cultura e é muito prejudicial ao processo de educação. A partir da crença na existência de uma forte unidade lingüística, a escola ignora que, no Brasil, existe uma grande diversidade na forma de falar a língua portuguesa e tenta impor aos alunos a norma "culta" como se fosse comum a todos eles.

Parte-se, então, do pressuposto irreal de que todas as pessoas, independentemente da região onde moram, da idade, do grau de escolarização e da situação socioeconômica falam a mesma língua sem nenhuma alteração (BAGNO, 2001).

Segundo Bagno:

> Ora a verdade é que, no Brasil, embora a língua falada pela grande maioria da população seja o português, esse português apresenta um alto grau de diversidade e de variabilidade, não só por causa da grande extensão territorial do país – que gera as diferenças regionais, bastante conhecidas e também vítimas, algumas delas, de muito preconceito –, mas principalmente por causa da trágica injustiça social que faz do Brasil o segundo país com a pior distribuição de renda em todo o mundo. (BAGNO, 2001, p. 16)

É preciso fazer uma distinção entre monolingüismo e homogeneidade lingüística. No Brasil, a língua falada é o português, não existe outra. Há, então, monolingüismo. No entanto, a língua falada pelos brasileiros não é um bloco homogêneo, coeso. Ou seja, não há unidade linguística (BAGNO, 2001).

Devido às grandes diferenças socioeconômicas existentes em nosso país, há um verdadeiro "abismo lingüístico" entre os falantes do português considerado culto, ensinado na escola e falado pela minoria dominante da população e os falantes das variedades não-padrão do português brasileiro, faladas pela maior parte da população (BAGNO, 2001).

Essas formas variantes da língua portuguesa não são reconhecidas como válidas, são ridicularizadas e desprestigiadas, geralmente, pelas pessoas que falam o português padrão ou por aqueles que não o falam, mas, tomam-no como referência ideal (BAGNO, 2001).

Esse desprestígio imputado às variantes da língua portuguesa, que se distanciam do português considerado culto, estende-se a seus falantes. Estes passam a ser ridicularizados, desprestigiados e estigmatizados a partir da forma de que se utilizam para falar uma das variantes da língua portuguesa.

Apesar de o Ministério da Educação e do Desporto, em 1998, nos parâmetros curriculares nacionais, ter reconhecido que a variação lingüística é constitutiva das línguas humanas independentemente das ações normativas, a escola ainda nutre o mito da unidade lingüística no Brasil (BAGNO, 2001).

As instituições de ensino formal partem do princípio de que o aluno fala de acordo com a norma considerada culta e rejeitam a forma como o aluno, muitas vezes, realmente fala – uma variante não-padrão da língua portuguesa.

Nessa perspectiva, a escola esquece-se de que a norma lingüística ensinada nas salas de aula pode parecer uma língua estrangeira para o aluno que aprendeu a falar uma variante do português não-padrão (BAGNO, 2001).

Um outro mito presente no ensino de língua portuguesa é o de que o brasileiro não sabe português. É o mito de que o português só é bem falado em Portugal.

Essas duas opiniões refletem o complexo de inferioridade, ranço do período da colonização brasileira e reflexo da dependência que temos, até hoje, com relação a alguns países considerados mais "civilizados" (BAGNO, 2001).

O mito de que o brasileiro não sabe português é transmitido através das gerações e veiculado, muitas vezes, por meio do ensino tradicional da gramática na escola.

No entanto, ao contrário do que a ideologia dominante veicula a esse respeito, a realidade é que o brasileiro sabe falar a língua portuguesa falada no Brasil. O que acontece é que o português falado no Brasil é diferente do português falado em Portugal. A língua falada no Brasil chama-se português por uma razão histórica, a de termos sido colônia de Portugal (BAGNO, 2001).

A língua falada no Brasil, como toda língua, está em constante movimento, adquiriu há muito sua própria pronúncia, que se diferencia cada vez mais da língua portuguesa falada em Portugal. A diferença, a multiplicidade é saudável. Diferença não é sinônimo de inferioridade e nem de deficiência.

Para marcar a diferença existente entre o português falado no Brasil e o português falado em Portugal, os lingüistas usam o termo *português brasileiro* (BAGNO, 2001).

Comentando as diferenças existentes entre o português falado no Brasil e o falado em Portugal, Bagno escreve:

> Na língua falada, as diferenças entre o português de Portugal e o português do Brasil são tão grandes que muitas vezes surgem dificuldades de compreensão: no vocabulário, nas construções sintáticas, no uso de certas expressões, sem mencionar, é claro, as tremendas diferenças de pronúncia – no português de Portugal existem vogais e consoantes que nossos ouvidos brasileiros custam a reconhecer, porque não fazem parte de nosso sistema fonético. E muitos estudos têm mostrado que os sistemas pronominais do português europeu e do português brasileiro são totalmente diferentes. (BAGNO, 2001, p. 24)

É na língua escrita formal que se pode encontrar uma grande semelhança entre portugueses e brasileiros, pois quase não há diferenças na ortografia adotada nos dois países (BAGNO, 2001).

Um dos grandes problemas do ensino do português no Brasil é que esse ensino ainda está muito vinculado às normas lingüísticas usadas em Portugal. As regras gramaticais ensinadas no Brasil são as usadas em Portugal (BAGNO, 2001).

Isso gera uma grande dificuldade no estudo da língua e alimenta o mito de que o brasileiro não sabe português. Esse mito é tão pernicioso que interfere, inclusive, na aprendizagem de línguas estrangeiras.

Veicula-se a idéia de que se os brasileiros não sabem nem o português, dificilmente aprenderão outra língua. Idéia absurda que parte do princípio de que saber falar português é falar como prescreve a gramática normativa, esquecendo-se de que a língua está em constante transformação, provocada pelos próprios falantes e de que a gramática demora muito tempo para absorver essas modificações.

A esse respeito, Bagno escreve:

> É muito mais fácil atribuir aos outros a culpa do nosso próprio fracasso. Assim, em vez de buscar as causas da dificuldade de ensino na metodologia empregada, nas diferenças de aptidão individual para o aprendizado de línguas ou na competência do próprio professor, é muito mais cômodo jogar a culpa no aluno ou na incompetência lingüística "inata" do brasileiro. (BAGNO, 2001, p. 30)

É importante comentarmos que, em se tratando de línguas, a quantidade de falantes é um fator importante para a legitimação das variações de uma determinada língua com relação a uma outra que participou de sua formação inicial.

Bagno nos lembra que a nossa população é 15 vezes superior à de Portugal e o Brasil 92 vezes e meia, maior. Em São Paulo, há mais falantes da língua portuguesa do que em toda a Europa. É importante ressaltarmos, também, que o papel do Brasil no cenário político-econômico mundial é mais importante do que o de Portugal (BAGNO, 2001).

Esses fatores corroboram para acabar com o mito de que só os portugueses sabem português e de que nós usamos a língua portuguesa de forma incorreta e por empréstimo.

Apesar de a ideologia dominante veicular a idéia de que o português falado no Brasil é inferior – idéia que está a serviço da dominação e exploração do povo brasileiro – o "português brasileiro" é escrito e falado por um número cada vez maior de pessoas e produz uma literatura reconhecida mundialmente.

Um outro mito existente no Brasil e que, também, traz muitos obstáculos à aprendizagem da língua portuguesa é o de que português é difícil.

A essa idéia está vinculada a idéia de que o brasileiro não sabe português (BAGNO, 2001). Ambas falsas. O português torna-se difícil quando o falante se vê obrigado a decorar regras que não são usadas na língua falada e que se baseiam na norma gramatical de Portugal. É preciso lembrar que todo falante nativo de uma determinada língua a conhece, sabe falar a própria língua.

A esse respeito, Bagno escreve:

> Está provado e comprovado que uma criança entre os três e quatro anos de idade já domina perfeitamente as regras gramaticais de sua língua!

O que ela não conhece são as sutilezas, sofisticações e irregularidades no uso dessas regras, coisas que só a leitura e o estudo podem lhe dar (BAGNO, 2001, p. 35).

Segundo Bagno, se um número considerável de pessoas continua a dizer que o português é difícil é porque o ensino formal da língua portuguesa no Brasil desconsidera o uso brasileiro do português (BAGNO, 2001).

Essa insistência em fazer o aluno decorar regras que se tornaram obsoletas e não são mais usadas no português falado, algumas há várias décadas, torna o estudo da língua portuguesa árido. Além disso, essa forma de ensinar, autoritária e inflexível, muitas vezes, deixa os estudantes inseguros quanto ao próprio conhecimento que têm da língua. Essa insegurança pode-se manifestar na hora da escrita, bloqueando ou inibindo a criatividade dos alunos e o livre fluir das idéias e sentimentos.

Segundo Bagno, muitas pessoas terminam seus estudos sentindo-se incompetentes para redigir. Entretanto, se os professores priorizassem o que realmente é importante, se desenvolvessem a habilidade de expressão de seus alunos, estes se sentiriam mais confiantes ao usar os recursos que nossa língua oferece; sentiriam, também, prazer e alegria no estudo da língua materna (BAGNO, 2001).

A ideologia que veicula o preconceito com relação às variantes da língua portuguesa é mantenedora do *status quo* de um pequeno grupo, o da classe dominante. Os mitos criados em torno da língua reforçam a idéia de que aqueles que não dominam o português "culto" não sabem português e, portanto, não são tão capazes ou inteligentes.

A ideologia não tem interesse em oferecer às pessoas um conhecimento verdadeiro de como essas idéias são criadas e mantidas, com o objetivo de dificultar a uma grande parte da população ascensão social, respeito e prestígio. Ao contrário, tenta esconder as contradições existentes em seu discurso.

Essas idéias participam, então, do mecanismo de exclusão social. A partir desses mitos, cria-se um preconceito – o de que quem não domina o português "culto" não sabe falar português. Então, todos aqueles que falam variações do português "culto" passam a ser discriminados e excluídos. Nesse contexto, mesmo os sotaques característicos de cada região são motivos para discriminação, principalmente os sotaques das regiões consideradas mais pobres.

Cada vez que um falante se identifica com as imagens criadas para aqueles que não falam o português padrão – caipira, capiau, jeca, mocorongo, burro, analfabeto –, entre outras, ele dá vida a esse estigma. Dessa forma, ele reforça não só um lugar de menos valia para si mesmo mas, também, um lugar de dominação para aqueles que fazem uso da norma gramatical considerada "culta".

Nesse contexto, a natureza da relação entre quem fala o português culto e aquele que fala uma variante da língua é de dominação e subordinação. Estabelecem-se, então, relações verticais, entre aquele que sabe a língua, que pode falar, e aquele que "não sabe" a língua, que não pode falar, que tem de escutar para aprender.

Uma vez, quando convidamos um aluno adulto, do curso noturno, para ir à frente, na sala, para falar ao grupo, ele disse: "Não vou não professora, eu não sei falar."

Depois de certo tempo, ele compreendeu que, é claro, sabia falar, falava desde muito pequeno e que, se não falasse, estaria deixando de ocupar, de forma plena, o seu lugar no mundo.

Esse mito de que o português é difícil associa-se a um outro, o de que as pessoas sem instrução falam tudo errado. O preconceito lingüístico baseia-se na idéia de que só uma variante da língua portuguesa pode ser considerada língua portuguesa – a variante adotada pela minoria dominante. Nesse contexto, qualquer outra variante da língua portuguesa é negada ou menosprezada (BAGNO, 2001).

Segundo Bagno:

> Qualquer manifestação lingüística que escape deste triângulo escola-gramática-dicionário é considerada, sob a ótica do preconceito lingüístico, "errada, feia, estropiada, rudimentar, deficiente", e não é raro a gente ouvir que "isso não é português." (BAGNO, 2001, p. 40)

O que está em jogo na ideologia do preconceito lingüístico não é a lingüística, mas questões sociais e políticas. As pessoas que falam variantes da língua, geralmente, pertencem a uma classe social marginalizada, menosprezada e que, muitas vezes, não têm acesso à educação formal (BAGNO, 2001).

O estigma que é atribuído a esses grupos é atribuído, também, à língua falada por eles. Por sua vez, o estigma atribuído a uma língua estende-se a seus falantes. Esses processos mantêm uma relação dialética na qual se reforçam mutuamente, fortalecendo a ideologia de dominação e de exploração de alguns grupos pelo grupo dominante. Dessa forma, as minorias sociais são mantidas em situação de menos valia. Acreditam, muitas vezes, que não podem participar ativamente da vida social, limitando-se a alguns espaços periféricos.[2]

No combate ao preconceito lingüístico, é preciso que os professores estejam atentos às diferenças que podem existir entre o português padrão e suas variantes a fim de não reproduzir ou reforçar o preconceito. Bagno cita, como exemplo, o caso dos encontros consonantais[3] com L que não existem em algumas variantes da língua portuguesa (BAGNO, 2001).

Nesses casos, é preciso que o professor, quando for ensinar os encontros consonantais com L, lembre-se de que, para esses alunos, é como se estivessem aprendendo um aspecto fonético estrangeiro (BAGNO, 2001).

O preconceito lingüístico se manifesta de várias formas, uma delas é a tentativa em privilegiar a língua falada em algumas cidades do Brasil. Cria-se o mito de que em alguns lugares fala-se português melhor que em outros. Um desses mitos é que embasou a idéia, no passado, de que a pronúncia do carioca é melhor e de que por isso deveria ser oficial no teatro, no canto lírico e nas escolas de todo o Brasil (BAGNO, 2001).

Esse mito é o que sustenta, também, a idéia de que no Maranhão se fala melhor o português. A respeito dessas tentativas de valorizar a pronúncia ou a sintaxe de uma determinada cidade ou região em detrimento das outras, Bagno escreve:

> É preciso abandonar essa ânsia de tentar atribuir a um único local ou a uma única comunidade de falantes o "melhor" ou o "pior" português e passar a respeitar igualmente todas as variantes da língua, que constituem um tesouro precioso de nossa cultura. Todas elas têm o seu valor,

---

[2] Certa vez, quando combinávamos uma excursão ao teatro, para assistirmos a um espetáculo da Orquestra Sinfônica de Minas Gerais, com uma turma de adultos, da 5ª série do noturno, um de nossos alunos de 25 anos, trabalhador, entrou debaixo da mesa e cobriu a cabeça com as mãos. Essa atividade aconteceria em uma quarta-feira, à noite e encerraria um projeto da turma. Os ingressos e o ônibus foram conseguidos pelo, então, diretor da escola. Esse aluno disse-nos que nunca tinha entrado em um teatro. Os outros, também, não. Conversamos sobre isso com ele, os colegas ajudaram. Ele nos disse que iria pensar se poderia ir ao teatro... No dia marcado, ele não foi à aula, mas enquanto estávamos na fila para entrar no teatro, ele chegou, juntou-se ao grupo e assistiu ao espetáculo.

[3] Bagno lembra que a supressão dos encontros consonantais com L e a substituição destes, por encontros consonantais com R, é um fenômeno que aconteceu na história do português padrão. Como exemplo dessa transformação, podemos citar as palavras latinas: blandu, clavu, flaccu e fluxo, que deram origem a brando, cravo, fraco e frouxo respectivamente. Esse é o fenômeno do rotacismo, que continua atuante no português não-padrão e que explica pronúncias como: "Cráudia", "probrema" e "craro".

são veículos plenos e perfeitos de comunicação e de relação entre as pessoas que as falam. Se tivermos de incentivar o uso de uma norma culta, não podemos fazê-lo de modo absoluto, fonte do preconceito. (BAGNO, 2001, p. 51)

É preciso compreender que a língua, como um processo em constante movimento, apresenta variações e nuanças, não podendo ser concebida como uma forma única.

Como a língua falada está em constante transformação, existe uma grande diferença entre a língua falada e a língua escrita. Pois as mudanças ocorridas na linguagem oral demoram a ser absorvidas pela escrita. Quando esses processos não são bem compreendidos pelos alunos, o estudo da língua portuguesa pode parecer difícil.

A língua falada e a língua escrita não são iguais

Um outro mito que confunde os estudantes de língua portuguesa é o de que é certo falar da forma como se escreve. No entanto, sabemos que todas as línguas possuem o fenômeno da *variação*. Assim, uma língua não é falada da mesma forma em todos os lugares (BAGNO, 2001).

A escrita alfabética é uma tentativa de representação da língua falada. A escola precisa ensinar a escrever de acordo com a ortografia oficial, mas não pode discriminar as variantes existentes da língua oral. O educador deve explicar aos alunos que – para que todas as pessoas, inclusive eles, possam ler e compreender as coisas escritas – é preciso que a ortografia seja única para toda a língua e todos os falantes.

No entanto, se a letra *o*, por exemplo, vai ser lida aberta, fechada ou com som de *u*, vai depender do sotaque de cada falante.

A relação entre a língua escrita e a língua falada precisa ser reexaminada. A língua escrita literária formal sempre foi privilegiada e é objeto de estudos gramaticais há mais de dois mil anos (BAGNO, 2001).

Somente no início do século XX, com o surgimento da lingüística, é que a língua falada passou a ser objeto de estudos científicos.

O estudo da gramática, desde seu nascimento, na antiguidade clássica, tinha como objetivo estudar as regras da língua escrita a fim de que as formas consideradas mais "corretas" e "elegantes" pudessem ser preservadas (BAGNO, 2001).

O grande equívoco foi cobrar as regras da língua literária na língua falada. O ensino tradicional, infelizmente, tem como objetivo que os alunos falem segundo a língua literária escrita, ou seja, que eles falem como os grandes escritores escreveram suas obras. Menospreza os fenômenos da língua oral e, assim, menospreza a forma como os alunos, geralmente, falam (BAGNO, 2001).

Nesse contexto, acredita-se que é preciso saber gramática para falar e escrever bem. Esse outro mito faz com que muitos professores e os próprios pais dos alunos cobrem o ensino da gramática tradicional na esperança de que seus filhos aprendam a escrever bem. Isso é um grande equívoco. Se essa idéia fosse verdadeira, todos os gramáticos seriam grandes escritores, e os bons escritores entendidos de gramática (BAGNO, 2001).

Porém, a realidade com a qual nos deparamos não confirma a idéia de que é preciso estudar a gramática para saber escrever bem. Os escritores, nem sempre, são estudiosos da gramática e, ao contrário do que muita gente pensa, às vezes, são avessos a ela. A esse respeito, Bagno escreve:

> Ora, os escritores são os primeiros a dizer que gramática não é com eles! Rubem Braga, indiscutivelmente um dos grandes de nossa literatura, escreveu uma crônica deliciosa a este respeito chamada "Nascer no Cairo, ser fêmea de cupim". Carlos Drummond de Andrade (preciso de adjetivos para qualificá-lo?), no poema "Aula de Português" também dá testemunho de sua perturbação diante do "mistério" das "figuras de gramática, esquisopáticas" que compõem "o amazonas de minha ignorância". Drummond ignorante? E o que dizer de Machado de Assis que, ao abrir a gramática de um sobrinho, se espantou com sua própria "ignorância" por "não ter entendido nada? (BAGNO, 2001, p. 63)

O ensino que prioriza a gramática de forma absoluta pode tolher ou inibir a criatividade do aluno, sua livre expressão, causando, inclusive, aversão ao estudo da língua portuguesa (BAGNO, 2001).

Muito antes de se escreverem as primeiras gramáticas, a literatura já existia. As primeiras gramáticas, no Ocidente, foram elaboradas no século II a. C. No entanto, no século VI a. C., a Ilíada e a Odisséia já eram conhecidas. Nessa mesma época, a tragédia grega já fazia sucesso. Entre os séculos V e VI a. C., Platão escreveu seus Diálogos. Toda essa literatura, referência, até hoje, para muitos estudos, foi escrita em um período em que não havia gramática. O que prova que as pessoas podem falar e escrever bem independentemente da gramática (BAGNO, 2001).

O que aconteceu foi uma inversão da realidade histórica ao longo do tempo. Inicialmente, as gramáticas foram escritas para registrar as manifestações lingüísticas usadas por aqueles que eram considerados grandes escritores, a fim de que essas pudessem ser conhecidas, descritas e fixadas como regras. A gramática era, então, subordinada à língua oral (BAGNO, 2001).

Com o passar do tempo, a gramática tornou-se instrumento de poder e controle. As instituições de ensino formal esqueceram-se de que a gramática é decorrente da língua oral e ocorreu uma inversão, na qual a gramática passou a ser apresentada como um modelo único, absoluto e que deve ser usado pelos falantes e escritores.

Nesse contexto, a língua torna-se subordinada à gramática, e o que foge a esta última já não é considerado português. A esse respeito, Bagno escreve: "E os compêndios gramaticais se transformaram em livros sagrados, cujos dogmas e cânones têm de ser obedecidos à risca para não se cometer nenhuma "heresia". (BAGNO, 2001, p. 64)

Esqueceram-se de que não é a gramática que cria a norma culta, são os falantes. E como a língua está em constante movimento, a gramática não deve estacionar-se. Os estudiosos da gramática precisam "definir, identificar e localizar os falantes cultos", fazer uma coleta da língua utilizada por eles e descrevê-la com clareza e objetividade, isso por meio de critérios teóricos e metodológicos coerentes (BAGNO, 2001).

A partir de coletas confiáveis, realizadas por meio de recursos tecnológicos avançados, poder-se-ia descrever de forma detalhada e realista a norma culta objetiva, utilizada hoje no Brasil, para que pudesse embasar os estudos de português na escola.

Não é a gramática normativa que garante a existência de um padrão lingüístico mais uniforme. Esse padrão acontece independentemente da existência da gramática (BAGNO, 2001).

Todos os mitos referentes ao ensino de língua portuguesa no Brasil são veiculados e mantidos nas próprias instituições de ensino. O uso da gramática na escola como modelo absoluto para a língua falada, os livros didáticos e o ensino tradicional de língua portuguesa mantêm esses mitos vivos na vida dos estudantes.

Apesar dos esforços do Ministério da Educação, no sentido de facilitar uma prática pedagógica mais flexível e democrática nas escolas públicas, os preconceitos lingüísticos ainda vivem nas instituições de ensino públicas e particulares e na sociedade como um todo.

É preciso que os alunos tenham consciência dos mecanismos perversos que estruturam o preconceito lingüístico a fim de que possam desenvolver uma compreensão crítica sobre a língua portuguesa e suas variantes. Compreendendo a ideologia do preconceito lingüístico, os falantes poderão "libertar-se", ainda que parcialmente, e fazer uso da língua com mais espontaneidade, sem receio de expressar suas idéias e sentimentos por achar que não podem fazê-lo, que não sabem falar.

Essa crença de que só deve falar em público quem domina a língua formal, lamentavelmente, dá mais valor à forma do que ao conteúdo. Quantas histórias, idéias e invenções devem ter-se perdido no silêncio imposto àqueles que se encontram marginalizados pelo fato de dominarem uma variante não-padrão da língua portuguesa?

A respeito da forma pela qual o preconceito influencia as pessoas, Bagno escreve:

> Mas os preconceitos, como bem sabemos, impregnam-se de tal maneira na mentalidade das pessoas que as atitudes preconceituosas se tornam parte integrante do nosso próprio modo de ser e de estar no mundo. É necessário um trabalho lento, contínuo e profundo de conscientização para que se comece a desmascarar os mecanismos perversos que compõem a mitologia do preconceito. (BAGNO, 2001)

Nesse contexto, um dos mecanismos mais perversos do preconceito é aquele por meio do qual os próprios estigmatizados, sem uma compreensão clara da forma como se estrutura essa ideologia, são levados a se identificar com as imagens de menos valia criadas e imputadas a eles.

A própria escola, muitas vezes, faz a seleção entre "aqueles que sabem português, que sabem falar" e os que "não sabem". Reforça, assim, todos os mitos comentados anteriormente, dando vida aos mesmos.

Dessa forma, estigmatiza e discrimina a maior parte dos alunos pertencentes às camadas desfavorecidas da população brasileira. Isso, porque a grande maioria desses alunos fala uma variante da língua portuguesa não aceita pela escola, que tenta impor a eles a norma culta como única forma "correta" de falar. Esses alunos, sentindo-se excluídos, quando não se evadem do ambiente escolar, muitas vezes, "fecham-se" em uma atitude de defesa da sua integridade, como pessoa humana. Outras vezes, defendem-se com comportamentos considerados agressivos, afrontosos ou anti-sociais.

O que precisamos compreender é que o aluno, sentindo-se desrespeitado, menosprezado e excluído, responde a essa situação de preconceito e, muitas vezes, essa resposta defensiva manifesta-se de formas não-desejáveis.

Nesse contexto, de preconceito e discriminação, o aluno bloqueia ou inibe seu processo de crescimento humano e, também, o seu processo de aprendizagem.

O resultado é que muitos de nossos alunos freqüentam a escola por longos períodos e não aprendem a ler e a escrever.

Para que haja crescimento e aprendizagem, é preciso que haja respeito, consideração pela pessoa do outro, acolhimento e compreensão.

O ensino autoritário, que considera apenas uma variante da língua oral como "correta" e discrimina os falantes das demais variantes, perpetua-se pelos anos e os resultados desse processo ensino-aprendizagem não são muito satisfatórios. Muitos alunos se evadem da escola e outros, apesar de permanecerem, não conseguem ser alfabetizados.

Uma visão crítica da gramática e a concepção da mesma como mais um instrumento que possibilita uma compreensão do homem no mundo pode facilitar o estudo da língua portuguesa e minimizar os equívocos, conflitos e preconceitos que, muitas vezes, envolvem professores e alunos.

Desmistificando a gramática

A língua é usada como um instrumento de dominação de alguns grupos por outros dentro de uma mesma nação e mesmo entre povos diferentes.

Nesse contexto, elege-se uma modalidade da língua como padrão em detrimento das outras variantes existentes. A modalidade eleita é considerada a "correta", a "culta", e aqueles que fazem uso dela como "inteligentes", "bem formados". Os falantes das outras variantes são considerados "sem instrução", "caipiras", "pobres-coitados".

Neste item, para uma discussão a respeito da gramática e do ensino de língua portuguesa no Brasil, nos embasar-nos-emos nos estudos do professor Mário Perini.

As várias línguas existentes no mundo não diferem quanto à sua capacidade expressiva, mas diferem muito quanto à importância cultural, política e comercial atribuída a cada uma delas (PERINI, 1999).

As línguas eleitas como oficiais por seus respectivos países, quando usadas intensivamente em todas as dimensões da vida social, são chamadas, preconceituosamente, de "línguas de civilização". As línguas que não são usadas em toda a gama de atividades da vida moderna ou utilizadas apenas por algumas comunidades, línguas de interesse local, ainda que faladas por milhares de pessoas, não recebem esse nome (PERINI, 1999).

As línguas que não utilizam a escrita, ou a utilizam muito pouco, as línguas que não são reconhecidas como "línguas de civilização", são chamadas de ágrafas.

Todo falante de uma determinada língua, seja ela "língua de civilização" ou ágrafa, conhece-a o suficiente para utilizá-la com segurança. Ou seja, para comunicar suas idéias, sentimentos, conflitos e sua compreensão do mundo. Referindo-se ao português, Perini escreve:

> [...] nosso conhecimento da língua é ao mesmo tempo altamente complexo, incrivelmente exato e extremamente seguro. Isso se aplica não apenas àqueles que sempre brilharam nas provas de português, mas também a praticamente qualquer pessoa que tenha o português como língua materna. (PERINI, 1999, p. 11)

Todo falante possui um conhecimento a respeito de sua língua materna. Perini o chama de "conhecimento implícito". Não é um conhecimento acadêmico, explícito, no qual os fenômenos lingüísticos são explicados. É um conhecimento que, embora não seja sistematizado, permite que o falante faça uso da língua, sem nenhum embaraço, e que se comunique com os outros (PERINI, 1999).

Esse conhecimento implícito da língua não é obtido na escola, é obtido no próprio processo de socialização do ser humano, desde a mais tenra idade. É aprendido de maneira natural e espontânea. É um conhecimento intuitivo.

Segundo Perini:

> Adquirimos este conhecimento da mesma maneira informal pela qual adquirimos a habilidade de andar: uma parte por imitação e uma parte através de capacidades mais ou menos específicas que herdamos como dotação genética. (PERINI, 1999, p. 14).

Fenômenos lingüísticos, como por exemplo, a forma correta de ordenar as palavras dentro de uma frase, fazem parte de nosso conhecimento implícito, e qualquer falante nato sabe ordená-las com exatidão, o que, muitas vezes, é tão difícil para os estrangeiros.

A língua está em constante transformação. Esse processo pode ser observado, por exemplo, com um estudo sobre as modificações ocorridas na língua escrita nos últimos séculos. Veremos que as mudanças são muitas, apesar de a língua escrita demorar a assimilar as mudanças já acontecidas na língua oral.

Não obstante a língua esteja em constante mudança, alguns falantes, estudiosos e professores de português resistem em aceitar as mudanças atuais. Recusam-se a vê-las. A respeito de como a mente humana, inconscientemente, tenta harmonizar os fatos observados com idéias preconcebidas, Perini escreve:

> O homem sempre sonhou encontrar fatos que fizessem sentido, harmonizando-se com suas idéias preconcebidas; e com freqüência esse sonho se interpõe entre ele e os fatos, levando-o a interpretar o mundo de uma maneira peculiar. (PERINI, 1999, p. 17)

Perini cita alguns exemplos de transformações ocorridas na língua portuguesa oral e que, muitas vezes, são considerados "erros", incompetência lingüística do falante.

Como, por exemplo, das diferenças que podem ocorrer entre a escrita e a pronúncia, esse autor cita a diferença que existe entre a ortografia e a pronúncia da vogal – *o* – na palavra *tomate*. Nessa palavra, a vogal *o* é pronunciada como *u* pela maioria dos falantes, independentemente da classe social e do nível de instrução. Apesar de essa mudança poder ser constatada por meio de uma observação bem feita, muitos professores não a aceitam. A esse respeito, Perini escreve:

> Alguns professores de português (que deveriam estar bem-informados a respeito) insistem comigo que "a pronúncia é *o*". Eles não podem ter chegado a essa conclusão observando os fatos, pois estes não a sustentam. Foram levados a acreditar que o "certo" é pronunciar como se escreve (sempre que possível); é como se a escrita tivesse primazia sobre a pronúncia. Daí, passam a acreditar que aquilo que ouvem a todo momento não existe. Não querem ouvir e, por conseguinte, não ouvem o *u* de *tomate*. (PERINI, 1999, p. 19)

Outro exemplo de mudança que é recusada e considerada "erro" é o fato de o plural, na língua falada, geralmente, ser feito marcando-se apenas o primeiro elemento do sintagma. Perini cita como exemplo: "os relógio". Esse tipo de construção oral é considerada "errada", realizada por pessoas "sem cultura" ou "sem escolarização adequada". Entretanto, essas construções são usadas por praticamente todos os falantes da língua, incluindo os cultos (PERINI, 1999).

Recusá-las é colocar a crença frente aos dados da observação, é preferir fabricar uma realidade fictícia ao invés de olhar a realidade dos fatos (PERINI, 1999).

Muitas pessoas insistem na crença de que a língua falada é igual à língua escrita, o que não é verdade. As diferenças entre elas são profundas.

Segundo Perini: "Em outras palavras, há duas línguas no Brasil: uma que se escreve (e que recebe o nome de 'português'); e outra que se fala (e que é tão desprezada que nem tem nome) (PERINI, 1999, p. 36)." Perini denomina a língua falada no Brasil de vernáculo.

A diferença existente entre a língua falada – o vernáculo – e a língua escrita – o português – explica a grande dificuldade encontrada no ensino de língua portuguesa nas escolas. No âmbito da educação formal, geralmente, parte-se do pressuposto de que todos falam da mesma forma, da forma usada para escrever e, como já comentamos anteriormente neste trabalho, isso é um mito.

A língua que as pessoas aprendem, desde pequenas, com seus familiares e amigos, não é a língua usada para a escrita. Isso explica o fato de, às vezes, as pessoas terem dificuldades para escrever textos em português. A diferença entre a língua que falamos e a língua que escrevemos é grande e, em alguns casos, pode comprometer a própria comunicação. Cada uma delas tem o seu domínio próprio: o português – a escrita – e o vernáculo – a comunicação oral informal. Assim, uma não atrapalha a outra.

Convencionou-se que o adequado é escrever em português e falar em vernáculo. O português só é usado na linguagem oral em situações muito formais. Nesse contexto, quando uma pessoa usa o português, a variante considerada "culta", cotidianamente em sua linguagem oral, é considerada pedante pelas demais. Por outro lado, escrever em vernáculo – variante não-padrão – é considerado incorreto (PERINI, 1999).

O português considerado "culto" ou "padrão" é aprendido na escola. Muitas pessoas não o conhecem bem, dominando apenas o vernáculo brasileiro. O vernáculo é, então, a língua materna de mais de cento e cinqüenta milhões de pessoas. É utilizado por elas em todas as situações, pois elas não conhecem outra variante da língua portuguesa, não conhecem a norma "padrão" (PERINI, 1999, p. 37).

Os professores de português e, também, os alfabetizadores precisam estar atentos ao fato de que os alunos chegam à escola dominando o vernáculo e não o português considerado padrão. Muitas vezes, a língua que dominam não é o vernáculo[4] falado pelas pessoas consideradas "cultas", mas

---

[4] Mário de Andrade dedicou vários anos ao estudo do vernáculo brasileiro e escreveu uma gramática da fala brasileira que não chegou a publicar. Esse trabalho era concebido por ele como parte de um projeto de redescoberta e definição do Brasil (PERINI, 1999).

uma outra variante da língua, falada pela comunidade a que pertencem, como foi discutido neste capítulo, no item anterior.

O processo de aprendizagem da língua portuguesa vai acontecer a partir da linguagem usada pelos alunos. Esta última não vai extinguir-se. A extinção das variantes da língua não deve ser o propósito do ensino de português. Durante o processo de aprendizagem, a linguagem trazida pelo aluno vai ampliar-se. Ele adquirirá conhecimentos novos que vão somar-se aos que ele já possuía. Então, ele terá a seu dispor mais um instrumento de comunicação – a norma considerada culta.

Como já comentamos, o ensino tradicional concebe a língua portuguesa padrão como única aceita e comum a todos os brasileiros. Qualquer outra variante da língua, nesse contexto, é considerada errada e o falante é estigmatizado. Essa forma de conceber a língua portuguesa é preconceituosa e tem gerado grandes problemas nas instituições de ensino e grande prejuízo aos alunos e ao próprio estudo da gramática.

A metodologia e os objetivos do ensino da gramática precisam se reformulados. Por exemplo, dizer ao aluno que ele vai aprender a escrever melhor quando souber gramática é um erro, porque não é verdade e o aluno sabe disso. Já discutimos essa questão no item anterior. Insistir para que o aluno use, em sua linguagem oral, por exemplo, os verbos como são usados na linguagem escrita, ou seja, como estão conjugados na gramática, é um outro equívoco. O aluno sabe que ninguém fala dessa maneira, a não ser em ocasiões especiais (PERINI, 1999).

Nesse contexto, o que o professor diz não corresponde com o que o aluno observa, não condiz com a realidade. É preciso dar ao aluno uma visão real, crítica, da língua e da gramática, com todas as nuanças e usos. Uma visão isenta de preconceitos, lúcida, que permita ao aluno a aquisição de novos instrumentos para compreensão de si mesmo e do mundo.

O ensino da gramática não pode ser concebido como algo pronto, acabado. O estudo da gramática é uma ciência e, como toda ciência, requer movimento, busca de explicações e de soluções. O aluno precisa compreender a história da língua, compreender que a língua está em constante transformação, compreender a forma como a sociedade se organiza e o papel que a língua considerada padrão tem nessa estrutura. Falamos de uma compreensão crítica, que possibilite uma visão clara da realidade.

O estudo da língua portuguesa pode vir a ser, no mínimo, interessante, se ela for concebida como um dos vários aspectos que participam da organização da vida do homem, ao invés de ser concebida como um dogma, algo que não se discute, que deve ser decorado e reproduzido.

Os educandos, em um processo de aprendizagem e de crescimento humano, em uma perspectiva democrática, podem aprender a identificar e recusar os dogmas referentes à norma culta, adotar uma postura crítica frente aos mesmos, de denúncia e de repudio frente à intolerância e ao preconceito.

O educador progressista, humanista, é, também, um pesquisador. Nesse sentido, no âmbito do ensino da língua portuguesa, ao invés de reproduzir em suas aulas o ensino tradicional da norma "culta", ele procura construir seu próprio conhecimento da gramática, sem idéias preconcebidas.

A partir de seus estudos, de suas pesquisas, de suas aulas, no diálogo com seus alunos, o educador pode facilitar o processo no qual os alunos construam seu próprio conhecimento da gramática, deduzindo regras a partir de textos lidos, de entrevistas, de programas de televisão e por meio de outras metodologias que podem ser implementadas nas aulas de alfabetização e de língua portuguesa.

Uma pedagogia humanista busca libertar a criatividade dos educandos, incentivar a pesquisa e o desenvolvimento da autonomia; nesse processo, o lúdico desempenha um papel importante. O lúdico estimula a criatividade, facilita o processo de educação, de aprendizagem, a auto-expressão e a expressão de conflitos.

O lúdico transcende a realidade imediata. Nele, a criatividade, a capacidade de criar transcende o âmbito da natureza, entra no domínio do espírito, do sagrado, do mito, da poesia, da arte, da filosofia, de todas as manifestações elevadas da humanidade.

Como o lúdico tem um papel importante na educação e é um meio natural de expressão da criança, vamos comentar, brevemente, no capítulo seguinte, a participação e a importância do lúdico na cultura, no processo de educação e de alfabetização.

O lúdico na educação

O jogo e a cultura

A idéia de cultura está intimamente associada à de sociedade humana, diferentemente da idéia de jogo, que não está. O jogo antecede a cultura. Os animais brincam e suas brincadeiras contêm todos os elementos básicos do jogo humano. A civilização não acrescentou nenhuma característica fundamental à idéia de jogo. A respeito da forma como os cachorros brincam, Huizinga escreve:

> Convidam-se uns aos outros para brincar mediante um certo ritual de atitudes e gestos. Respeitam a regra que os proíbe morderem, ou pelo menos com violência, a orelha do próximo. Fingem ficar zangados e, o que é mais importante, eles, em tudo isso, experimentam evidentemente imenso prazer e divertimento. Essas brincadeiras dos cachorrinhos constituem apenas uma das formas mais simples de jogo entre os animais. Existem outras formas muito mais complexas, verdadeiras competições, belas representações destinadas a um público. (HUIZINGA, 1971, p. 3)

O jogo, mesmo entre os animais irracionais, ultrapassa o âmbito fisiológico ou biológico. Possui um sentido, é uma função significante. Essa função significante, presente em todos os jogos, é um elemento não-material e faz parte da própria essência dos jogos.

O jogo é divertido, proporciona prazer e tem um caráter estético. Em sua essência, estão presentes o divertimento, o poder de fascinação e a intensidade com que, muitas vezes, envolvem os jogadores e a platéia. Pode levar uma multidão ao delírio.

Em suas origens, o jogo não tem qualquer elemento racional, não se liga a nenhuma concepção do universo e, como comentamos acima, não se limita à humanidade e à civilização.

O jogo não é material, no entanto, é uma abstração cuja existência não pode ser negada. Segundo Huizinga:

> Mas reconhecer o jogo é, forçosamente, reconhecer o espírito, pois o jogo, seja qual for sua essência, não é material. Ultrapassa, mesmo no mundo animal, os limites da realidade física. (HUIZINGA, 1971, p. 6)

Na concepção determinista, o jogo não teria sentido. A existência do jogo e sua compreensão se tornam possíveis a partir da concepção do espírito que destrói o determinismo absoluto. Ele ultrapassa o âmbito das ações mecânicas e do racionalismo. O jogo não é racional (HUIZINGA, 1971).

O jogo é um elemento dado na cultura. Ele existia antes dela e a acompanha desde sua origem até nossos dias, marcando uma ação bem definida e distinta da vida comum. É uma forma específica de atividade, encerra um significado e é um fator cultural nas várias sociedades (HUIZINGA, 1971). A respeito da importância do jogo, Huizinga escreve:

> As grandes atividades arquetípicas da sociedade humana são, desde o início, inteiramente marcadas pelo jogo. Como por exemplo, a linguagem, esse primeiro e supremo instrumento que o homem forjou a fim de poder comunicar, ensinar e comandar. É a linguagem que lhe permite distinguir as coisas, defini-las e constatá-las, em resumo, designá-las e com essa designação elevá-las ao domínio do espírito (HUIZINGA, 1971, p. 6).

Nesse constante processo de construção da compreensão de si mesmo e do mundo, o espírito brinca com a linguagem, circulando entre a matéria e as coisas pensadas. Transcende a natureza, criando, ao lado desta, um mundo poético, abstrato, metafórico, pois toda expressão abstrata contém uma metáfora, um jogo de palavras (HUIZINGA, 1971).

Assim, o jogo está presente nas grandes manifestações da cultura. O mito, uma tentativa de explicação do mundo exterior, atribuindo aos fenômenos um fundamento divino, é marcado pelo lúdico, pelo jogo. Por meio do lúdico, o homem cria, aprende e atua no mundo, transcendendo a natureza, circulando entre a brincadeira e a seriedade, entre o material e o abstrato. Os cultos, celebrados pelas sociedades primitivas com o intuito de preservar a tranqüilidade do mundo, também, são realizados dentro de um espírito de jogo (HUIZINGA, 1971).

A respeito da importância do mito e do culto na civilização, Huizinga escreve:

> Ora, é no mito e no culto que têm origem as grandes forças instintivas da vida civilizada: o direito e a ordem, o comércio e o lucro, a indústria e a arte, a poesia, a sabedoria e a ciência. Todas elas têm suas raízes no solo primeiro do jogo. (HUIZINGA, 1971, p. 7)

O conceito de jogo mantém uma certa independência com relação a outras manifestações que, muitas vezes, são associadas a ele, como, por exemplo, o cômico, o riso e a falta de seriedade. Existem jogos em que a seriedade está presente do início ao fim, como no jogo de xadrez ou de futebol. O riso e a comicidade não estão diretamente ligados ao jogo (HUIZINGA, 1971).

Embora o jogo seja uma atividade não-material, mantém, também, uma certa independência com relação à função moral. Então, a ele não se aplicam noções como vício ou virtude, bem ou mal (HUIZINGA, 1971).

O jogo apresenta uma certa relação com a estética. A harmonia e o ritmo estão presentes mesmo nas formas mais primitivas de jogo. Entretanto, a beleza não é um atributo inseparável do jogo. A respeito do jogo, Huizinga escreve:

> [...] o jogo é uma função da vida, mas não é passível de definição exata em termos lógicos, biológicos ou estéticos. O conceito de jogo deve permanecer distinto de todas as outras formas de pensamento através das quais exprimimos a estrutura da vida espiritual e social. (HUIZINGA, 1971, p. 10)

Apesar da dificuldade em definir o jogo, este possui características observáveis, presentes em todas as formas de jogo.

A primeira delas é que o jogo é uma atividade voluntária, livre. Está associado à liberdade, não é uma necessidade para a pessoa adulta. O prazer em jogar pode transformá-lo em uma necessidade, no entanto, o jogo pode ser suspenso ou adiado sem nenhum dano, não se constitui em uma obrigação. Essa dimensão do dever, da obrigação, no jogo, só aparece quando ele constitui uma função social, como por exemplo, no culto e no ritual (HUIZINGA, 1971).

Outra característica importante é que o jogo não é "vida real", pelo contrário, ele entra na vida real como atividade temporária que possui orientação própria. No universo de atividades da vida "real", seu lugar é secundário. O "faz-de-conta" do jogo o coloca em situação de subordinação com relação à seriedade da vida real (HUIZINGA, 1971).

No entanto, o contraste entre seriedade e jogo não é muito claro. Apesar de ser um faz-de-conta, este se processa com muita seriedade, podendo absorver completamente os jogadores.

No jogo, não há interesse em satisfação de necessidades imediatas e de desejos, pelo contrário, ele interrompe, temporariamente, esses mecanismos – ele é "desinteressado". Sua finalidade é a satisfação em sua própria realização (HUIZINGA, 1971).

A princípio, o jogo seria um intervalo na vida cotidiana, entretanto, por sua qualidade de distensão, ele se tornou um complemento, passando a fazer parte da vida. Transcende o material e, nesse sentido, torna-se uma necessidade. A respeito da importância do jogo, Huizinga escreve:

> Ornamenta a vida, ampliando-a, e nessa medida torna-se uma necessidade tanto para o indivíduo, como função vital, quanto para a sociedade, devido ao sentido que encerra, à sua significação, a seu valor expressivo a suas associações espirituais e sociais, em resumo, como função cultural. Dá satisfação a todo o tipo de ideais comunitários..
> (HUIZINGA, 1971, p. 12)

O jogo pertence ao domínio do sagrado e sua contribuição para a prosperidade do grupo social não se relaciona à aquisição de produtos de subsistência.

Uma terceira característica importante do jogo é o seu isolamento com relação à vida comum e sua limitação; ele tem uma duração, geralmente, predeterminada. Possui tempo e espaço próprios (HUIZINGA, 1971).

Apesar de ter um tempo determinado de duração, o jogo tem como característica se fixar como fenômeno cultural. Dessa forma, mesmo depois de chegar ao fim, ele permanece como uma nova criação do espírito, criação digna de ser conservada pela memória. Passa a fazer parte da tradição e da cultura. Suas regras fundamentais não se perdem e ele passa a ser repetido (HUIZINGA, 1971).

A delimitação do espaço no jogo é bastante evidente. Todo jogo acontece dentro de um espaço delimitado de maneira real ou imaginária. E como o culto e o jogo não apresentam diferenças formais entre si, os lugares "sagrados" não se distinguem do terreno do jogo. Ambos os espaços – o do culto e o do jogo – são lugares fechados, sagrados, proibidos. Dentro deles, certas regras são respeitadas e atividades especiais são praticadas; como exemplo desses espaços, podemos citar: a mesa, a arena, o templo, o campo, o tribunal (HUIZINGA, 1971).

Uma das características mais positivas do jogo é o fato de que ele é ordem e cria uma ordem absoluta por um tempo limitado e dentro de um espaço, também, limitado. Qualquer desrespeito à ordem do jogo, às suas regras, acaba com o jogo tirando totalmente o seu valor (HUIZINGA, 1971).

O jogo[1] possui como funções principais a representação de algo ou a luta por algo. O espaço do jogo é, também, um espaço de tensão, de incerteza – busca-se alguma coisa: a vitória, a conquista de uma habilidade, a eliminação da própria tensão. Nos jogos de azar e nos competitivos, essa tensão chega ao extremo. Esse elemento – tensão – confere ao jogo uma dimensão ética. As qualidades do jogador são postas à prova, especialmente, sua lealdade às regras (HUIZINGA, 1971).

As regras de um jogo não permitem discussão, são absolutas. Aqueles que não as respeitam quebram o "encanto" do jogo, colocando um fim nele. São os desmancha-prazeres. Eles denunciam o caráter frágil do jogo, trazendo os jogadores para a vida real. Por isso os jogadores são tão pouco indulgentes com os desmancha-prazeres. Têm mais indulgência com aqueles que fingem respeitar as regras, os trapaceiros, do que com os que não as respeitam (HUIZINGA, 1971).

O mistério que envolve o jogo, geralmente, é respeitado pelos outros, mesmo os que não estão participando da brincadeira, do jogo ou do ritual. A sociedade, por exemplo, tem mais tolerância com os divertimentos observados na época do carnaval do que em outras épocas, porque, no carnaval, "fazem parte da brincadeira".

Para fazer perdurar a sensação de compartilhamento de algo excepcional, que foge às normas da vida diária, e fazer perdurar a magia mesmo no intervalo entre os jogos, os jogadores e os torcedores tendem a formar grupos permanentes, mesmo depois do jogo acabado (HUIZINGA, 1971).

Essa imersão temporária em "outro mundo", proporcionada pelo jogo, está presente, também, nos jogos rituais realizados pelos "povos primitivos" (HUIZINGA, 1971).

---

[1] As realizações sagradas são mais do que uma realização simbólica, são uma realização mística (HUIZINGA, 1971).

No entanto, apesar de os jogadores ficarem completamente absorvidos pelo processamento do jogo, seu ambiente é instável. A vida cotidiana pode reafirmar seus direitos a qualquer momento do jogo. Isso pode acontecer pelo desrespeito às regras, por um choque exterior que interrompa a situação de jogo ou pelo próprio desencanto dos jogadores (HUIZINGA, 1971).

O jogo oferece aos homens algo que a vida real não pode oferecer. Todas as investigações científicas acerca do jogo apontam para a importância dele na vida humana.

Desde pequena, a criança se encanta com esse mistério que envolve o jogo, a brincadeira que "nós" estamos fazendo, como se naquele momento fôssemos diferentes dos outros.

Nas brincadeiras infantis, a imaginação está presente com intensidade. Referindo-se à imaginação presente nas representações infantis, Huizinga escreve:

> A criança representa alguma coisa diferente, ou mais bela, ou mais nobre ou mais perigosa do que habitualmente é. Finge ser um príncipe, um papai, uma bruxa malvada ou um tigre. A criança fica literalmente "transportada" de prazer, superando-se a si mesma a tal ponto que quase chega a acreditar que realmente é esta ou aquela coisa, sem contudo perder inteiramente o sentido da "realidade habitual".
> (HUIZINGA, 1971, p. 17)

Na infância, o jogo participa ativamente do desenvolvimento cognitivo e emocional da criança, além de ajudá-la, também, em seu processo de socialização. O jogo, o lúdico é um meio de expressão muito usado pela criança e tem grandes implicações no seu processo de desenvolvimento e de aprendizagem.

O jogo na infância

O jogo infantil tem as características básicas presentes em toda situação de jogo. É sistematizado, regido por regras e está relacionado à necessidade de criar cultura, de transcender o físico.

O aspecto lúdico aparece de forma mais explícita na infância, período de constantes descobertas, de conhecimento de si mesmo e do mundo em seus aspectos físicos e sociais.

O jogo está associado à criatividade, à solução de problemas, à aprendizagem da linguagem, à compreensão de papéis sociais e a outros fenômenos cognitivos e sociais.

Em todos os aspectos do jogo infantil, estão presentes quatro tendências de desenvolvimento. Em primeiro lugar, existem os processos de maturação biológica, de crescente capacidade e competência associadas às várias facetas das experiências da vida cotidiana. Em segundo lugar, à medida que a criança avança em seu processo de desenvolvimento, o jogo tende a se tornar mais elaborado e a combinar vários recursos ao mesmo tempo. Uma terceira tendência é a de que, à medida que o jogo se desenvolve, suas formas vão-se tornando menos determinadas pelas propriedades da situação imediata e entram cada vez mais no plano das idéias. Em quarto lugar, quando o mundo de uma criança se amplia para incluir mais pessoas, situações e atividades, essas novas experiências se incorporam a situações lúdicas (GARVEY, 1963).

A classe de jogos que refletem mais claramente a animação e a vitalidade é a que inclui movimentos. O movimento, o brincar movimentando o próprio corpo, como, por exemplo, as mãos, é a primeira diversão do bebê. É o primeiro recurso de jogo que um lactente pode aproveitar por si mesmo, durante o período em que está desenvolvendo sua capacidade de controlar os próprios movimentos (GARVEY,1983).

Assim que começa a produzir os primeiros balbucios, o bebê começa a brincar com os sons que emite. O nível mais primitivo em que se realiza um jogo verbal é o processo de formar sons. No período em que está balbuciando, o bebê produz uma grande variedade de sons. Alguns deles desaparecem muito rápido do repertório da criança e outros mantêm alguma semelhança com as unidades do sistema fonético e estarão representados, mais tarde, pelas palavras dotadas de significado (GARVEY, 1983).

Os sons repetitivos, rítmicos, são associados ao aspecto lúdico, ao prazer pela criança que ainda não começou a falar. Seqüências de sílabas desprovidas de sentido são repetidas de forma regular. Brincar com os sons, nessa fase do desenvolvimento, é uma atividade individual.

Entretanto, o bebê, mesmo nos primeiros meses de vida, não recebe atenção lúdica dos pais e de outros adultos de forma passiva. A diversão, mediante movimentos e sensações, pode ser oferecida pelos pais, mas o bebê participa delas de forma ativa (GARVEY, 1983).

Nesse contexto, por meio de algumas manifestações de agrado e de desagrado, e mesmo por meio do olhar, o bebê participa da brincadeira, exercendo influência sobre a mesma.

Durante os dois primeiros anos de vida, período em que o sistema muscular do bebê amadurece rapidamente permitindo movimentos cada vez mais precisos e a aquisição de novas habilidades, o bebê adota uma participação ativa em atividades lúdicas.

Por volta dos dois anos, o bebê começa a interagir mais freqüentemente com outras pessoas além dos provedores, no entanto, sua capacidade social está embasada nos cuidados que os adultos lhe dispensa, e precisa aprender a manter encontros prazerosos com outros bebês, que serão companheiros de brincadeiras, tão imprevisíveis como ele próprio (GARVEY, 1983).

À medida que as crianças desenvolvem a capacidade de movimento e de comunicação, as brincadeiras infantis passam a envolver um alto grau de movimento e de atividades diferentes, geralmente, em grupos.

Nessa fase, desenvolvem jogos turbulentos, corridas, saltos, pega-pega, que diferem da conduta agressiva, como, por exemplo, bater ou ameaçar (GARVEY, 1983).

Os jogos turbulentos foram observados, principalmente, em espaços abertos, após as crianças saírem de uma sala de aula ou de terminarem uma tarefa (GARVEY, 1983).

Os objetos e os brinquedos têm uma dimensão importante na brincadeira da criança. Eles fazem uma ponte entre o mundo da criança e o mundo do adulto. O brinquedo, assim como o jogo, facilita a expressão de sentimentos, de conflitos e de preocupações (GARVEY, 1983).

Um objeto novo estimula um processo de busca de conhecimento, de familiarização e de compreensão do mesmo, que vai participar do processo de amadurecimento da criança e de conhecimento do mundo físico.

Outra forma de jogar é a imitação. A criança passa a imitar atitudes que observou em outras pessoas. Pode imitar situações observadas há vários dias, conhecida como imitação retardada. Neste período, desenvolve a sua capacidade para construir representações mentais de ações e acontecimentos, de se lembrar deles e reproduzi-los, mesmo quando o modelo não está presente. Pode imitar gestos e falas (GARVEY, 1983).

A representação de imagens ou de acontecimentos, por meio, também, da linguagem oral, tem uma participação importante na organização mental da criança. Ela aprende a associar as designações arbitrárias e convencionais da língua com suas próprias experiências. Aprende o modo simbólico de representação (GARVEY, 1983).

Aprende a simbolizar um objeto ou um acontecimento por meio da palavra e adquire, assim, mais um meio para guardar e recordar aspectos de suas experiências. O modo simbólico de representação permite, também, que a criança use um objeto para representar outro. O processo de simbolização possibilita jogar de um modo qualitativamente diferente (GARVEY, 1983).

A expressão metafórica de experiências durante o jogo livre é um primeiro passo para a exploração dessas experiências e para o processo de elaboração das mesmas. A atividade lúdica ajuda a criança a desenvolver a habilidade de resolver problemas de formas inovadoras e com êxito.

Quase todos os níveis de organização da linguagem – como, por exemplo, a fonética, a gramática e a sintaxe – e a maioria dos fenômenos da linguagem e da fala – como, por exemplo, ruídos expressivos, variações de ritmo e de intensidade – constituem recursos potenciais para o jogo (GARVEY, 1983).

O jogo social com a linguagem envolve rimas espontâneas e jogos de palavras, jogo com fantasia e jogo de conversação.

As rimas e histórias ilógicas dão uma nova dimensão de sentido à realidade e são recursos utilizados no jogo. Às vezes, as crianças se divertem criando substantivos absurdos e nomes próprios extravagantes e rebuscados. Inventam sílabas sem sentido e formam novas palavras.

O manejo do significado e do absurdo é um dos componentes de muitos jogos infantis. Nestes, as crianças utilizam palavras que insultam, inventam acontecimentos fantásticos. Algumas vezes, o absurdo é produzido como se tivesse um sentido muito sério e passa a ser assinalado como jogo apenas por uma risada ao final da narrativa (GARVEY, 1983).

A conversação está formada por um certo número de convenções que constituem normas efetivas para as interações sociais. No processo de socialização da criança, quando ela aprende a conversar, adquire domínio das regras básicas do processo de conversação. Ainda que não seja capaz de explicá-las na fase adulta, saberá usá-las durante toda a sua vida (GARVEY, 1983).

A esse respeito, Garvey escreve:

> [...] *el niño aprende la mayor parte de lo que conoce acerca de las normas de la conversación, no a partir de instrucciones explícitas, sino por una experiencia de primera mano, adquirida al interactuar con otros en muy diversas situaciones.* (GARVEY, 1983, p. 117)

Uma das regras básicas da conversação é que as pessoas sejam sinceras em suas falas. O jogo com frases falsas só se torna possível se essa regra está bem compreendida. Afirmar o que não é, não foi ou provavelmente não será, só pode servir de base para o jogo social quando os participantes se dão conta de que é uma brincadeira (GARVEY, 1983).

Quando as pessoas conversam, além de comunicar idéias, sentimentos, experiências, elas realizam atos sociais dotados de sentido, como, por exemplo: pedem, prometem, ordenam, perguntam.

A linguagem oral está incluída em outros aspectos do jogo como um indicador de orientação lúdica, como um meio para manejar as complexas atividades de representar e como um componente do comportamento expressivo da representação. Grande parcela dos jogos ritualizados se baseia nos recursos proporcionados pela linguagem.

Desde o uso de estruturas silábicas até as sofisticadas estruturas de linguagem oral ou dos convencionalismos discursivos, quase todo tipo de regularidade sistemática da forma e do uso da linguagem é usado para jogar (GARVEY, 1983).

Uma modalidade de jogo complexa é a representação. Traços do mundo social e das expectativas socialmente aprendidas e transmitidas sobre o modo como os objetos, as ações e as pessoas se relacionam apresentam a base para a representação. Quando esse jogo envolve histórias e personagens é denominado de jogo dramático ou temático.

O jogo dramático é, provavelmente, um dos jogos mais complexos realizados na infância. Nele estão presentes a maioria ou todos os recursos disponíveis para jogar, integrados em uma totalidade. O princípio de integração está representado por uma noção ou idéia da forma como os vários papéis sociais se articulam e, freqüentemente, pode ser denominado pela criança, como, por exemplo, o médico e o paciente. Essa brincadeira envolve aspectos da forma de organização da vida social. Segundo Garvey:

> *Existen, en principio, dos clases de tales concepciones sociales (puntos de vista compartidos acerca de como es la vida), que sirven para integrar el juego de representar. Uno de ellos es un plan de acción, una especie de calco para ordenar acciones y acontecimientos dentro de un episodio coherente. El otro es el papel de identidad asumido por el que representa.* (GARVEY, 1983, p.124)

Os papéis e o planejamento estão intimamente associados, embora envolvam categorias distintas de concepção social.

A representação envolve o conhecimento dos vários papéis sociais e a forma como se relacionam entre si, de objetivos e das possíveis ações e seqüências de ações que podem ser utilizadas para alcançar os respectivos objetivos.

Na representação, aparece a relação entre objetos, ações e emoções, associadas a várias situações e a combinações de pessoas e de suas atividades com seqüências e tempos determinados. Essas dimensões da vida humana são apreendidas durante a infância e aparecem com mais clareza à medida que a criança se desenvolve (GARVEY, 1983).

O jogo dramático não é totalmente livre, no sentido de que existem algumas restrições, algumas normas de conduta que precisam ser seguidas. Existem regras consistentes que as crianças fazem questão de seguir. Geralmente, as crianças representam situações significativas para elas, as quais precisam ser melhor compreendidas e elaboradas.

Representar é transformar, deliberadamente, o aqui-e-agora. Durante a representação, a criança transforma sua própria identidade, assumindo, temporariamente, uma nova identidade. Essa transformação implica atitudes adequadas ao novo papel.

Algumas representações não dependem de transformação de identidade, como, por exemplo, a criação de uma conversa telefônica em que se inventa uma história fantástica ou mesmo conta-se uma experiência (GARVEY, 1983).

Embora algumas representações reproduzam situações estereotipadas, a maioria delas relacionam-se a informações obtidas e organizadas pelas crianças a partir de suas interações sociais e de maior compreensão do mundo e de si mesmas (GARVEY, 1983).

Os papéis diferem de acordo com as diferenças existentes nas várias culturas, uma vez que são construídos a partir de inferências resultantes da experiência imediata da criança.

Algumas crianças apresentam uma predisposição mais intensa para a representação do que outras. A tendência para o jogo imaginativo está associada a fatores cognitivos e de personalidade. A esse respeito, Garvey escreve:

> *Los niños que presentan una elevada inclinación a la fantasía tienden a disfrutar más del juego, son capaces de concentrarse durante más tiempo en una tarea y muestran más autocontrol mientras esperan o cuando se someten a reglas. Producen también mayor número de ideas, con mayor imaginación.* (GARVEY, 1983, p. 150)

Apesar de uma grande inclinação para o lúdico não estar diretamente associada a uma inteligência superior, a realização de jogos de representação pode ajudar a criança a adquirir mais flexibilidade para poder abordar situações e tarefas. O jogo de representação é uma das experiências que facilita o desenvolvimento do pensamento abstrato. Nele, a criança pode modificar e ampliar associações entre palavras e coisas, assim como entre coisas, pessoas e ações.

Pesquisas a respeito do jogo de representação em escolas, nos Estados Unidos e na Europa, apontam para a freqüência do jogo de representação como contraposto a atividades lúdicas violentas (GARVEY, 1983).

O lúdico na educação, principalmente as atividades lúdicas em grupo e que envolvem aspectos comunicativos, como no jogo de representação, demonstrou aumentar o comportamento cooperativo das crianças e contribuir para melhores resultados na solução de problemas em grupo ou em tarefas de construção. Foram observadas, também, algumas melhoras no desenvolvimento das capacidades verbais e de linguagem a partir da vivência de jogos sociodramáticos (GARVEY, 1983).

O livre exercício do jogo dramático depende de certo grau de cooperação dos adultos no que diz respeito a proporcionar tempo, espaço, acesso a objetos necessários para a dramatização ou, no mínimo, a permissão para o jogo dramático.

De maneira geral, no período da adolescência, o jogo de representação se torna menos freqüente, convertendo-se em fantasia individual, pessoal ou no conhecido "sonhar acordado" (GARVEY, 1983).

Nessa fase, ele se ajusta às preocupações características da adolescência: vida afetiva, popularidade, vocação profissional e realização de metas vitais.

Ao mesmo tempo em que os jogos de representação começam a diminuir de freqüência, começa a aparecer uma nova classe de jogo, que reflete a crescente adaptação do jovem ao mundo social. Aparece o jogo com regras, em equipe, muitas vezes, competitivo (GARVEY, 1983).

O jogo com regras desafia as crianças na idade escolar e no início da adolescência. Provar os limites das próprias capacidades é a base de muitos desses jogos, como, por exemplo, brincar de estátua ou de seguir o chefe. Além de testar limites físicos, incluem, também, elementos psicológicos. Assim, em muitos desses jogos, podem estar presentes, por exemplo, a ousadia, a cooperação, a busca de controle do medo e da ansiedade (GARVEY, 1983).

Comprovar os limites que outra pessoa pode tolerar pode colocar a amizade em risco. Por isso, esses jogos são bastante ritualizados, ficando claro que são jogos. Quando as crianças ou os adolescentes sinalizam que vão ultrapassar os limites do lúdico, é preciso que o professor intervenha.

Um dos jogos espontâneos é o jogo ritualizado. Os rituais, tal como são concebidos por Garvey, fazem referência a uma repetição controlada, podendo estar presentes nas modalidades de jogos vistas até aqui. A esse respeito, Garvey escreve:

> *Los rituales, tal como yo empleo este término, pueden basarse en cualquier recurso: movimiento, juego con objetos, lenguaje, convencionalismos sociales. Incluso el juego con reglas puede hacerse de un modo ritualizado. Así, un ritual queda definido, no por su contenido o por el medio a que apela, sino por su forma distintiva: repetición controlada.* (GARVEY, 1983, p. 167)

Nesse contexto, o controle é rítmico e o comportamento mostra uma regularidade de ritmo previsível. A escala de intensidade, assim como o ritmo de um jogo ritual, pode estar controlada, de tal modo que tanto a amplitude como a freqüência dos atos podem estar amplamente exagerados ou agudamente atenuados (GARVEY, 1983).

Em jogos de linguagem, também, observam-se os jogos rituais. Nesse caso, o recurso básico é o jogo de linguagem, é a forma e o ritmo que vão caracterizá-lo como ritual. A pausa entre os interlocutores é maior do que acontece em uma conversação normal. A duração das frases é a mesma. A esse respeito, Garvey escreve:

> *La extrema regularidad de cada intercambio verbal resultaría más patente mediante um registro magnetofónico, pero el tiempo de cada frase y cada pausa entre los interlocutores señalará la exacta regulación del comportamiento de cada uno de los niños.* (GARVEY, 1983, p. 168)

As repetições são, também, peculiares de certas classes de comportamento adulto. Constituem um elemento importante nos encantamentos e conjuros mágicos, nos cantos religiosos, nos gritos para animar a equipe de futebol, reuniões políticas, manifestações e em muitas ocasiões em que os membros de um grupo entram em sincronia de gestos ou falas para se manifestarem.

Todas as modalidades de jogo são importantes e participam do desenvolvimento da criança, abrangendo todas as dimensões do ser.

No âmbito da educação formal, o jogo tem uma função importante, não só de socialização, mas principalmente de facilitar a aprendizagem, o desenvolvimento de habilidades e o amadurecimento de aspectos psicossociais necessários para a vida em sociedade. É a própria abertura para a criação e para a expressão.

O lúdico na educação como facilitador da auto-expressão e da aprendizagem

Na história da humanidade, durante muito tempo, o jogo foi visto como atividade de relaxamento, desvinculado das atividades intelectuais e das que exigiam esforço físico. O jogo infantil era destinado à recreação.

A partir do renascimento, o jogo ganha nova configuração e novo *status*. Passa a ser considerado como meio natural de expressão da criança e a ser utilizado como instrumento de divulgação de conteúdos escolares, da moral e da ética.

O jogo passa, então, a ser visto como um instrumento que favorece o desenvolvimento do imaginário e da linguagem, um instrumento para o diagnóstico da personalidade infantil e um recurso para o tratamento dos "desvios da personalidade".

Nos séculos seguintes, vários estudos no campo da biologia, da psicologia e da pedagogia dão novo *status* ao jogo.

O jogo passa a ser visto como instintivo, como uma necessidade biológica e, psicologicamente, como um ato voluntário.

O jogo infantil passa a ter um papel relevante no processo ensino-aprendizagem e no processo de desenvolvimento psicossocial da criança.

A educação progressista e humanista tem como um dos fundamentos básicos a necessidade de aceitação da criança como ela é e o encorajamento da auto-expressão. Nesse contexto, um dos objetivos mais importantes do processo educacional é facilitar, junto com a aprendizagem, o processo de crescimento humano dos educandos.

No âmbito da educação formal, o relacionamento entre educador e educando é que vai propiciar ou dificultar um desenvolvimento psicossocial saudável. Em todos os níveis de educação, o relacionamento que se estabelece na sala de aula é fundamental no processo de facilitação da aprendizagem e do crescimento humano (AXLINE,1972).

Nesse sentido, o relacionamento entre o professor e a criança deve estar embasado em sentimentos de respeito, compreensão, autenticidade e aceitação. A esse respeito, Axline escreve:

> É a permissividade para que ela seja ela mesma, a compreensão, a aceitação o reconhecimento de sentimentos, a maneira de tornar claro o que ela está sentindo e pensando, que ajuda a criança a adquirir auto-respeito; e as possibilidades de crescimento e mudança são cada vez

maiores, à medida que as crianças desenvolvem seus "insights". (AXLINE, 1972, p. 132)

Em uma situação terapêutica, a criança exprime completamente seus sentimentos; na situação de sala de aula, devem existir alguns limites, no entanto, os sentimentos precisam ser expressos. Os educadores progressistas preocupam-se em facilitar a expressão dos sentimentos dos educandos de uma forma tangível: escultura, dança, teatro, pintura, dentre outros (AXLINE, 1972).

Entretanto, para facilitar maior compreensão, por parte da criança, do que ela própria está verbalizando, é importante que o professor dialogue com ela e reflita para ela os sentimentos que estão sendo expressos.

Os professores que trabalham com línguas, principalmente a língua materna, e incluímos aqui os alfabetizadores, são privilegiados no que tange à expressão de sentimentos e idéias, uma vez que essas disciplinas se "prestam mais facilmente à auto-expressão" (AXLINE, 1972).

Permitir às crianças que falem de seus sentimentos, durante o processo ensino-aprendizagem, é um tratamento profilático. Cada vez que a criança fala de seus conflitos e sentimentos, há menos possibilidade de que eles se acumulem e afastem a criança da realidade, causando bloqueios no processo de aprendizagem e de desenvolvimento emocional (AXLINE1972).

O processo de aprendizado não pode ser separado da vida. Ele faz parte dela e, na criança, tende a ser diretamente influenciado pelo estado emocional, pelos conflitos e ansiedades. A respeito da importância de uma educação progressista e humanista, Axline escreve:

> Não é bastante ouvir recitar as lições e manter a ordem dentro da sala de aula. Em vez disso, é obrigação do professor desenvolver suficiente "insight", compreensão e interesse no ser humano que surge à sua frente, de modo que ele aprenda não só a matéria ensinada, como também a se conhecer, e aos outros, um pouco melhor. Não se quer com isso dizer que haja, em momento algum, uma perda ou diminuição dos padrões usuais da educação. Apenas acentua-se estar provado que, para ser verdadeiramente educado, o indivíduo deve ser considerado uma pessoa digna de respeito, a quem deve ser dada a oportunidade de desenvolver-se até atingir sua máxima capacidade. (AXLINE, 1972, p. 142)

Respeitar a dignidade dos educandos, desde as primeiras séries do ensino até às últimas, é, também, ajudá-los a buscar dentro de si mesmos as soluções para seus conflitos, a tornarem-se responsáveis por si mesmos e por suas atitudes. Nesse contexto, as respostas e perguntas do professor não podem se limitar apenas às necessidades materiais da criança, como, por exemplo: ler, escrever, contar; é preciso vir ao encontro das reais necessidades dela.

O lúdico facilita a expressão, por parte da criança, de suas necessidades, conflitos e sentimentos. Nesse sentido, as técnicas em dinâmica de grupo são um valioso instrumento. Gostaríamos, então, de comentar, brevemente, o uso das técnicas em dinâmica de grupo como favorecedoras da expressão, da comunicação, do trabalho com conflitos, da sensibilização dos educandos e da aprendizagem.

As técnicas são brincadeiras, jogos, atividades que são realizadas pelo grupo com o propósito de facilitar a compreensão e a elaboração da vivência no processo grupal. Não são um fim em si mesmas, são um meio de facilitar o diálogo e o aprofundamento do processo do grupo.

A técnica é um instrumento que, se usado de forma adequada, pode facilitar a comunicação entre os educandos e entre estes e o educador. É uma linguagem metaforizada por meio da qual os educandos podem-se aproximar de suas experiências sem se sentirem ameaçados por elas. Após a aplicação de cada técnica, é preciso que o diálogo continue em um trabalho de reflexão a respeito da experiência vivida.

A partir das brincadeiras, várias encenações de situações e relações são colocadas ao grupo como propostas para trabalhar. O lúdico, associado aos vários níveis de linguagem, facilita uma compreensão da própria realidade a partir das situações vivenciadas pelo grupo.

A utilização de técnicas em dinâmica de grupo, na sala de aula, pode trazer muitos benefícios, entre eles: facilitar o processo de comunicação verbal e não-verbal, o processo de socialização, a expressão de conflitos relacionados à situação de sala de aula e sua elaboração, o autoconhecimento e a facilitação do próprio processo de aprendizagem.

No entanto, a utilização das técnicas não pode ser feita de forma indiscriminada. As técnicas são um instrumento valioso, se forem bem empregadas. Usadas de forma aleatória podem prejudicar o grupo. Nesse caso, ao invés de facilitar um processo de crescimento, podem inibi-lo.

Na aplicação das técnicas, alguns princípios devem ser observados. O primeiro deles é distinguir quais as técnicas que podem ser utilizadas para a situação de sala de aula e quais não podem. Técnicas que catalisam vivências profundas ou de conteúdo muito pessoal não são indicadas para a situação de sala de aula.

É preciso levar em conta qual é o conteúdo que se quer trabalhar, qual é o objetivo que se quer alcançar na escolha de uma técnica. É imprescindível que o educador tenha vivenciado as técnicas antes de aplicá-las.

A participação nas técnicas é inteiramente livre. O aluno não pode ser obrigado a participar do jogo. O educador pode sugerir a técnica e o grupo pode aceitar ou recusar. Se a maioria tiver interesse em participar, a técnica poderá ser aplicada; nesse caso, os que não manifestarem interesse não participarão.

Após cada técnica, é preciso haver um momento de reflexão a respeito da experiência vivida. O momento de reflexão, no qual os participantes falam sobre a compreensão do que foi encenado, seu significado, os sentimentos percebidos, as associações com a experiência de cada aluno, facilita a elaboração do conteúdo vivido. O educador facilita o diálogo, os alunos se manifestam livremente.

As técnicas devem ser utilizadas dentro de uma proposta educacional aberta, progressista, como mais um instrumento na facilitação do processo de crescimento humano e de construção de uma visão crítica da realidade. Perdem o sentido dentro de uma prática pedagógica autoritária e, nesse caso, acreditamos que os alunos dificilmente se envolveriam nelas.

É importante saber que durante a vivência das técnicas não há manipulações. O processo é do grupo, o educador apenas acompanha e facilita o desenvolvimento do processo. Se houver atitude autoritária ou tentativa de manipulação por parte do educador, o processo não acontece. Finalmente, acreditamos ser fundamental que o educador interessado na aplicação das técnicas faça um curso de técnicas em dinâmica de grupos aplicadas à educação.

Durante o processo de alfabetização, utilizamos algumas técnicas em dinâmica de grupo a fim de facilitar a auto-expressão e o diálogo entre os alunos. Vamos comentar, no relato do processo vivido pela classe, as técnicas utilizadas por nós e o contexto em que foram aplicadas.

No capítulo seguinte, vamos discutir, sucintamente, a metodologia de alfabetização de Paulo Freire, comentando suas etapas. Em seguida, vamos descrever a metodologia desenvolvida neste trabalho, para a alfabetização de crianças, embasada na metodologia de Freire e no existencialismo humanista. Descreveremos, então, o processo de alfabetização embasado nessa metodologia, conforme vivido por um grupo de alunos em uma escola pública de Belo Horizonte.

A metodologia de alfabetização de Paulo Freire

O diálogo como essência de uma educação libertadora

Uma das preocupações mais fundamentais que o educador deve ter é desenvolver uma prática pedagógica que possibilite a autonomia dos educandos. Para que uma prática pedagógica possa facilitar o processo de crescimento humano e com ele o de desenvolvimento da autonomia, precisa estar fundamentada em relações que sejam dialógicas (FREIRE, 2003).

Por meio do diálogo autêntico, o ser humano se abre para o outro, para si mesmo e para o mundo. Nesse contexto, a experiência de abertura é uma experiência fundante do ser inacabado que se reconhece como tal e se insere de forma consciente em um movimento de autoconhecimento e de conhecimento do mundo. A pessoa que se abre para si mesma, para o outro e para o mundo, construindo relações autênticas e um olhar crítico sobre a realidade, inaugura com essa abertura a relação dialógica.

Quando estudamos o diálogo como fenômeno humano, deparamonos com a palavra. A palavra é mais do que um meio para que o diálogo aconteça, ela está associada a processos mentais de elaboração do conteúdo que está sendo verbalizado. É constituída por duas dimensões – a ação e a reflexão. A relação que se estabelece entre essas duas dimensões é dialética. Então, se sacrificarmos uma dessas dimensões, a outra se ressente (FREIRE,

2003). Uma palavra que não está acompanhada de uma ação que lhe corresponda de forma coerente e que não expressa os sentimentos e as reflexões mais sinceras daquele que a proferiu é uma palavra inautêntica.

A palavra inautêntica não modifica em nada a realidade, é resultante de uma dicotomia entre a reflexão e a ação. Ela passa a ser uma palavra oca e, portanto, alienada e alienante.

Por outro lado, uma ação sobre a qual não houve uma reflexão torna-se uma atividade ativista. A palavra nesse contexto, também, está esvaziada de conteúdo e coerência. Ela impossibilita o diálogo. É a ação pela ação. Ambas as situações geram formas inautênticas de existir e, a partir daí, formas inautênticas de pensar (FREIRE, 2003).

Segundo Freire, não há palavra verdadeira que não seja práxis (FREIRE, 2003).

A existência humana não pode ser muda, silenciosa; não pode, também, se alimentar de palavras falsas. O homem é o único do seres viventes que tem a possibilidade de agir no sentido de proporcionar mudanças com suas ações. Existir para os homens é pronunciar o mundo e modificá-lo. Cada vez que o homem reflete e fala sobre o mundo, o mundo se volta problematizado para ele, exigindo uma nova reflexão, uma nova fala e, portanto, uma nova ação (FREIRE, 2003).

Os homens se fazem no diálogo que, por sua vez, está intimamente associado à ação-reflexão. Dizer a palavra autêntica, que é ação para mudança, não é privilégio de alguns homens, é um direito de todos os homens. Como a palavra autêntica é um direito de todos os homens, ela não pode ser dita apenas por alguns que a dizem como uma prescrição, roubando dos demais o direito de dizer a sua palavra (FREIRE, 2003).

O diálogo autêntico é um encontro entre os homens, mediatizados por seus sentimentos, experiências e pelo mundo. Por meio do diálogo, os homens podem pensar sobre si mesmos e sobre o mundo, podem objetivar suas experiências, relações e, também, o mundo.

Quando a pessoa fala, não significa que o conteúdo de sua fala é um produto pronto, acabado. Falar é um momento em um processo de elaboração. Por isso a fala comporta incoerências, contradições e imperfeições. Enquanto fala, os desejos, motivações e projetos do falante se confrontam com as imposições do código lingüístico, com as condições de produção e, freqüentemente, com os ouvintes.

A presença de um terceiro faz com que o locutor "organize" sua fala. As ambivalências, conflitos e incoerências são organizadas de forma que se tornem compreensíveis para o outro. Sua fala torna-se um discurso.

O discurso é, então, uma atualização parcial de processos conscientes e inconscientes e, também, uma estruturação e uma transformação resultantes da explicitação desse material por meio da linguagem verbal e da presença de um outro.

O discurso é dinâmico. Ele apresenta uma sucessão de modificações do pensamento/forma. Essas transformações atuam em vários níveis do ser.

Proibir um homem de dizer a sua palavra, roubar-lhe esse direito é um assalto desumanizante.[1] Pois, se é pronunciando o mundo que os homens se transformam, é no diálogo que os homens ganham significação como homens (FREIRE, 2003).

Nesse contexto, é importante ressaltar o papel da escola e sua participação construtiva ou destrutiva nas várias etapas da vida do homem. Uma prática pedagógica que inibe o diálogo, exigindo constante silêncio de seus alunos, sejam eles crianças ou adultos, pode dificultar o contato dos alunos com eles mesmos, com a realidade e com os outros. Pode inibir ou dificultar o processo de crescimento humano.

Referindo-se ao educador que não construiu uma prática pedagógica libertadora, baseada em relações dialógicas, Freire escreve:

> Não pode perceber que somente na comunicação tem sentido a vida humana. Que o pensar do educador somente ganha autenticidade na autenticidade do pensar dos educandos, mediatizados ambos pela realidade, portanto, na intercomunicação. Por isto, o pensar daquele não pode ser um pensar para estes nem a estes imposto. Daí que não deva ser um pensar no isolamento, na torre de marfim, mas na e pela comunicação, em torno, repitamos de uma realidade. (FREIRE, 2003, p. 64)

O diálogo é, então, uma exigência existencial. E para que o diálogo seja autêntico, é necessário que haja um profundo sentimento de amor ao mundo e aos homens. O sentimento de humildade é, também, fundamental para que a relação dialógica se estabeleça. Sem humildade, o homem se aliena de sua própria ignorância e passa a vê-la no outro. Não há diálogo se uma das partes que dialoga imagina-se dona da verdade e do saber, julgando as outras pessoas como inferiores, não reconhecendo nelas outros "eus". Se uma das pessoas se fecha às contribuições das outras, já não há mais diálogo. (FREIRE, 2003)

---

[1] Freire utiliza o termo "desumanizante" em seu livro: Pedagogia do Oprimido.

Segundo Freire:

> Se alguém não é capaz de sentir-se e saber-se tão homem quanto os outros, é que lhe falta ainda muito que caminhar, para chegar ao lugar de encontro com eles. Neste lugar de encontro, não há ignorantes absolutos, nem sábios absolutos: há homens que, em comunhão, buscam saber mais. (FREIRE, 2003, p. 81)

Uma outra condição básica para que o diálogo aconteça é acreditar que todo homem traz em si o potencial para seu crescimento humano, é acreditar na vocação ontológica do homem para ser mais, na capacidade do homem de criar e de recriar.

Essa fé nos homens é fundamental para que o diálogo autêntico se estabeleça. Essa fé não é uma crença ingênua, é crítica. O homem que Freire chama de dialógico reconhece que o poder de criar e recriar pertence a todos os homens e por isso mesmo sabe que, se os homens se mantêm alienados, passam a ter esse poder prejudicado. Alienado de si mesmo e das próprias relações que estabelece com o mundo, o homem perde a possibilidade de compreender a realidade e de atuar sobre ela no sentido de transformá-la (FREIRE, 2003).

No entanto, felizmente, essa capacidade que o homem tem de construir relações autênticas jamais desaparece. Mesmo que esteja massacrada ou em estado latente, ela pode ser libertada e desenvolvida a partir de relações que facilitem a libertação desse potencial.

Ao fundar-se no amor, na crença nos homens e na humildade, o diálogo se estabelece em uma relação horizontal em que a confiança entre os interlocutores é um pré-requisito para que o diálogo autêntico aconteça (FREIRE, 2003).

O sentimento de confiança está relacionado a uma transparência daquele que fala, a uma atitude autêntica. Seus sentimentos estão em consonância com suas reflexões, percepções e experiências e estas com suas palavra e atitudes.

O educador humanista, antes mesmo do encontro com seus alunos, já se pergunta "sobre o que vai dialogar com eles". Essa inquietação com relação ao conteúdo do diálogo é a inquietação em torno do conteúdo programático da educação (FREIRE, 2003).

O educador-bancário não se preocupa com o conteúdo do diálogo, porque este inexiste. Sua preocupação é com o programa a respeito do qual fará narrativas a seus alunos. E essa preocupação ele mesmo resolverá organizando o seu próprio programa (FREIRE, 2003).

Para o educador dialógico, o conteúdo não é doado ou imposto aos alunos, é uma devolução aos alunos, sistematizada, trabalhada do material que estes trouxeram de forma desestruturada (FREIRE, 2003).

Nesse contexto, a educação não se faz de uma pessoa para a outra, mas de uma pessoa com a outra, ambas mediatizadas pelo mundo. Temas impregnados de esperanças, desesperanças, conflitos e anseios subtendem a temática significativa que embasará o conteúdo programático da educação.

Então, os temas estarão associados a conflitos, a problemas sociais, a situações existenciais concretas que trazem alegria ou sofrimento aos educandos. Algumas pessoas têm uma concepção ingênua do humanismo. Pensam que, na crença da existência do "bom homem", os humanistas se esquecem da situação concreta, existencial dos homens mesmo. No entanto, o processo é exatamente o oposto (FREIRE, 2003).

O educador humanista trabalha sempre a partir de uma realidade com a qual se depara e sobre a qual reflete com os outros homens que estão envolvidos nela. Ao contrário do que se pensa, o humanismo facilita o processo de tomada de consciência da plenitude humana como condição e obrigação: "como situação e projeto".

Na prática humanista, a realidade passa a ser problematizada. A ideologia dominante e seus *slogans,* trazidos pelos educandos à situação do diálogo, são devolvidos a eles em forma de questões que precisam ser pensadas (FREIRE, 2003).

Nessa perspectiva, um educador humanista não pode impor aos educandos os seus *slogans,* contrapondo-os aos dos opressores, fazendo dos oprimidos intermediários, colecionadores que deveriam guardar os *slogans* de uns e de outros. Pelo contrário, o empenho dos humanistas está em facilitar o processo no qual os oprimidos tomem consciência de que estão sendo colecionadores das idéias de outros e de que esse processo bloqueia o fluir de suas próprias idéias, de seus sentimentos, dificultando a construção de uma relação autêntica da pessoa consigo mesma e com os outros. Nesse sentido, Paulo Freire escreve:

> Por isto é que não podemos, a não ser ingenuamente, esperar resultados positivos de um programa, seja educativo num sentido mais técnico ou de ação política, se, desrespeitando a particular visão do mundo que tenha ou esteja tendo o povo, se constitui uma espécie de "invasão cultural", ainda que feita com a melhor das intenções. Mas invasão cultural sempre. (FREIRE, 2003, p. 86)

Dessa forma, o conteúdo programático deve ser estabelecido a partir da situação existencial presente concreta e das aspirações dos educandos.

Durante sua prática pedagógica, ao invés de o educador apenas dissertar sobre a temática sugerida, ele deve dialogar com seus alunos, devolvendo-lhes suas próprias falas em forma de pergunta, para que possam, na tentativa de respondê-las, pensar sobre elas. Esse desafio estimula a busca de respostas não só verbais mas também ao nível da ação.

O papel do educador humanista não pode ser o de falar aos alunos sobre sua visão de mundo, mas sim dialogar com eles sobre a visão de mundo deles e também a sua. A visão de mundo deles reflete a situação deles no mundo. O educador que não levar isso em consideração provavelmente não será compreendido pelos educandos, assim, também, como não os terá compreendido. Sua fala será um discurso vazio.

Paulo Freire inicia o processo dialógico da educação libertadora já no momento em que começa a investigar o universo temático, o conjunto de temas geradores. Alguns pressupostos importantes embasam a idéia da utilização de temas geradores na alfabetização. Vamos comentar, no item seguinte, brevemente, alguns deles porque são relevantes para esta metodologia e, portanto, significantes para o nosso trabalho que foi desenvolvido a partir de uma adaptação desta.

O homem é um ser que está em relação com o mundo

O homem é o único ser inconcluso capaz de ter sua própria atividade, de ter a si mesmo como objeto de sua consciência. É capaz de representar-se e de representar o mundo em que vive. Portanto difere do animal que não é capaz de separar-se de sua atividade e de pensar sobre ela, de ter consciência de si e dos outros animais que coabitam com ele.

Essa distinção entre os homens e os animais demarca as diferentes formas de ação que uns e outros podem executar no espaço em que se encontram, no mundo. Vamos comentar de forma sucinta essas diferenças para a melhor compreensão de como o homem está em relação com o mundo. A partir dessa relação ele não só transforma o mundo mas, também, a si mesmo.

O animal não pode separar-se de sua atividade, ele a executa por instinto. A transformação que cada animal opera no mundo está determinada por sua espécie. Como o animal não pode se separar da atividade que executa, não pode modificá-la, não pode objetivar-se e nem a sua atividade. As atividades das várias espécies de animais não sofrem transformações com o tempo.

Há milhares de anos, a abelha faz mel. As abelhas de hoje fazem mel como as que viviam há dois mil anos. Isso faz dos animais seres a-históricos (FREIRE, 2003).

O ponto de decisão da atividade que o animal executa se encontra fora do animal, não pode ser proposto por ele, encontra-se na espécie à qual o animal pertence. Dessa forma, a atividade exercida pelo animal está aderida a ele. Atividade e animal não se separam.

Isso faz dos animais seres fechados em si. O mundo para eles é apenas um suporte no qual sua vida acontece. As várias situações não podem ser problematizadas por eles. Elas apenas podem estimulá-los a se comportarem dentro de um leque pequeno de possibilidades, determinado por sua espécie. As situações não podem ser problematizadas. Eles não percebem os riscos que correm, quando esses não estão programados por sua espécie para serem percebidos (FREIRE, 2003).

Dessa forma, os riscos que os animais correm não são percebidos de forma reflexiva, são notados e, portanto, eles não implicam respostas que sejam ações decisórias. O animal não pode comprometer-se, não pode problematizar a vida e por isso mesmo não pode construí-la. Como ele não pode construir a vida, não pode modificá-la (FREIRE, 2003).

Em linhas gerais, para o animal não há passado, presente e futuro da forma como os compreendemos. Como ele não tem consciência de si mesmo e de sua vida no mundo, sua vida e a dos outros da sua espécie é completamente determinada. Ele não pode modificar os limites impostos pelo hoje ou pelo ontem. Na vida do animal, o "aqui" é apenas um *habitat* com o qual ele tem contato e no qual ele vive. Sua vida se dá em um presente esmagador, é a-histórica.

O homem, ao contrário, tem consciência de sua atividade e do mundo no qual vive. Ele impregna o mundo com sua presença criadora por meio das transformações que realiza, ao atuar em função de finalidades que propõe e se propõe. Seu ponto de decisão está em si e em sua relação com o mundo e com os outros. À medida que o homem pode separar-se do mundo para pensá-lo, pode compreender as relações que estabelece com o mundo. Pode pensar o mundo e, também, a si mesmo. Pode problematizar a realidade e pensar em formas de modificá-la. Então, ao contrário do animal, o homem não apenas vive mas, existe, e sua existência é histórica (FREIRE, 2003).

Como os homens têm consciência de si, de sua existência e do mundo, mantêm uma relação dialética entre os condicionamentos sociais e históricos e sua liberdade. Para o homem, o "aqui" não é apenas um espaço físico. O homem transforma o mundo incessantemente. O mundo, para o homem, além de um espaço físico, é também um espaço histórico (FREIRE, 2003).

Segundo Freire:

> Ao se separarem do mundo, que objetivam, ao separarem sua atividade de si mesmos, ao terem o ponto de decisão de sua atividade em si, em suas relações com o mundo e com os outros, os homens ultrapassam as "situações limites", que não devem ser tomadas como se fossem barreiras insuperáveis, mais além das quais nada existe. No momento mesmo em que os homens a apreendem como freios, em que elas se configuram como obstáculos à sua libertação, se transformam em "percebidos destacados" em sua "visão de fundo". Revelam-se, assim, como realmente são: dimensões concretas e históricas de uma dada realidade. Dimensões desafiadoras dos homens, que incidem sobre elas através de ações o que Vieira Pinto chama de "atos-limites" – aqueles que se dirigem à superação e à negação do dado, em lugar de implicarem sua aceitação dócil e passiva. (FREIRE, 2003, p. 90)

Quando as situações limites são percebidas como um freio, como algo que não pode ser modificado em dado momento histórico, passam a ser geradoras de desesperança. Não são as situações em si mesmas que causam a desesperança, mas, sua percepção como algo que não pode ser ultrapassado. A partir da mudança nessa percepção, quando os homens passam a perceber as situações-limites de forma crítica, como um desafio a ser pensado, modificado, solucionado, instaura-se um clima de esperança (FREIRE, 2003).

A superação das situações limites se dá nas relações homem-mundo, por meio da ação dos homens sobre a realidade concreta nas quais as situações-limites se dão.

Segundo Freire, quando os homens superam uma situação-limite, uma outra aparece, provocando novas ações nos homens no sentido de superá-la. Essas ações são denominadas por Freire de "atos limites". Nessa perspectiva, é próprio dos homens estar em enfrentamento com sua realidade. Esse enfrentamento só pode ser feito historicamente, como historicamente as situações limites são engendradas (FREIRE, 2003).

Para o animal, o mundo é um suporte no qual sua vida se desenrola. Como o animal não é um ser para si, não pode ter posturas decisórias frente ao mundo, não pode exercer atos limites.

Assim, ao invés de situações limites que estão associadas às várias épocas históricas, é o próprio suporte que limita o animal. O animal não está em relação com seu suporte, mas adaptado a ele. Não se distingue dele. Então, quando um animal cria um ninho ou faz mel, não está criando produtos que tivessem sido o resultado de suas ações sobre "atos limites". Não está criando respostas transformadoras. A atividade produtora dos animais está associada à satisfação de uma necessidade física estimulante e não desafiadora. Então, seus produtos pertencem diretamente a seu corpo físico, enquanto o homem é livre frente a seu produto (FREIRE, 2003). Segundo Freire:

> Somente na medida em que os produtos que resultam da atividade do ser "não pertençam a seus corpos físicos", ainda que recebam o seu selo, darão surgimento à dimensão significativa do contexto que, assim, se faz mundo. (FREIRE, 2003, p. 92)

Nesse contexto, o ser que dessa forma atua é um ser que tem consciência de si, é um ser para si, e, só pode ser, se estiver sendo, no mundo no qual sua existência se desenvolve. Como também esse mundo não existiria se este ser não existisse (FREIRE, 2003).

O homem, diferentemente do animal, por meio de sua ação sobre o mundo, cria o domínio da cultura e da história. Ele é um ser da práxis.

A práxis, como fruto da reflexão e da ação que transforma a realidade, é fonte do conhecimento reflexivo e da ação. Então, enquanto a ação animal não implica criação, a transformação exercida pelos homens implica (FREIRE, 2003).

Em suas relações com o mundo e com os outros homens, o homem produz os objetos, os bens materiais e, também, produz as instituições sociais, com suas idéias e suas concepções.

Os homens criam a história e se fazem seres histórico-sociais por meio de sua constante ação transformadora da realidade objetiva (FREIRE, 2003).

O homem pode tridimensionar o tempo – o passado, presente, futuro; tempos que, estando em relação, dão um movimento contínuo e dinâmico à história, denominada por Freire como a dinâmica da continuidade histórica (FREIRE, 2003). Assim, as diversas épocas históricas estão em relação umas com as outras.

Cada uma dessas épocas históricas se caracteriza por um conjunto de idéias, concepções, valores, dúvidas, esperanças que, em relação dialética com seus contrários, buscam plenitude. Os temas de cada uma dessas épocas são constituídos pela representação concreta dessas idéias, esperanças, valores e concepções.

Cada tema implica não só a existência de outros, que são seu contrário e com os quais está em relação dialética mas, também, indica tarefas a serem realizadas. É nas relações homens-mundo que esses temas emergem e o conjunto deles constitui o universo temático de cada época (FREIRE, 2003).

É frente a esse conjunto de temas, que dialeticamente se contradizem, que os homens tomam suas posições, agindo uns em favor da manutenção de estruturas, outros em favor da mudança.

Na medida em que o antagonismo entre os temas, que são a expressão da realidade, aprofunda-se, há uma tendência para a mitificação do tema e da própria realidade. Dessa mitificação se origina um clima de irracionalismo que, pela possibilidade de retirar a conotação dinâmica que caracteriza o tema, ameaça esgotá-lo de sua significação profunda (FREIRE, 2003).

Nesses momentos históricos, a visão crítica da realidade empenha-se em combater o irracionalismo mitificador que passa, nesse contexto, a ser um dos temas fundamentais dessas épocas históricas. A visão crítica da realidade empenha-se em desmascarar a mitificação e busca a transformação da realidade para a libertação dos homens, a qual não pode se dar em uma realidade mitificada.

Esses temas fundamentais que afloram nas diversas épocas históricas, na metodologia de alfabetização de Freire, são denominados de geradores e vão embasar as discussões acerca da realidade, dos conflitos e da estrutura social, facilitando a construção de uma visão crítica da realidade. A busca dos temas geradores é a primeira etapa do processo de alfabetização.

As várias etapas do processo de alfabetização na metodologia de Freire

A primeira etapa do processo é a busca dos temas fundamentais. Cada um desses temas, expressão de uma dada realidade, é denominado de gerador e contém em si a possibilidade de desdobrar-se em outros tantos temas, que provocam outras tarefas a serem executadas (FREIRE, 2003).

Quando os temas não são percebidos de forma crítica, envolvendo e sendo envolvidos pelas situações limites, as ações que os homens incidam sobre eles não vão se dar em termos autênticos ou críticos. Nesse contexto, os temas e as situações que eles engendram são apresentadas aos homens como determinantes históricos, frente aos quais o homem nada pode fazer, senão adaptar-se. Dessa forma, os homens não transcendem as situações limites e não divisam além delas, e com relação a elas, o "inédito viável".

Cada uma dessas "situações-limites" atende direta ou indiretamente aos interesses de alguns homens e negam ou freiam os interesses de outros.

A partir do momento em que o homem, ao invés de percebê-las como uma "fronteira entre o ser e o nada", percebê-las como uma "fronteira entre o ser e o ser mais", eles se fazem críticos em sua ação. Na percepção das situações limites como desafios, está implícito o "inédito viável" na direção do qual se dirigirá a ação do homem (FREIRE, 2003).

Assim, a ação libertadora histórica, sob um contexto que também é histórico, precisa estar em relação de correspondência, simultaneamente, com os temas geradores e com a percepção que os homens tenham deles. Essa relação de correspondência implica a necessidade de investigação da temática significativa. A respeito dos temas geradores, Freire escreve:

> Os temas geradores podem ser localizados em círculos concêntricos, que partem do mais geral ao mais particular. Temas de caráter universal, contidos na unidade epocal mais ampla, que abarca toda uma gama de unidades e subunidades, continentais, regionais, nacionais, etc., diversificadas entre si. Como tema fundamental desta unidade mais ampla, que poderemos chamar "nossa época", se encontra, a nosso ver, o da libertação, que indica o seu contrário, o tema da dominação. É este tema angustiante que vem dando à nossa época o caráter antropológico a que fizemos referência anteriormente. (FREIRE, 2003, p. 94)

É na superação das "situações-limites", em que os homens se acham quase coisificados, é com o desaparecimento da opressão desumanizante, que se dá o processo de humanização.

Os temas e "situações-limites" em círculos menos amplos podem associar-se a sociedades de um mesmo continente ou de continentes distintos, mas que têm nesses temas e situações-limites similitudes históricas. Como, por exemplo, Freire cita a "situação-limite" do subdesenvolvimento, associada à questão da dependência, como característica do Terceiro Mundo (FREIRE, 2003).

A par dessa temática universal ou continental, engendrada por semelhanças históricas, cada sociedade vive seus próprios temas e suas "situações-limites". E, em círculos cada vez mais restritos, encontraremos diversificações temáticas, dentro de uma mesma sociedade, nas áreas e subáreas em que se divide. Todas elas estão em relação com o todo no qual estão inseridas.

É impossível a inexistência de temas nessas subunidades epocais. Se os indivíduos em uma comunidade não captam um tema gerador, ou se o captam de forma distorcida, pode significar a existência de uma situação limite de opressão em que os homens estão mais imersos que emersos (FREIRE, 2003).

Nesse contexto, quando os homens não têm uma compreensão crítica da totalidade em que estão inseridos, captam a realidade de forma fragmentada. Como não percebem a interação entre as partes que constituem a totalidade na qual estão inseridos, não podem percebê-la, nem tampouco compreendê-la.

Propor aos indivíduos dimensões significativas de sua própria realidade, cuja análise crítica lhes facilite a compreensão da interação das partes na formação do todo, é um esforço que precisa ser realizado não só na investigação temática mas também na educação problematizadora ou libertadora (FREIRE, 2003).

Cada dimensão significativa que é constituída de partes em interação, ao ser analisada de forma crítica, passa a ser percebida como dimensão da totalidade. Então, essa análise crítica das próprias dimensões da existência possibilita aos indivíduos uma postura nova, crítica, em face das "situações-limites". A realidade não é mais vista como um mundo à parte, misterioso, que os esmaga.

Nesse sentido, a investigação do tema gerador, quando realizada por meio de uma metodologia conscientizadora, além de possibilitar sua apreensão, facilita o processo de construção de uma forma crítica de pensar a realidade.

Quando o processo de captação do todo que se oferece à compreensão dos homens apresenta-se como algo espesso e que eles não conseguem vislumbrar, é necessário que essa busca se dê por meio da abstração. No entanto, isso não significa uma redução do concreto ao abstrato, o que negaria sua dialeticidade, mas sim tê-los como opostos que se dialetizam no ato de pensar (FREIRE, 2003).

O tema gerador só pode ser compreendido nas relações homem-mundo. Investigá-lo é investigar o pensar dos homens sobre a realidade e a forma como eles atuam sobre ela, que é a sua práxis. Nesse processo, educador e educando são sujeitos. Quanto mais ativamente os homens participam da investigação da temática, tanto mais se aprofundam no processo de tomada de consciência da realidade. Na medida em que explicitam e objetivam sua temática significativa, eles se apropriam dela.

É necessário comentar que, como há uma relação entre o fato objetivo, a percepção que os homens tenham dele e os temas geradores, um mesmo fato objetivo pode provocar conjuntos de temas geradores diferentes em comunidades ou grupos diferentes. Isso porque os temas existem nos homens em suas relações com o mundo referidos a fatos concretos.

Quando os homens expressam a temática significativa, modifica-se a sua percepção dos dados objetivos, aos quais os temas se acham referidos. Dessa forma, o material expresso, no momento mesmo em que foi objetivado, pode já não ser, exatamente, o que era antes.

Com relação ao investigador, é importante que durante a análise que faz no processo de investigação compreenda a forma como os homens visualizam a objetividade, verificando se, durante o processo, houve transformações na forma de perceber a realidade.

Nessa fase, os investigadores vão fazer um estudo sistemático e interdisciplinar do material que acharam (FREIRE, 2003).

Os temas devem ser classificados num quadro geral entre as várias ciências existentes, havendo, contudo, uma interdisciplinaridade entre elas. Os temas, ao serem classificados, não passam a fazer parte de departamentos estanques, estão em comunicação com outras ciências (FREIRE, 2003).

Feita essa classificação, cada especialista apresenta à equipe interdisciplinar um projeto de redução do tema que lhe compete. Nesse projeto, ele busca os núcleos fundamentais que passam a se constituir em unidades de aprendizagem, que apresentam uma seqüência entre si e dão uma visão geral do tema "reduzido" (FREIRE, 2003).

Na discussão de cada projeto, as sugestões de diversos especialistas são anotadas e se incorporam à própria redução que está em fase de elaboração ou passam a fazer parte de pequenos textos que serão escritos sobre o tema. Podem, também, fazer parte de ambos (FREIRE, 2003).

Os textos que são produzidos juntam-se à sugestão bibliográfica e participam da formação dos educadores que trabalham no círculo de cultura (FREIRE, 2003).

Como a relação entre o educador e o educando é dialógica, alguns temas podem ser sugeridos pelos coordenadores. Nesse caso, são temas fundamentais, embora não tenham sido sugeridos pelo povo. Esses temas são chamados de "temas-dobradiças" (FREIRE, 2003).

Os "temas-dobradiças" tanto podem fazer a conexão entre dois temas no conjunto da unidade programática, preenchendo uma lacuna entre ambos, como podem, também, conter em si as relações que devem ser percebidas entre o conteúdo geral da programação e a visão do mundo que o povo esteja tendo.

Uma vez concluída a redução dos temas a serem investigados, o próximo passo é a codificação dos mesmos. Nessa etapa, os coordenadores vão escolher qual é o melhor canal de comunicação para cada tema reduzido e sua apresentação.

A codificação pode ser simples ou composta. Quando se usa apenas um canal de comunicação – o canal visual (pictórico ou gráfico), o auditivo ou o táctil – a codificação é simples. Quando se usam vários canais para um único tema, a codificação é composta (Freire, 2003).

A escolha do canal visual dependerá não só do tema que vai ser codificado mas também dos indivíduos a quem se dirige, se sabem ler ou não.

Depois que o programa foi elaborado e a temática reduzida e codificada, o material didático é confeccionado. Nesse processo, são utilizados: fotografias, cartazes, textos, filmes, artigos de revistas e jornais, entre outros.

Durante o processo de descodificação, no grupo, à medida que alguns temas são trabalhados, outros surgem. Na medida em que novos temas surgem, o educador vai problematizando, um a um, e devolve-os para o grupo em forma de problemas a serem solucionados.

A relação dialética entre o concreto e o abstrato participa do processo de compreensão de uma dada realidade. Esse movimento dialético do pensar pode ser verificado na análise de uma situação existencial concreta, codificada.[2]

Então, a análise crítica de uma situação existencial que é apresentada aos educandos, a descodificação dessa situação, muitas vezes, parte do abstrato em direção ao concreto. O concreto implica uma ida das partes ao todo e um retorno deste às partes, que implica por sua vez um reconhecimento do sujeito da situação existencial concreta (o objeto) e do objeto como situação em que está o sujeito.

Esses movimentos entre o abstrato e o concreto, que acontecem no processo de análise de uma situação codificada, quando bem feita a descodificação, conduzem à percepção crítica do concreto, que não é mais visto como uma realidade espessa. A visão crítica conduz à superação da abstração.

Diante de uma situação existencial codificada (situação desenhada ou fotografada, que remete, por abstração, a uma realidade existencial concreta), a tendência dos indivíduos é descrever a situação que se lhes apresenta

---

[2] A representação de uma situação existencial, com alguns de seus elementos constitutivos em interação, é o que Paulo Freire denomina de codificação. A análise crítica da situação codificada é o processo de descodificação (FREIRE, 2003).

fazendo uma cisão entre a parte e o todo. Essa descrição da situação, que Freire chama de cisão, facilita o processo de compreensão da interação que existe entre as partes e o todo (FREIRE, 2003).

A situação figurada, o todo, e que antes tinha sido apreendida difusamente, ganha significação na medida em que sofre a cisão e em que o pensar se volta a ele, a partir das dimensões resultantes dessa cisão.

Como a situação codificada representa uma situação existencial concreta, a tendência dos indivíduos é levar suas reflexões para a situação concreta em que e com que se encontram. Então, a realidade objetiva tende a ser vista como um desafio ao qual os homens têm de responder, ao invés de ser vista como um "beco sem saída" (FREIRE, 2003).

A visão de mundo que cada pessoa traz, a forma de pensá-lo e as percepções fatalistas da realidade serão exteriorizadas em todas as etapas da descodificação.

Quando um grupo de indivíduos não chega a expressar uma temática geradora de forma concreta, isso não significa que ela não exista. Sugere uma estrutura que silencia ante a força esmagadora de situações limites diante das quais houve adaptação.

Em uma educação que se propõe libertadora e dialógica, é importante que os homens sejam sujeitos de seu pensar.

Uma metodologia humanista e progressista para alfabetização de crianças

A metodologia com a qual vamos trabalhar, neste estudo, foi desenvolvida para a alfabetização de crianças. Tem como pilares teóricos a metodologia de Freire, da qual foi feita uma adaptação para crianças, e alguns pressupostos teóricos do existencialismo humanista, aplicado à educação, ambos comentados nos primeiros capítulos deste livro.

Neste trabalho, vamos focar um grupo formado por vinte crianças, entre nove e dez anos, que freqüentam uma escola pública municipal no Estado de Minas Gerais. Essa escola oferece cursos regulares do 1º ciclo do 1º grau até o 2º grau e funciona em três turnos. O grupo que estamos focando estuda no turno da manhã. Os alunos cursavam a 4ª série[1] e não estavam alfabetizados.

Neste item, discorreremos brevemente sobre a demanda do grupo, sua formação e a metodologia utilizada.

Nosso contato com essa instituição era profissional, trabalhamos nela como educadora durante onze anos. Durante os anos de magistério na rede municipal, fizemos o curso de Letras na Universidade Federal de Minas

---

[1] Neste trabalho, vamos utilizar a nomenclatura tradicional do ensino que divide as várias etapas do processo ensino-aprendizagem em séries. Isto pelo fato de esta nomenclatura ser utilizada na maioria dos Estados brasileiros.

Gerais, depois fizemos o curso de Psicologia na mesma Universidade e, em seguida, o Mestrado em Psicologia Social, também na UFMG.

Durante a graduação em Psicologia e o Mestrado em Psicologia Social, aprofundamo-nos no conhecimento sobre dinâmica de grupos e fenômenos grupais. Aprofundamo-nos, também, nos conhecimentos sobre o humanismo e o existencialismo. Nesse período, conhecemos os estudos de Rogers sobre os efeitos de uma educação humanista no processo de aprendizagem e de crescimento humano dos educandos.

Voltando do mestrado e retomando as atividades de educadora na referida escola, percebemos que alguns alunos, apesar de freqüentarem a escola regularmente há alguns anos, não liam nem escreviam.

Alguns colegas, na escola, por conhecerem nossos estudos e os trabalhos que havíamos realizado nesse período, sugeriram que formássemos uma turma com um grupo desses alunos a fim de que pudéssemos alfabetizá-los. Então, montamos um projeto de alfabetização que articulasse a metodologia de Paulo Freire e as teorias do existencialismo humanista aplicadas à educação.

No início de 2004, conforme combinado com a escola, iniciamos com uma turma de dezenove[2] alunos, selecionados pela coordenadora do ciclo, que já os conhecia. Esses alunos tinham entre nove e dez anos, estudavam regularmente desde a primeira série e não tinham conseguido aprender a ler. Nessa ocasião, foi-nos dito que eles apresentavam, também, dificuldades de relacionamento, comportamento agressivo, dificuldades de concentração e de aprendizagem. O objetivo desse trabalho era alfabetizá-los e facilitar um processo de crescimento humano.

Logo no primeiro dia de aula, fizemos um círculo com as cadeiras e explicamos nossa proposta de trabalho aos alunos. Explicamos o que era um grupo e como era um trabalho com grupos, na perspectiva humanista. Eles gostaram da idéia, disseram que queriam trabalhar em grupo. Fizemos alguns combinados fundamentais para que o grupo pudesse acontecer e, a partir mesmo da técnica de apresentação, iniciamos os primeiros vínculos entre o grupo. A turma esteve sob nossa responsabilidade durante todo o processo. Os alunos tinham, também algumas aulas com a professora de educação física e de artes.

---

[2] Inicialmente, a turma teria vinte alunos, no entanto, como esses alunos haviam dado "muitos problemas" nos anos anteriores, ficou combinado que a escola tentaria mantê-la com dezenove ou dezoito alunos, a fim de facilitar a execução do projeto. O órgão municipal responsável pelo acompanhamento da escola conhecia os problemas enfrentados por essa e apoiou o projeto o que possibilitou o desenvolvimento deste.

Geralmente, iniciávamos nossas aulas com uma técnica para trabalhar os vínculos entre os alunos, catalisar uma discussão, para a sensibilização ou para fazer o aquecimento. A alfabetização era trabalhada todos os dias. As aulas não tinham uma estrutura rígida, mas, tinham uma estrutura. A própria estrutura da metodologia de alfabetização fundamentava o trabalho com a classe. No entanto, essa estrutura era flexível e as necessidades e as vontades do grupo eram atendidas, sempre que possível. Embora em alguns momentos trabalhássemos mais diretamente com a questão dos vínculos entre os educandos e, em outros, com a alfabetização propriamente dita, ambos estiveram presentes em todos os tempos da aula e foram trabalhados em várias dimensões.

A metodologia para alfabetização de crianças embasada na metodologia de Freire e no humanismo existencialista

Neste item, vamos explicar, de forma sucinta, cada uma das etapas da metodologia utilizada neste trabalho. Ela será detalhada durante a descrição do trabalho desenvolvido com a turma.

Utilizamos, durante o processo de alfabetização, os temas geradores de Freire, a codificação e a descodificação, mas, todas essas etapas foram adaptadas para o trabalho com crianças.

Pedimos a cada aluno que escolhesse um tema com o qual quisesse trabalhar, ao invés de apresentarmos uma situação codificada para eles. Como eram crianças, acreditamos que o processo fluiria com mais tranqüilidade se elas mesmas escolhessem os temas geradores e o codificassem e descodificassem em grupo.

Cada tema gerador escolhido pelos alunos envolvia um conflito pessoal e um forte conteúdo existencial. No entanto, o tema escolhido por um aluno tinha, quase sempre, um significado importante na experiência de vida dos demais, o que facilitou o trabalho em grupo.

Cada um dos temas escolhidos foi colocado em uma cartolina na frente do(s) nome(s) do(s) aluno(s) que o escolheu. Eles foram selecionados, conforme a metodologia de Freire, em ordem de dificuldade ortográfica. Assim, as palavras que continham sílabas simples vinham primeiro, as que possuíam dígrafos ou encontros consonantais vinham depois, em ordem de dificuldade. Explicamos aos alunos o critério de ordenação das palavras.

Alguns temas foram escolhidos por mais de um aluno. A ordem das etapas do processo de alfabetização que vamos apresentar foi desenvolvida durante o processo. O ritmo de aprendizagem dos alunos, a intensidade afetiva com que as situações apareciam para serem discutidas e o desenvolvimento do processo de crescimento de cada aluno e da turma como um todo foram que determinaram a ordem das etapas e o tempo gasto em cada uma delas. Então, a ordem das etapas que vamos apresentar abaixo, da qual tínhamos feito um esboço durante a elaboração do projeto, foi construída durante o processo, a partir do ritmo e necessidades da turma.

Cada um dos temas foi trabalhado da seguinte maneira:

a) Conversa informal sobre a palavra-tema. Os alunos conversam livremente sobre a palavra geradora. O educador escuta e participa, facilitando o diálogo entre os alunos. As atitudes do educador são de compreensão, acolhimento e respeito pelo aluno e pela objetivação de suas experiências e percepções. É a partir do diálogo autêntico que o educador vai auxiliar o educando a transformar uma percepção ingênua e fatalista da realidade em uma percepção crítica, que facilite uma mudança de atitude, e a construção de uma nova concepção de mundo.

b) Confecção de um cartaz coletivo, feito pelos alunos, com o tema escolhido. Por exemplo, na palavra "FAMÍLIA", cada aluno faria um desenho no cartaz, ou escolheria uma gravura de revista que representasse o significado de "FAMÍLIA" para ele. Assim, um aluno colou a gravura de um grupo de pessoas com roupas esfarrapadas e os corpos feridos. Outro, de uma família acorrentada em uma senzala ao lado do feitor que tinha um chicote nas mãos e assim por diante. Eles ficavam inteiramente livres para escolher sua gravura ou fazer seu desenho. Essa era a codificação. Mais tarde, quando estavam escrevendo, passaram a escrever nos cartazes além de desenhar.

A gravura ou o desenho era como uma codificação da palavra-tema porque envolvia uma situação dentro de um contexto social. Metaforicamente, associava-se à situação vivida pelo aluno, à sua experiência de vida e à forma como essas experiências eram percebidas. Acontecia, também, de o aluno colar uma gravura que era o oposto de sua experiência de vida. Como, por exemplo, um aluno, que mal conhecia os pais e morava com a avó, colou uma gravura de um casal de mãos dadas com uma criança. Quando isso acontecia, entendíamos que o conflito era grande e a atitude do aluno, uma forma de defesa. Ele estava expressando sua vontade, como gostaria que fosse. O aluno, então, continuava participando do processo de forma inteiramente livre e, durante as discussões e as atividades, aproximava-se de sua realidade, de sua própria experiência e a compreendia melhor.

Comentaremos os cartazes confeccionados pelos alunos, na descrição do processo de alfabetização. Eles eram guardados ao final das aulas e dependurados, todos eles, no início das mesmas. Esse material foi guardado para este estudo.

c) Como os alunos conversavam sobre a temática que estava sendo trabalhada, enquanto faziam o cartaz, e nessas conversas a temática era explorada novamente, não fazíamos a descodificação nesse momento. Passávamos, então, para a escrita da palavra. Depois que a palavra-tema havia sido bastante explorada nas suas várias conotações e significados para os educandos, e esses significados estavam, de certa forma, registrados no cartaz temático, era hora de escrevê-la. Acreditamos que criar condições para a expressão e discussão de questões importantes para os alunos,[3] levando-as, no contexto da sala de aula, para o âmbito social, facilita o desbloquear desses alunos para a aprendizagem e para o crescimento humano. Uma vez expresso o tema de conflito e explorado seu conteúdo, o aluno já podia escrevê-lo, o que parecia impossível para eles nos anos anteriores. A escrita da palavra era feita em letra de forma.

d) Depois de escrita, a palavra era dividida em sílabas e eram formadas as "famílias" de cada uma das sílabas que compunham a palavra. Em "BEBIDA", por exemplo, formamos dois grupos de família, um com B – ba – be – bi – bo – Bu – e um com D– da – de – di – do – du.

e) O próximo passo era formar novas palavras com as sílabas estudadas. Essa tarefa era feita de muitas maneiras diferentes; vamos comentá-las no relato do trabalho com a classe. Trabalhávamos sempre em grupo.

f) Nessa fase, voltávamos ao cartaz temático, cada aluno comentava a respeito da gravura que tinha colado ou do desenho que tinha feito. Explorava-se a gravura ou o desenho. A participação não era obrigatória, mas todos participavam. Iniciava-se aí um processo semelhante ao da descodificação. Geralmente, as gravuras do cartaz temático eram exploradas, associadas às questões sociais que as envolviam. Assim, explorando o cartaz da família, discutia-se sobre a pobreza, como essas famílias eram afetadas pela falta de recursos materiais, como eram exploradas na relação de trabalho, como elas se organizavam etc. Essa era uma forma de os alunos se preservarem e, ao mesmo tempo, de

---

[3] A esse respeito, ler ROGERS. Liberdade para aprender. Belo Horizonte: Interlivros, 1972.

trabalharem seus conteúdos pessoais. Durante a discussão, quando os alunos faziam comentários sobre sua vida pessoal, o que acontecia muito pouco, ouvíamos, devolvíamos nossa compreensão do que havia sido dito e levávamos o conteúdo explicitado para um âmbito mais abrangente, o social.

g) Depois, os alunos passavam a procurar em revistas sílabas soltas e palavras nas quais as sílabas estudadas estivessem presentes.

h) As sílabas estudadas e a palavra-tema eram exploradas de várias formas. Findo esse processo, que demorava dias ou até semanas, passávamos à próxima palavra. No início do processo, a turma demorava mais tempo com cada palavra. À medida que aprendia a ler o tempo diminuía.

A partir da segunda palavra, trabalhávamos com uma variação maior de sílabas. Já podíamos fazer frases e pequenos textos. Estes eram montados pelos alunos, oralmente. Depois eram escritos no quadro, copiados pela turma e posteriormente, eram dados para os alunos em folhas xerocadas.

i) Durante todo o processo, a relação do grupo foi trabalhada. Foram trabalhados os conflitos, anseios e expectativas de cada um dos alunos e da classe como um todo. As próprias palavras geradoras, ou temas escolhidos por eles, facilitavam esse trabalho mais abrangente e, também, profundo. Entre elas, havia palavras como violência, doença, mãe, pai, família, bebida, estudo, escola. Quase sempre, iniciávamos a aula com uma técnica de dinâmica de grupo para trabalhar o vínculo entre os alunos. Esses passos não são rígidos e, algumas vezes, alteramos a ordem deles, de acordo com a necessidade da turma.

Análise do processo vivido pelos alunos

O processo dialógico de Paulo Freire e a educação humanista de Rogers, pilares teóricos que embasam nosso trabalho, implicam a construção de novos olhares e novas formas de escutar a realidade, incluindo as relações que a pessoa estabelece consigo mesma, com os outros e com o mundo. Esse processo implica uma mudança na forma de a pessoa pensar, sentir e agir, em um processo de crescimento humano. Para avaliarmos as mudanças ocorridas nesse grupo de alunos, faremos, após a descrição do processo, uma análise do mesmo.

As mudanças na forma de agir podem ser observadas nas relações entre os membros do grupo e entre estes e os alunos de outras salas. Aparecem também, nas falas que se referem às suas interações, na família e nos outros grupos aos quais pertencem.

Com mudanças na forma de agir, queremos nos referir à superação de relações e situações estereotipadas, à construção de uma relação autêntica consigo mesmo e com os outros.

A fim de que pudéssemos avaliar o processo de crescimento humano e de construção da reflexão crítica, de conscientização, cada aula foi anotada de forma pormenorizada, enquanto acontecia, principalmente em relação a sua estrutura, aos processos suscitados de vivência e reflexão, às reações de cada um dos participantes, às reações do grupo como um todo e ao desenvolvimento do processo de alfabetização. Além disso, foram anotadas as reações específicas relativas à sensibilização, esclarecimento, elaboração e tomada de decisão no grupo, quanto às temáticas discutidas.

Essas anotações têm como objetivo avaliar o processo de alfabetização e as mudanças percebidas nos educandos em sua forma de se relacionarem consigo mesmos e com as outras pessoas.

A metodologia que utilizaremos para analisar o processo vivido por esses alunos é essencialmente qualitativa. Caracteriza-se como um estudo de caso e aproxima-se do método de observação participante, sendo que a pesquisadora esteve presente na turma a ser estudada, exercendo o papel de pesquisadora e de educadora (ou seja, de facilitadora do processo de alfabetização e de crescimento humano).

Para a análise do material, trabalharemos com o modelo da análise de enunciação, uma das técnicas de análise do conteúdo. Esse modelo se diferencia de outras técnicas da análise do conteúdo porque se apóia em uma concepção da comunicação como processo e não como dado, podendo ser adaptado a diferentes contextos.

Na análise da enunciação,[4] a produção da palavra é concebida como um processo. Quando o falante expõe uma idéia, durante a exposição mesmo, ele a está elaborando, elaborando um sentido e se modificando. Então, o discurso não está pronto e acabado na consciência do falante, ele é construído em um processo cheio de ambivalências (BARDIN, 1977).

O material anotado durante as aulas foi recortado em três categorias, a partir de duas formas de análise. A primeira foi uma análise transversal de alguns temas que apareceram durante as aulas, a partir do desenvolvimento

---

[4] A esse respeito, ler BARDIN, Laurence. Análise do conteúdo. [S.l.] Edições 70. 1997.

de uma educação humanista, que facilitou o processo de crescimento humano e o processo de aprendizagem e englobou a violência e o relacionamento interpessoal, a relação dos alunos com o estudo e o processo dialógico na sala de aula. A segunda abrangeu uma análise dos significados apreendidos nas estruturas das falas individuais. Procuramos analisar as relações dos membros com os temas nas diversas etapas do processo pedagógico, apreendendo assim as mudanças ocorridas nessas relações durante o processo vivido pela turma.

No item seguinte, vamos descrever o processo de alfabetização da turma de forma mais detalhada, a fim de oferecer melhor compreensão da metodologia, de seus resultados e do processo do grupo como um todo.

Durante a descrição do processo, usaremos pseudônimos para os alunos, demais professores e funcionários da escola. As frases ditas pelos alunos foram transcritas da forma como foram pronunciadas.

O processo de alfabetização vivido pelos alunos

O PRIMEIRO MÊS DE AULA

a) Primeiros contatos e remanejamentos

No primeiro dia de aula, o horário foi reduzido devido a uma reunião de professores. Nesse dia, quatorze alunos compareceram à aula. Nós nos apresentamos e pedimos a eles que fizessem um círculo com as cadeiras, a fim de que pudéssemos fazer uma brincadeira. Explicamos que era uma brincadeira para que nos conhecêssemos. Cada um falaria seu nome, sua idade, o nome de um bicho que gostaria de ser e o porquê de sua escolha.

Nós iniciamos a brincadeira, logo depois, seguindo a roda, foi a vez de João: *"João, dez anos, um passarinho. Para ver a natureza"*. Lia: *"Lia, dez anos. Uma leoa, porque eu sou muito brava"*. Patrícia: *"Patrícia, dez anos. Uma borboleta porque ela é bonita"*. Rosilene: *"Rosilene, dez anos. Um ursinho, porque é bonito"*. Fernando: *"Fernando, nove anos. Sapinho"*. Foi interrompido por um colega que disse: *"Porque todo mundo chama ele de sapinho"*. Fernando retomou sua fala: *"Sapinho, sapinho, também, nada"*. Igor: *"Igor, dez anos. Formiga, porque ela mora embaixo, para reparar como ela leva a comida nas costas"*. Wagner: *"Wagner, dez anos. Tubarão martelo, porque ele fica no mar e ele come os peixes"*. José: *"José, onze anos. Aranha para escalar na parede. Porque eu gosto de ficar no alto"*. Todos os alunos participaram.

Terminada a apresentação, perguntamos se eles sabiam o que é um grupo. Explicamos para eles a nossa proposta de trabalho, o que é um grupo e como um grupo funciona dentro de uma sala de aula. Dissemos que, para um grupo poder acontecer, é preciso que as pessoas tenham respeito umas pelas outras. Eles gostaram da proposta. Disseram que queriam trabalhar em grupo.

Perguntamos se alguém gostaria de comentar sobre suas férias. Foi José quem começou a falar: *"Minhas férias foi passar no clube, nadando à vontade"*. Foi interrompido por outro aluno que disse: *"Pulando o muro, né?"* José continuou: *"Dois dias no clube. Fiquei na casa do ex-namorado da minha mãe, soltando papagaio lá. Sem cerol."* Outro aluno o interrompeu: *"Ele fala que é sem cerol mas, ele usa".* José: *"Só às vezes."*

Os alunos comentaram sobre suas férias. Alguns não puderam falar sobre as férias nesse primeiro dia porque o horário seria reduzido e a aula estava terminando. Dissemos que continuaríamos no dia seguinte. Despedimo-nos, a aula havia terminado.

Nesse primeiro dia, os alunos se mostraram tranqüilos e um pouco curiosos com relação à perspectiva de trabalhar em grupo, em um clima de liberdade e de respeito. Falar sobre as férias, além de facilitar o contato entre os alunos, daria-nos a oportunidade de conhecê-los um pouco melhor e de começar a observar como era a dinâmica daquele grupo.

Dezesseis alunos compareceram no segundo dia de aula. Um aluno havia faltado e os três novatos eram: Adão, de dez anos, Tiago, de nove anos e Manoel C., de nove anos. Eles se apresentaram e disseram o bicho que gostariam de ser.

Explicamos novamente nossa proposta de trabalho. Fizemos, junto com os alunos, os combinados do grupo. Eles conversaram sobre as coisas que o grupo poderia fazer e as que não poderia. Combinamos que no grupo tudo poderia ser dito, mas não poderia haver agressão física.

Uma atitude dialógica que pode favorecer o desenvolvimento da segurança e da responsabilidade num clima de liberdade é o uso de contratos de trabalho feitos com os educandos. Neste contexto, os educandos podem formular, juntos, em grupo, alguns contratos que vão fundamentar as diretrizes de funcionamento do grupo na sala de aula. Pode-se, por exemplo, estipular o que será permitido pelo grupo e o que não será, com relação a horários, trabalhos, procedimentos e atitudes dentro da sala de aula (ROGERS, 1972).

Na formulação dos contratos, o ideal é que o grupo faça o contrato com a participação do professor e que haja consenso entre o grupo. Os contratos devem ser lembrados ou refeitos sempre que necessário.

Terminada a conversa sobre o funcionamento do grupo e suas regras fundamentais, voltaram a falar sobre as férias. Enquanto eles falavam, fazíamos anotações. Em um dado momento, um dos alunos insultou o outro. Então, José, referindo-se a nós, disse: *"Vai! Ela tá anotando, bobo."* O diálogo continuou normalmente.

Em outro momento, quando um dos alunos dizia que o colega tinha apanhado muito, Tiago falou: *"A professora tá anotando tudo. Ela escreveu ontem sem olhar* (para o caderno)". Nós já tínhamos explicado o motivo das anotações no dia anterior. Repetimos a explicação. Dissemos que era para podermos ler e estudar como o processo do grupo estava acontecendo. Eles comentaram que podíamos anotar, que, se não era para deixá-los de castigo e nem era para mostrarmos para a coordenação ou para a direção deixá-los de castigo, não tinha problema.

Depois que todos falaram de suas férias, distribuímos um coração de papel que a coordenadora do ciclo havia recortado para os alunos. Eles deveriam dar as boas vindas uns para os outros. Pedimos que eles desenhassem, no coração, para o colega que estivesse à sua direita.

José nos pediu para ir jogar bola. Explicamos que precisávamos continuar a aula e que eles jogariam bola um outro dia. Ele disse: *"Deixa mãe"*!...

Terminada essa tarefa, fizemos um ditado. Dissemos aos alunos que eles não precisavam se preocupar e que o ditado não seria devolvido, ficaria guardado com as coisas da turma. O ditado foi feito da seguinte forma: ditamos as quatro primeiras frases, depois, pedimos aos alunos que dissessem mais quatro, seriam oito frases no total. Eles foram falando as frases, espontaneamente, durante o ditado e os outros copiando.

Leandro iniciou a quinta frase: *"Hoje está um dia muito bonito"*, Tiago completou: *"e eu jogo bola"*. A frase seguinte foi José quem iniciou: *"Hoje é um dia especial"*, Leandro completou: *"e nós estudamos"*. Manoel: *"Hoje o céu está tão lindo"*, Leandro: e *"as borboletas voam"*. Lara: *"Hoje o céu está estrelado"*, Leandro: *"e os morceguinhos se escondem nas árvores"*. Recolhemos os ditados.

Fizemos a técnica: "Dar e receber" para terminar a aula.

Corrigimos os ditados. Ao corrigir os ditados, verificamos que três alunos precisariam ser remanejados, talvez quatro. Três desses alunos liam e escreviam, precisavam apenas de desenvolver a leitura; a quarta aluna precisaria ser reavaliada, parecia que, também, já dominava a leitura.

Os alunos que já lessem, mesmo que lentamente, poderiam continuar o processo de alfabetização, a partir de uma etapa mais avançada. Poderia ser desmotivador para eles rever etapas que já tinham sido superadas. Com exceção dos quatro alunos, que deveriam ser remanejados, a turma apresentava uma certa homogeneidade.

O restante do grupo precisava ser alfabetizado. A maior parte desses alunos não reconhecia as sílabas simples. Embora fizessem cópias, não sabiam o que estavam copiando. Alguns reconheciam as sílabas simples, mas não todas. Uns três alunos liam algumas palavras, mas precisavam rever o processo de alfabetização. O processo de alfabetização teria de começar, na base, com a apresentação das primeiras sílabas.

Mostramos os ditados para a coordenadora do ciclo. Ela nos disse que esses três alunos foram colocados em nossa lista por engano e que havia outros três que não liam nem escreviam e que precisavam ser remanejados para a nossa sala. Leandro, Paulo e Lara trocariam de sala. O caso de Lia iria ser avaliado.

No dia seguinte, fizemos alguns exercícios e um novo ditado para reavaliar a turma. Pedimos que eles dissessem seis frases para o ditado. Cada frase poderia ser feita por mais de um aluno. Quando terminaram o ditado, escrevemos algumas frases no quadro para que eles lessem. Depois, fizemos algumas atividades. Explicamos para a turma que houve um engano na lista e que alguns alunos não eram daquela sala. Precisariam ir para suas respectivas salas.

Conversamos sobre essa mudança. Os alunos não gostaram. Dissemos os nomes dos três alunos que deveriam ir para suas respectivas salas. Eles perguntaram se não podiam ficar. Dissemos que não poderiam ficar porque eram de outra sala, mas que poderiam vir nos visitar quando quisessem.

Ficou combinado que a troca seria no dia seguinte.

No dia seguinte, os três alunos foram remanejados. Quando saíram, a turma ficou quieta.

Chegaram para nossa sala: Júlio, Raul e Jairo. Perguntamos se eles já se conheciam. Tiago respondeu: *"Quem não conhece?"* E, em seguida, falou os apelidos dos colegas novatos. Então, Manuel I. explicou os apelidos de vários alunos da turma. Tiago, referindo-se à Manuel I., disse: *"O dele é sem cérebro porque ele não sabe nada".*

Manuel I. respondeu chamando-o pelo apelido. Os alunos ficaram agitados. Reparamos que eles quase não se chamam pelos nomes, mas pelos apelidos. Ouvíamos a toda hora: sem cérebro, da roça, mendigo, bafo de bode, tuim, caveira, gigante, sapinho, dentre outros. Cada aluno tinha um apelido e, quando chamados pelo apelido, eles respondiam normalmente, se não estivessem brigando.

Observamos, também, que os alunos gritavam para conversar uns com os outros. Mesmo em situações em que a conversa era amena, eles falavam muito alto, algumas vezes, gritando.

b) Os temas geradores e o trabalho com as primeiras palavras

Após os alunos se acalmarem, pedimos que cada um, em sentido da esquerda para a direita, dissesse o nome completo e uma palavra ou um tema que fosse importante para ele, com o qual ele quisesse trabalhar. Poderiam explicar o porquê de sua escolha, se assim o quisessem.

Igor começou. Disse o nome completo e em seguida a palavra BEBIDA. Explicou o porquê de sua escolha, comentando brevemente algumas situações familiares. Tiago e alguns outros alunos, também, fizeram comentários sobre a palavra bebida.

Wagner escolheu a palavra PAZ.

Manoel C. escolheu as palavras DOENÇA e CÂNCER. Falou um pouco sobre as situações que envolviam essas palavras em sua experiência de vida. Então, Igor comentou que sua mãe tinha um problema grave de saúde. Falou sobre o medo de perdê-la. Chorou. Contou que queria doar a ela o órgão de que ela precisa, mas que não podia porque ainda era pequeno. Reclamou não poder acompanhá-la nas sessões de tratamento. Disse que eles não o deixavam entrar. Conversamos um pouco sobre essa situação. Pareceu-nos que Igor se sobrecarregou de responsabilidades, como se tentasse carregar um peso maior do que pudesse suportar.

O grupo ouviu com respeito o relato de Igor. Os alunos tentaram confortá-lo. Júlio comentou sobre problemas de saúde de seus familiares e disse que sua avó tem um problema parecido com o da mãe do Igor. Manuel C., também, comentou sobre problemas de saúde de sua avó.

Júlio escolheu a palavra VÓ.

Jairo escolheu a palavra MÃE.

Patrícia escolheu a palavra TIO.

Lia escolheu a palavra FAMÍLIA. Fez alguns comentários sobre problemas de saúde em sua família. Logo depois, Igor relatou que, às vezes, perde o ar.

Manuel fazia comentários após a fala de cada um dos colegas.

Fernando escolheu a palavra AVÓ.

Rosilene falou: *"vim para a escola"*. E escolheu: ESCOLA – ESTUDAR.

Raul escolheu a palavra XINGAR.

Heli escolheu a palavra PAI. Comentou a respeito de seu pai. Relatou um grave conflito familiar e a separação dos pais. Pai, mãe e filho foram morar em lugares diferentes. Ele mora com o avô. Comunicamos a ele compreensão e acolhimento.

Quando perguntamos para Manuel I. sobre sua palavra, ele disse: *"Se eu falar eu choro"*. Em seguida, comentou alguns conflitos familiares e escolheu a palavra AVÔ.

José comentou a respeito da violência do lugar em que mora, falou sobre drogas, brigas e sobre a morte. Escolheu a palavra VIOLÊNCIA.

Tiago comentou a respeito de brigas na família, *"brigas muito feias"*; disse que estava faltando amor e escolheu a palavra AMOR.

João escolheu a palavra XINGAR. Disse que não gosta de quando as pessoas o xingam.

Adão comentou a respeito de pessoas que não conversam nas famílias, que ficam brigadas por longos anos. Após comentar algumas situações, escolheu a palavra AMOR.

As palavras geradoras foram: BEBIDA, AVÓ, VÓ, AVÔ, PAZ, PAI, TIO, FAMÍLIA, AMOR, MÃE, XINGAR, VIOLÊNCIA, DOENÇA E CÂNCER, ESTUDAR E ESCOLA.

As palavras AMOR, AVÔ, AVÓ e XINGAR foram escolhidas por mais de um aluno.

O momento de diálogo na busca dos temas geradores inaugura o diálogo da educação como prática da liberdade. Essa investigação implica uma metodologia que seja dialógica, libertadora. Por isso mesmo é também conscientizadora ao mesmo tempo em que apreende os temas geradores, proporcionando a tomada de consciência dos indivíduos a respeito de si mesmos, de seus conflitos, sentimentos e experiências.

Durante esse processo de investigação dos temas geradores, os educandos não são os objetos de investigação da qual o educador seria o sujeito. O objetivo da investigação é conhecer o "pensamento-linguagem" dos alunos referido à realidade, à percepção da realidade, à visão de mundo dos educandos, na qual os temas geradores estão envolvidos.

Nesse contexto, o educando não é reduzido a um objeto. Ele é sujeito de seu próprio processo de crescimento e de aprendizagem. Uma pedagogia que pretenda ser libertadora precisa estar em relação com questões sociais importantes e com diferentes áreas do saber. Debater com os alunos questões que fazem parte da vivência deles facilita a construção de um olhar crítico sobre a realidade, facilita a leitura das entrelinhas.

Explicamos para os meninos que trabalharíamos com todas as palavras até o final do processo. Comentamos qual seria o critério de ordenação das palavras e o porquê desse critério[5]. Eles compreenderam.

Iniciamos o processo de alfabetização com a palavra BEBIDA.

Conversamos mais um pouco sobre a palavra BEBIDA. Dessa vez, a conversa girou em torno de problemas que envolviam a bebida, no âmbito social. Como, por exemplo, problemas de saúde que a bebida causa, brigas em família, desemprego. Os alunos discutiram e falaram sobre experiências de pessoas que conhecem.

Como os alunos conversaram bastante sobre bebida e relataram situações conflituosas, não fizemos o cartaz temático nesse momento. Depois da discussão, escrevemos a palavra BEBIDA no quadro. Ela foi separada em sílabas. Trabalhamos com a família da consoante B: ba- be- bi- bo- bu. Usamos letra de forma nessa etapa do processo. Os alunos copiaram e leram várias vezes as sílabas com B. Depois formaram as palavras boi- baba- oba- bebe- boa- eu- ia.

Nesse dia, a aluna Cláudia compareceu à aula pela primeira vez. Ela escolheu a palavra INVEJA. Ao explicar o motivo, disse: *"As pessoas ficam fazendo inveja na gente".*

No início da aula, fizemos uma brincadeira. Cada um diria o nome de uma cor que gostaria de ser e o porquê. Iniciamos, depois foi a vez de Raul: *"azul, do céu."* Manoel I.: *"Vermelho, eu não sei* (o porquê)*".* Igor: *"Verde, para ser igual às plantas".* Heli: *"Preto, escuridão, para assustar todo mundo".* Wagner: *"Amarelo, igual ao sol".* Todos os alunos participaram. Nesse dia, dezessete alunos estavam presentes.

Começamos a trabalhar com a palavra BEBIDA. Como a conversa em torno da palavra BEBIDA tinha levantado questões difíceis, que envolviam praticamente todos os alunos, achamos conveniente não fazer o cartaz de codificação nesse momento, dando, assim, um tempo para o grupo elaborar um pouco da angústia que essas questões traziam.

Iniciamos o trabalho com a palavra BEBIDA no quadro. Os alunos leram a palavra, a família do B e formaram: Bia, beba, bebe, aba, boa, boi, baú, oba. Depois, separaram essas palavras em sílabas. Escrevemos a família do D da- de- di- do- du. Eles leram e copiaram.

---

[5] O critério de ordenação das palavras está explicado no início deste capítulo, na metodologia.

Os alunos voltaram agitados do recreio. Pediram para fazer contas de "mais". Então, passamos operações de adição no quadro. Eles fizeram. Nós ajudamos aqueles que não sabiam; dissemos que os colegas, também, poderiam ajudar.

A escola pediu que nos concentrássemos no processo de alfabetização, no entanto, ensinaríamos, também, algumas noções de matemática. De um modo geral, a turma parecia melhor em matemática. Quase todos faziam operações de adição e subtração com unidades. Alguns faziam operações envolvendo dezenas.

Após a correção do exercício, fizemos uma brincadeira. Explicamos aos alunos que diríamos o nome de um aluno e uma palavra. Ele deveria dividir a palavra em sílabas, oralmente, batendo palmas. Uma palma para cada sílaba, depois, diria quantas sílabas que a palavra tem e uma coisa de que não gosta. Iniciamos a brincadeira. Todos os alunos participaram.

Notamos que os alunos ficam mais agitados depois do recreio e que, principalmente na segunda metade da aula, as atividades não podem ser longas.

c) Os primeiros vínculos do grupo

Todos os dias fazíamos um "semicírculo" com as carteiras de forma que os alunos vissem uns aos outros e, também, o quadro. Nossa carteira, embora fizesse parte do "círculo", ficava em frente ao quadro. A posição das carteiras em círculo era uma forma de facilitar o diálogo entre os alunos.

No dia seguinte, quando chegamos, os alunos se assentaram antes que pudéssemos colocar as carteiras em semicírculo, como fazíamos todos os dias. A disposição das carteiras em círculo já tinha causado curiosidade, envolvendo pessoas de outras salas. Alguns alunos já tinham parado na porta de nossa sala e perguntado por que "sentávamos em roda", ou comentado que a nossa era a única sala em que as carteiras ficavam "assim".

Nesse dia, os alunos sentaram nas carteiras dispostas em fila, de forma convencional. Enquanto pegávamos o material, observávamos que eles estavam reproduzindo comportamentos estereotipados. Começaram a discutir e a brigar, antes mesmo de a aula começar.

Nós começamos a organizar o semicírculo. José disse que não queria fazer o círculo e perguntou por que colocávamos as carteiras em círculo. Devolvemos a pergunta para a turma. Raul respondeu: *"Porque somos um grupo"*.

Quando terminamos o círculo, a postura dos alunos mudou. Eles pararam de brigar. Parece que a disposição das carteiras em círculo deu a eles um sentimento de pertencimento.

A situação da sala de aula configura uma situação de grupo. Nela estão presentes vários fenômenos grupais. O grupo é para seus participantes o ambiente social humano imediato. A ele, cada participante junta-se e o constitui com as várias dimensões de sua atualidade existencial, com suas necessidades e interesses, com seus conhecimentos, com as suas capacidades e potencialidades e, principalmente, com a emergência de suas questões existenciais. É importante que a vivência do processo grupal da sala de aula seja utilizada para crescer.

Como, geralmente, os educandos ou estão à margem dos problemas ou não têm plena consciência deles, ainda quando os estão vivenciando, pode ser que no início do processo de uma educação humanista eles se mostrem perplexos ou passivos diante da possibilidade de falar abertamente de seus sentimentos e experiências (ROGERS, 1972).

Esse fato pode acontecer, principalmente, se o aluno já passou alguns anos na escola e teve sua motivação intrínseca e sua criatividade amortecida (ROGERS, 1972).

Colocamos uma carteira em frente ao quadro e vários livros sobre ela. Havia vinte livros.[6] Eram livros de literatura, geografia, ciências, história, culinária, folclore, carros, construções, animais, dentre outros. Dissemos aos alunos que aquela seria nossa biblioteca de sala. Eles poderiam pegar os livros durante a aula, se quisessem, sempre que tivessem terminado os exercícios.

Distribuímos uma revista para cada aluno e pedimos que eles recortassem palavras que tivessem as sílabas estudadas – as famílias do B e do D – e as colassem no caderno.

Colocamos as tesouras e a cola coletiva em cima da mesa. Esse material estava à disposição dos alunos que não tivessem cola ou tesoura.

Enquanto trabalhávamos, a coordenadora do ciclo trouxe um aluno novato até a nossa sala. Pediu que trabalhássemos com ele também. Explicou que ele estava tendo muitos problemas para se adaptar à sua turma e perguntou se ele poderia ficar conosco por um período. Nós consentimos. Explicamos para os alunos que Jair não era da nossa sala,[7] mas ficaria conosco por algum tempo. Eles o acolheram.

---

[6] Esses livros foram doados para a nossa biblioteca de classe por pessoas diversas. Ganhamos, também, de amigos, várias revistas para trabalho em sala.

[7] Jair era novato na escola. Ele teve muitos problemas com os colegas e quase não ficava dentro de sala, estava na quinta série. Estava em uma sala cujos alunos, assim como ele, tinham problemas de comportamento e de aprendizagem. Era uma sala parecida com a nossa. A coordenação pediu que trabalhássemos com ele, também, até que ele estivesse pronto para ficar em sua própria sala.

O aluno novato, Jair, era inquieto e mexeu com todos os alunos durante a aula.

Os alunos conversavam enquanto trabalhavam. Cada palavra encontrada era lida antes de ser recortada. Nós ajudávamos nessa leitura.

Iniciamos a aula, no dia seguinte, com a brincadeira na qual o aluno chamado teria de dividir a palavra ditada em sílabas, batendo palmas, dizer quantas sílabas ela tem e, dizer, dessa vez, uma coisa da qual gostava. Todos participaram.

Escrevemos as palavras AVÓ, AVÔ e VÓ no quadro. Conversamos um pouco sobre essas palavras. Muitos de nossos alunos moram com os avós. Apareceram situações que envolviam a palavra BEBIDA e as palavras AVÓ e AVÔ.

Como as situações comentadas eram bastante conflituosas, decidimos que faríamos o cartaz sobre avó e avô na aula seguinte e o de bebida, mais adiante. Escrevemos a família do V, eles copiaram. Formaram palavras com V. Recortaram em revistas, dez palavras com V, colaram no caderno e separaram em sílabas. Nesse processo, toda vez que a palavra encontrada tinha outras sílabas, ainda não estudadas, ajudávamos o aluno a ler. Ele lia, colava no caderno e copiava.

Entendemos que, se deixarmos os alunos livres, se respeitarmos sua curiosidade e iniciativa, o processo de aprendizagem tende a fluir com mais facilidade. A liberdade é fundamental na facilitação da aprendizagem e do processo de crescimento humano.

Nesse contexto, as atitudes do educador facilitam e mantêm o clima de liberdade. Não é um clima de liberdade apenas. É uma liberdade na qual o educando se sente apoiado para crescer.

Nessa proposta, a própria presença desse outro – o educador – cria a expectativa dessa possibilidade de crescimento. Está-se diante de um outro que se dispõe a viver e a facilitar um processo de crescimento e aprendizagem.

Três alunos já estavam lendo as palavras estudadas; pedimos para que eles tentassem formar frases. Quando eles tinham dúvidas, perguntavam.

Assim que terminaram, foram ver os livros.

Enquanto isso, um grupo de alunos que ainda estava procurando palavras nas revistas, começou a conversar sobre Buda. Manoel C. disse que ouviu dizer que Buda roubava a alma das pessoas. Perguntou-nos se era verdade. Nós devolvemos a pergunta para ele. Ele disse que acreditava que sim. Perguntamos se ele sabia quem tinha sido Buda. Ele não sabia. Conversamos um pouco sobre Buda e contamos sua história. No final, um dos alunos disse que Buda não roubava a alma das pessoas. Manoel C. fez uma expressão de dúvida.

Quando todos terminaram, leram as palavras encontradas. Todos leram e foram aplaudidos ao final da leitura.

Passamos a pregar, diariamente, na parede, um cartaz com os nomes dos alunos e, na frente de cada nome, a palavra-tema escolhida pelo respectivo aluno. Com o desenvolver do processo, amarramos uma corda de varal em três pregos e passamos a dependurar os cartazes temáticos nela, com pregadores de roupa.

No dia seguinte, no início da aula, enquanto eles se organizavam em círculo para começar a estudar, empurraram e chutaram uns aos outros. Cláudia bateu em um dos alunos. Ficou muito brava e não quis conversa. Disse que fazia o que queria e que ninguém mandava nela. Lembramos a regra do grupo, falamos que tudo podia ser dito, mas não podia haver agressão física. Então, ela saiu da sala, voltando pouco tempo depois.

Fizemos a técnica: dar e receber. Depois, os alunos começaram a fazer o cartaz sobre avó, avô e vó.

Enquanto faziam o cartaz, José e Jairo brigaram. Os alunos, algumas vezes, mostravam-se bastante agressivos. Conseguimos fazer com que parassem e se assentassem.

Exploraram o cartaz com as palavras avó e avô. Depois, pedimos que os alunos fizessem pequenos grupo de três. Distribuímos uma folha para cada aluno com palavras escritas com V, B e D. Era nosso primeiro grupo ortográfico. Um aluno lia para os outros dois que acompanhavam a leitura e corrigiam quando necessário. Depois, trocavam, de forma que todos lessem. Os alunos gostaram muito dessa atividade. Nós a fizemos várias vezes durante o processo de alfabetização.

José, Jairo e Cláudia pareciam os mais agressivos. Quando não brigavam, ameaçavam os colegas. Estes, por sua vez, não deixavam por menos e respondiam às provocações. José não levava material para as aulas, reclamava de tudo. Cláudia e Jairo gostavam de fazer o que bem entendessem, sem respeitar as regras do grupo. Quase não se percebia companheirismo e nem solidariedade entre os alunos.

Eles pediram para fazer contas. Fizeram algumas operações de adição.

Depois quiseram falar mais sobre o cartaz de avó e avô. Alguns alunos se levantaram para vê-lo de perto. Esse cartaz tinha sido feito com desenhos.

Observaram e comentaram os desenhos uns dos outros. Alguns comentaram que a mãe toma remédio para pressão.

Conversamos sobre Lia com a coordenação. Embora leia com um pouco de dificuldade, ela já está lendo. Precisa apenas treinar. Ela tem um problema de dicção, o que não é motivo para ficar em uma turma que está sendo alfabetizada. A coordenação concordou e disse que iria trocá-la de sala.

Na aula seguinte, eles entraram e fizeram o círculo, eles mesmos.

Iniciamos com uma brincadeira na qual cada um diria uma qualidade que possui.

Tiago perguntou: *"O que que é qualidade?"*

Adão respondeu: *"É uma coisa boa que você tem"*.

Começamos, logo depois foi Lia*: "Estudiosa"*. Cláudia*: "Ajudar as pessoas"*. Patrícia: *"Alegria"*. Jairo tinha-se escondido atrás da cadeira, seguimos com a técnica adiante, ele se assentou rapidamente e perguntou: *"E eu professora?"* Pedimos que ele contasse sua qualidade. Ele disse: *"Raiva, eu tenho muita raiva"*. Disse isso apontando para si mesmo. Repetimos para ele o que ele tinha dito e dissemos que havíamos compreendido.

Era a vez de Jair, ele balançou a cabeça negativamente e colocou a blusa no rosto. José virou-se para Jair e disse: *"Ô quatro olho, retardado"*. Tiago também, o xingou: *"Oh, retardado! Ô professora, passa aqui para o Manoel"*.

Dissemos para Jair que entendíamos que às vezes era difícil participar, que algumas coisas são difíceis de conversar. Depois, falamos para o grupo que precisávamos compreender a atitude dele e respeitar. Jair quase não participava de nada e, muitas vezes, ficava debaixo da carteira. No entanto, ficava dentro de sala, ele quase não saía; isso era considerado um bom sinal em se comparando com o comportamento que ele tinha na sua sala de origem.

Continuamos a técnica, Manoel I. disse: *"Amizade"*. A coordenadora do ciclo chegou à porta. Veio nos trazer um material. Nós a convidamos para entrar e participar, também. Ela entrou e disse: *"Alegria"*.

Terminada a técnica, escrevemos a palavra PAZ. Conversamos sobre paz. Trabalhamos com as sílabas pa- pe- pi- po- pu. Alguns alunos começaram a falar sobre a palavra PAI.

Escrevemos a palavra PAI no quadro, também. Os alunos verbalizaram algumas situações sentidas como abandono. Situações que envolviam a figura paterna.

No final da aula, a coordenadora veio buscar Lia. Lia nos pediu para levar um livro emprestado para ler no fim de semana. Era um livro de história geral que ela folheava e lia todos os dias. Emprestamos. Recebemos um novo aluno, Júnior.

Os alunos já o conheciam. Ele se sentou ao lado de Jairo, com quem passou a se sentar em todas as aulas. Júnior não reconhecia as sílabas simples. Como palavra geradora, ele escolheu a palavra MÃE.

Quando Lia saiu, alguns alunos disseram que nossa sala era a mais atrasada. Disseram que tem 4ª A, 4ª B, 4ª C e que eles eram sempre C.

Então, respondemos que eles estavam aprendendo e que já estavam começando a ler. Dissemos que nossa sala era muito bacana. Como eles estavam percebendo que realmente estavam começando a ler as primeiras palavras, continuaram a escrever as sílabas com P.

No entanto, a cada vez que um aluno era remanejado, o grupo sentia. Essa tinha sido a última alteração, não havia mais alunos para serem remanejados. Pedimos, também, à coordenação que não trouxesse mais ninguém. Explicamos que o grupo já estava construindo uma história e que o processo de alfabetização já estava em andamento. Ela concordou.

Na aula seguinte, José disse que não queria mais estudar. Ainda estava incomodado com o remanejamento da colega para outra turma. Tiago falou que ele precisava estudar. Conversamos sobre isso.

Fizeram os cartazes com PAZ e PAI. Exploramos os cartazes.

Todos os dias, treinávamos todas as palavras estudadas e todos os alunos liam o grupo ortográfico do dia. Geralmente, aplaudiam uns aos outros, depois de cada leitura.

Na aula seguinte, começamos a trabalhar com a palavra AMOR. Conversaram sobre a palavra AMOR. Disseram que estava faltando amor no mundo. Conversamos bastante sobre isso. Fizeram o cartaz da palavra AMOR.

Os alunos demonstraram dificuldades para trabalhar com a palavra AMOR. Adão não conseguiu participar nem da discussão e nem da confecção do cartaz. Ficou fazendo barulho, enquanto os colegas conversavam. Dissemos a ele que algumas coisas são difíceis de trabalhar, que nós compreendíamos.

No cartaz com a palavra amor, Júlio colou uma gravura de guerra. E contou durante a discussão: *"Eu cortei uma gravura de guerra porque eu gosto. Cada um tem seu gosto"*. Perguntamos a ele se guerra é amor. Tiago respondeu: *"Eu acho uma violência"*.

Então, Jairo falou: *"Eu gosto de guerra"*.

Igor comentou: *"Eu não gosto de guerra não"*. Manoel C. também tinha colado uma gravura de guerra. Começaram a discutir se matar era de Deus ou não. Os alunos chegaram à conclusão que matar não era uma coisa boa.

Rosilene colou um desenho bem pequeno do Chapeuzinho Vermelho no cartaz de amor. Não quis falar sobre a gravura. Perguntamos se ela achava que o amor, a fraternidade entre as pessoas, era um conto da carochinha. Os colegas, também, participaram da discussão. Uns disseram que não existe fraternidade. Outros afirmaram que existe. Eles conversaram bastante sobre o amor no mundo e sobre a falta dele.

Para que o processo grupal aconteça, algumas atitudes do educador são fundamentais, como, por exemplo, a comunicação autêntica, a aceitação incondicional, o respeito pela pessoa e pela experiência do outro e a criação de um clima de liberdade.

É importante criar um clima em que a comunicação seja autêntica. Os participantes do grupo, nesse caso, os educandos, podem, na medida de sua vontade, expressar a singularidade de sua atualidade existencial e sentir que o educador a reconhece como forma de existência e de expressão incondicionalmente válidas como tais.

Cortaram palavras com M e R. Na hora da leitura, pela primeira vez, Rosilene leu as palavras que tinham a letra R. Ela não conseguia pronunciar a letra R, durante as conversas e nem durante as leituras. Os alunos bateram palmas para ela. Despedimo-nos e desejamos um bom carnaval para todos.

Muitos de nossos alunos utilizavam uma variante da norma considerada "culta" da língua portuguesa. Nós respeitávamos a forma que usavam para se comunicar. Rosilene, por exemplo, não falava árvore. Ela dizia "avre". Nós só treinávamos com ela a pronúncia padrão, quando ela estava lendo. Naquele dia, ela tinha conseguido pronunciar os "erres" da palavra árvore.

d) Primeiros sinais de solidariedade no grupo

No primeiro dia de aula após o carnaval, iniciamos com uma conversa sobre como tinha sido o feriado. Cada um comentou o que tinha feito.

Era aniversário do Manuel. Tínhamos levado uma caixa com paçocas e um cartão. Toda a turma cantou parabéns para ele. Dissemos a ele que aquelas paçocas eram para comemorar o aniversário dele e, como ele era o aniversariante, pedimos que ele servisse uma paçoca para cada colega. Enquanto ele passava na roda, lemos o cartão de aniversário e o entregamos para a turma assinar. Os meninos gostaram da atividade. Quando todos assinaram, lemos o cartão mais uma vez e o passamos para Manuel. Alguns alunos nos disseram a data de seu aniversário. Comentamos que todas estavam anotadas no diário de classe.

Observamos que os alunos começaram a demonstrar sinais de solidariedade entre si.

Durante a assinatura do cartão, quando Jair foi assinar, ele quis usar uma "canetinha". Então, José disse que de "canetinha" não podia, falou que todos estavam usando o lápis. Jair disse: *"Então passa pra frente porque eu não tenho lápis"*. José respondeu: *"Não, assina, também"*. E pediu: *"Oh, Júnior! Empresta pra ele o lápis"*. Ele buscou o lápis para Jair assinar.

Escrevemos algumas frases no quadro para os alunos copiarem. Eram frases formadas com as sílabas estudadas até ali.

Enquanto copiavam, Igor falou: *"Professora, eu emprestei meu caderno novo para o Júnior. Quando ele acabar, ele vai arrancar a folha e devolver o caderno"*. Júnior explicou o porquê de não ter levado o material. Os alunos estavam um pouco mais solidários uns com os outros.

Copiaram e leram as frases do quadro, alguns com muita dificuldade. Essa atividade demorava um pouco porque fazíamos questão que todos lessem.

Igor contou que o tio dele viu um ônibus cair e que morreram quarenta pessoas. Então, José disse: *"Ah! Pára! Você só conta coisa ruim pra gente ficar preocupado"*.

Fizeram o cartaz com bebida. Jairo disse que ele mesmo escreveria o nome dele na frente da gravura que tinha colado. Conversaram mais um pouco sobre bebida.

Enquanto faziam o cartaz, disseram que Cláudia era preta. Nós paramos a atividade. Começamos uma discussão sobre identidade étnica ou racial, sobre o preconceito étnico-racial e sobre a discriminação. Conversamos, todos participaram. Ao final da discussão, Tiago falou firme: *"Eu, também, sou negro"*.

A turma foi para uma das aulas especializadas. Durante essa aula, chamaram-nos porque José tinha tido problemas com a professora que estava dando aula para eles. Ele havia brigado por causa de umas figurinhas que levou para a aula. As figurinhas foram tomadas dele e quatro delas estavam rasgadas. José deu murros e chutes no portão do local onde estavam. Foi levado para a coordenação.

Quando chegamos lá, ele estava chorando. Disse que as figurinhas eram do primo dele, que o primo batia demais nele, que ele ia apanhar se não voltasse com elas para casa. José estava muito nervoso. Estava revoltado e ao mesmo tempo chorava muito. Era proibido ir com figurinhas para a aula. Os alunos jogavam "bafo" e brigavam por causa delas todos os dias.

Observamos que ele estava transtornado. As punições pareciam tê-lo deixado ainda mais refratário. Na fala de José, aparecia um sentimento de revolta, como se ele não tivesse nada, só as figurinhas que tinham sido tomadas. Era como se tudo o que ele tinha tivesse sido tomado dele. Não sentimos que ele aprenderia alguma coisa boa daquela forma. Não acreditamos que a linguagem punitiva facilite o processo de educação. Esses alunos já sofrem privações demais na sociedade mais ampla. Não cremos que impor-lhes mais privações possa ajudá-los.

O facilitador do processo grupal, nesse caso, o educador, na perspectiva existencial humanista, não está fora do processo do grupo. Ao mesmo tempo em que ele facilita esse processo, ele é, também, modificado pela própria vivência do processo. Segundo Paulo Freire, o educador se transforma no próprio processo de educar.

Nesse processo de coordenação do grupo, o facilitador não pode abdicar de sua condição institucional. Mas, assumindo-a, pode elaborar um certo distanciamento dela; assim, ao mesmo tempo em que a atualiza, elabora e expressa a sua singularidade como pessoa. A relação dialética entre sua condição de facilitador e sua condição de pessoa é um dos aspectos importantes do processo de facilitação (FONSECA, 1988).

Nós conversamos com a coordenadora. O problema foi contornado e José prometeu que não levaria mais figurinhas para a aula. As figurinhas foram devolvidas. Ele pediu desculpas para a professora especializada e para a coordenadora do ciclo. Pediu desculpas, também, para os colegas, por ter atrapalhado a aula. Ficou sentado na coordenação e voltou para a sala, junto com os colegas, quando a aula especializada terminou. Estava mais tranqüilo.

Pediu que escrevêssemos um bilhete para o primo explicando o porquê de quatro figurinhas estarem rasgadas. Escrevemos. Nossos colegas, que o conheciam há mais tempo, disseram que o fato de ele pedir desculpas era um avanço.

SEGUNDO MÊS DE AULA

a) O trabalho com a palavra FAMÍLIA

No início da aula, comemoramos o aniversário de Júlio com paçocas e um cartão. Jair, geralmente, não participava das atividades, participava, às vezes, de algumas brincadeiras. Ele já sabia ler e escrever. A maior parte do tempo, sentava fora da roda em uma carteira no canto da sala, mas quase sempre permanecia em sala.

Os alunos ainda brigavam dentro de sala; muitas vezes, agrediam-se fisicamente. Nessas ocasiões, procurávamos conversar com o grupo. Perguntávamos qual a regra do grupo. Os alunos diziam: *"Aqui tudo pode ser dito, mas não pode bater nos colegas"*. Não os colocávamos para fora de sala por causa das brigas. Poucas vezes, durante o processo, tiramos um aluno de sala. Não acreditamos que essa atitude resolva o problema.

No início, quando brigavam, eles ficavam muito resistentes a voltar para seus lugares. Lembrávamos, então, que o grupo era contra a violência. Tiago comentava que se eles queriam paz, a paz tinha de começar na sala. Agora, quando brigam, voltam rapidamente para seus lugares. Acontecia, também, após uma briga, de um dos alunos que brigou sair correndo da sala e voltar pouco tempo depois. Nessa fase, eles saem menos. Consideramos essas mudanças positivas, no processo do grupo.

Colocamos a palavra FAMÍLIA no quadro. Um dos alunos leu: *"Família"*. Em seguida disse: *"Família perdida"*.

Estávamos sentados em círculo só com as cadeiras, sem as carteiras, para conversar sobre a palavra FAMÍLIA. Começamos a conversa. Os alunos falaram bastante sobre família, sobre seus sentimentos e problemas que as famílias de nossos dias enfrentam. Falaram a respeito de como as famílias podem ser constituídas e das pessoas que não moram com suas famílias. Falaram sobre a pobreza e sobre a forma como esta afeta as famílias. Jair fez barulhos todo o tempo e, apesar de estar na roda, não participou. Ficou imitando um bebê. Dissemos a ele que compreendíamos que algumas coisas são difíceis de conversar e que todas as pessoas têm problemas. Os colegas tiveram paciência com ele.

Eles desenvolveram, por si mesmos, uma maneira de lidar com Jair durante a conversa sobre família. Quando Jair perturbou demais, o colega da direita (no lado esquerdo não havia ninguém) ele falou: *"Oh, professora, agora ele já está passando dos limites..."* Pedimos que o grupo tivesse paciência com Jair, explicamos que alguns temas são muito difíceis de trabalhar. Então, Júlio falou: *"Todo mundo tem problemas"*. Respondemos que, para algumas pessoas, pode parecer mais difícil.

Naquele momento, o colega que estava à direita de Jair pediu a outro que trocasse de lugar com ele, "para que ele não perdesse a paciência com

Jair". Trocaram. Quando Jair incomodava muito o colega da direita, ele dizia: *"Já deu"*. E pedia para alguém trocar de lugar com ele. Eles se revezaram durante toda a discussão. Conversaram normalmente. Não brigaram com Jair. Talvez porque aquele fosse um tema delicado e difícil para todos os alunos. No final da conversa, fizemos um abraço de todos. Eles voltaram para suas carteiras.

Os alunos estavam demonstrando solidariedade uns pelos outros, com mais freqüência. Isso era um avanço no processo do grupo.

Durante essa discussão, eles quase não falaram de experiências pessoais, o que achamos positivo, no contexto da sala de aula. Falando dos problemas de uma forma mais geral, eles, também, trabalharam suas questões existenciais. Discutiram questões sociais que lhes diziam respeito.

Um ponto fundamental na construção de um clima que possa favorecer o processo de aprendizagem e de crescimento humano, em qualquer nível da educação, é que a pessoa entre em contato com um problema que seja real para si e que o encare (ROGERS, 1972).

Referindo-se à necessidade da confrontação com um problema real, em qualquer nível da educação, para que uma aprendizagem significativa ocorra, Rogers escreve:

> Parece razoavelmente claro que, para a aprendizagem de gênero da que temos discutido, é necessário que o aluno, seja de que nível for, se coloque perante problemas que tenham significado e relevância para ele. Em nossa cultura, tentamos isolar o estudante de todo e qualquer problema real da vida, o que constitui um perigo. É evidente que, se quisermos que os estudantes aprendam a ser pessoas livres e responsáveis, temos de nos dispor a confrontá-los com a vida, e deixá-los enfrentar os problemas. (ROGERS, 1972, p. 130)

Terminada a conversa sobre o tema – família – Júnior nos entregou um cadeado e pediu que o guardássemos para ele. Entendemos que o cadeado se relacionava ao cuidado em guardar coisas consideradas importantes, como o que estava sendo expresso nas discussões entre os alunos. Relacionava-se, também, ao sentimento de confiança que havia se estabelecido na turma. Nós o guardamos dentro do armário.

Depois de trabalharmos as famílias do F, M e L, os alunos disseram palavras que começam com F. Nós as escrevemos no quadro, eles copiaram. Entregamos um grupo ortográfico para a turma com palavras formadas por todas as sílabas estudadas até ali, incluindo as sílabas da palavra família.

Adão, apesar de ter dificuldades em acompanhar a turma, disse que aquilo era exercício de primário. Os colegas se irritaram com ele. Os alunos tinham consciência de sua defasagem com relação a outras salas, entretanto, também, tinham consciência de que estavam começando a ler e isso os estimulava a continuar o processo.

Com exceção de Júnior e de Jairo, todos leram o grupo ortográfico. Uns com desenvoltura, outros, com dificuldades. Alguns alunos demonstravam fazer um grande esforço para ler; quando terminavam a leitura, sorriam ao observar que tinham conseguido ler. Jairo e Júnior não tentavam. Jairo dizia que era "burro de nascença". Várias vezes, conversamos sobre isso com ele. Nestas ocasiões, perguntávamos se ele acreditava mesmo que existia alguém burro. Ele afirmava que ele era. Então, os alunos disseram a Jairo que todos nascem sem saber nada e depois vão aprendendo, como estavam fazendo. Ele ficou pensativo.

No início, Jairo afirmava que era burro com muita convicção. Com o tempo, passou a demonstrar dúvidas. Quando percebia a turma progredindo e via que os colegas estavam começando a ler, ficava agitado. Nessas ocasiões, muitas vezes, levantava-se e procurava brigar com algum colega. Então, dizíamos para ele que ele era inteligente e, também, poderia ler, se quisesse. Pedíamos para ele sentar.

Os alunos fizeram o cartaz sobre a palavra-tema FAMÍLIA. Alguns cartazes apresentavam gravuras chocantes. Entendíamos que as gravuras estavam simbolizando a forma como nossos alunos percebiam a dura realidade na qual estavam inseridos. Nesse cartaz, um dos alunos colou uma gravura de escravos presos em uma senzala. Outro, um grupo de pessoas esfarrapadas e ensangüentadas. Outro, Cristo crucificado e Maria a seu lado, chorando. Outro, que morava com pais sociais, colou um telefone. Ele passava vários anos sem ter notícias dos pais biológicos. Outro, uma mulher com uma criança. Uma das alunas que morava com a mãe e não conhecia o pai, colou um grupo de senhores, todos homens. Outro, um grupo de crianças, distantes, sem a presença de um adulto. Outro colou a gravura do presidente Lula com sua esposa. Outro, duas crianças sozinhas. Cada aluno escolheu uma gravura e colou no cartaz, que pode ser visto no final deste livro.

Iniciaram a aula seguinte, falando sobre o cartaz do tema família, era a descodificação. Os alunos se aprofundaram muito na discussão. Falaram sobre a pobreza. Sobre mulheres que não têm condição de criar os filhos e que, então, namoram homens que têm dinheiro. Falaram sobre mulheres que não têm dinheiro para criar os filhos e os dão para os outros. Julgaram essas situações. Falaram de seus sentimentos. Durante a discussão, um dos alunos expressou sua raiva. Ao falar desses problemas sociais e das mulheres que abandonam os filhos, ele disse, num arroubo: *"Ela é culpada sim, quem mandou ela fazer um filho"?!* Refletimos com eles sobre o fato de que os pais, também, possuem limitações. Cantamos a música "Pais e filhos" do Renato Russo. Os alunos que conheciam a música cantaram junto conosco. Conversamos sobre o perdão.

Alguns tabus referentes à comunicação pesam sobre determinados profissionais, entre eles está o educador. Nesse sentido, existe uma forma de linguagem privilegiada, aceita como única passível de ser adotada por esses profissionais. No âmbito da educação, como já comentamos neste trabalho, é a linguagem da racionalização, são as relações verticais e os comunicados que devem ser "depositados" nos educandos pelo educador.

A limitação a uma forma de linguagem privilegiada é uma mutilação do diálogo, uma violência que a pessoa faz a si mesma e aos outros (PAGÈS, 1976).

Insistir em adotar, de forma quase exclusiva, uma única forma de linguagem, respondendo a todas as situações num registro determinado, é uma forma de bloquear ou inibir o diálogo autêntico nas relações interpessoais.

A comunicação deve ser livre, o profissional não deve se prender a uma única forma de linguagem e a um único tema ou conteúdo usados de forma absoluta em detrimento dos demais.

Então, o educador pode – se julgar útil ao processo de aprendizagem – falar de si mesmo, de uma realidade exterior ou do aluno. Pode falar em estilo de brincadeira, usar a análise racional, falar dos sentimentos, da teoria ou usar a linguagem gestual.

Cada uma dessas formas de linguagem responde às necessidades de situações específicas. O que pode ser uma resposta autêntica em determinada circunstância, em outra pode ser superficial (PAGÈS, 1976).

Nesse contexto, o pluralismo expressivo é essencial. O educador deve lançar mão das várias formas de comunicação em sua prática docente, usando, em cada situação, a que expressar com mais fidelidade e autenticidade o que ele está dizendo em dado momento.

A respeito do pluralismo expressivo, Pagès escreve:

> Pluralismo expressivo no diálogo espontâneo significa que se passará livremente de uma forma de expressão a uma outra durante o curso de um mesmo trabalho. Não será mais ilegítimo comunicar conhecimentos durante uma sessão de psicoterapia do que fazer a análise da situação

> ou expressar sentimentos vividos, durante um curso universitário. (PAGÈS, 1976, p. 426)

E continua:

> De modo geral, seja em psicoterapia, *no ensino*,[8] na sensibilização de adultos, a mudança das organizações, *essa prática facilita a integração de mudanças no nível das atitudes e da afetividade, no nível dos papéis sócio profissionais e ao nível cognitivo.* (PAGÈS , 1976, p. 426)

No âmbito da sala de aula, quanto mais autêntica for a comunicação, melhor serão as relações interpessoais e o processo ensino-aprendizagem.

Segundo Mailhiot, a eficiência e a produtividade de um grupo está fundamentalmente relacionada à existência de uma comunicação autêntica entre os membros, à confiança e às relações pessoais construídas a partir da autenticidade (MAILHIOT, 1991).

Os alunos estavam mais calmos. Naquele dia, começamos um trabalho com histórias de revistas em quadrinhos. Eram histórias só com desenhos e que tinham apenas duas páginas. Eles exploraram cada quadrinho, contaram a história oralmente e coloriram. Contamos que faríamos várias atividades como aquela e que, depois, levaríamos histórias em quadrinhos que, também, eram escritas.

Cláudia, José e Jairo continuam brigando com os colegas todos os dias. Às vezes, não nos atendem quando pedimos para que sentem. Nessas ocasiões, temos de lembrá-los das regras do grupo.

Na aula seguinte, cada aluno falou uma frase com a palavra "família". Nós as escrevemos no quadro. Eles leram e copiaram, depois, cada aluno comentou sua frase. Jairo e Júlio não quiseram comentar. A participação era livre.

Comemoramos os aniversários do Tiago e do Júnior. Dessa vez, levamos uma caixa de Bis e os cartões. Dividimos a caixa ao meio e cada um dos aniversariantes começou a distribuir de um dos lados do semicírculo. Escrevemos a palavra bombom no quadro e trabalhamos palavras terminadas em m. A turma estava animada.

No início do processo, alguns de nossos alunos, juntamente com alunos de outras salas, algumas vezes, ficaram sem recreio por causa de brigas nas aulas especializadas. Isso tem acontecido menos, nessa fase do grupo.

---

[8] Grifo nosso.

b) A música na sala e a primeira reunião de pais

A turma fez um exercício de completar palavras. Depois fizemos uma técnica: "abraço em si mesmo". Cada aluno dá um abraço em si e diz que gosta muito de si mesmo. Nessa hora, uma das alunas saiu da roda. Apenas observamos. Os outros alunos fizeram a técnica. Um dos alunos comentou que, no início, tinha sido difícil dar um abraço em si, mas que, "depois, ficou mais fácil".

Eles perguntaram se podíamos fazer bombom. Dissemos que se eles quisessem, poderíamos fazer. Então, combinamos que faríamos bombons de leite condensado, leite em pó e coco.

Combinamos o dia em que faríamos os bombons. Perguntaram o que precisariam levar. Escrevemos os ingredientes no quadro: leite em pó, leite condensado, coco, açúcar refinado. Dissemos que cada um levaria o que pudesse.

Os alunos ainda se agrediam muito verbalmente, a agressão física havia diminuído um pouco. Eles, ainda, falavam muito alto. Nessa fase, já ficavam sentados, quando se levantavam, com exceção de Jairo, sentavam mais rapidamente do que no início do processo.

Como os alunos são agitados e falam muito alto, na aula seguinte, levamos um gravador com duas fitas gravadas. Acreditamos que a música instrumental possa facilitar o processo de construção de um ambiente mais propício à reflexão e à serenidade. Contamos a eles que o gravador e as fitas ficariam guardados em nossa sala, e que eram para o grupo.

Então, colocamos a fita com o som baixo e, a partir daquele dia, em todas as aulas, ouvimos música. Muitas vezes, eles mesmos pediram: *"Oh, professora, coloca aquela sua música calminha"*. As músicas não eram cantadas, eram apenas tocadas.

As músicas eram: Fita 1 – lado A: Berceuse (J. Brahms), Boi da cara preta (folclore), Dorme menino (folclore), Berceuse (E. Grieg), Cantiga de Nossa Senhora (Heckel Tavares), Berceuse (Henrique Oswald), Berceuse (de "Jocelyn", B, Godard). Essas músicas fazem parte do CD "Acalantos" de Eduardo Assad. Lado B: Ave Maria (Schubert), Ave Maria (Mozart), Ave Maria (C. Franck), Vergin Tutto Amor (Francesco Durante), Ave Maria (Bach e Gounod), Ave Maria (A C. Gomes), Ave Maria (Mascagni), Ave Maria (Luigi M. Cherubini). Essas músicas fazem parte do CD "Ave Maria" Orquestra de cordas. Fita 2 – lado A: Mushin (no Mind), The voice of silence, Begin again, The awakening, It flows far away. Essas músicas fazem parte do CD "Tai Chi" Solitudes. Lado B: Morning has broken

(Tradicional Gaelic Melody), Be thou my vision (J. H.), As rain in the desert brings hope (D. T. Halpin, fsp / G. A. Richards, fsp), Abide with me (Henry F. Lyte / William H. Monk), Sweet hour of prayer (William W. Walford / William B. Bradbury), Beautiful Savior (Anonymous). Essas músicas fazem parte do Cd Sanctus música instrumental para reflexão e celebrações, Edições Paulinas.

Os alunos fizeram exercícios sobre a palavra "família", ouvindo música, e ficaram mais tranqüilos. Observamos que, à medida que o grupo progredia na leitura e na escrita, Jairo ficava mais agressivo. Cada vez que ouvia um dos colegas ler, levantava-se da carteira e procurava brigar com os colegas. Nessas ocasiões, pedíamos a ele para ler, também. Dizíamos a Jairo que ele poderia aprender a ler, se quisesse, que nós o ajudaríamos. Mas, parece que ele não acreditava que fosse capaz de aprender.

Naquele dia, ele levantou e começou uma briga. Então, como essa situação se repetia com freqüência, levantamos e dissemos que ele não estava obedecendo às regras do grupo. Perguntamos ao grupo qual a decisão que poderia ser tomada àquele respeito. Os alunos responderam: *"Ficar sem recreio"*. *"Sair e ir para a diretoria"*. Nós dissemos que faríamos uma votação. Jairo se assustou, ficou sério, sentou-se e escutou a conversa.

A turma votou, dezessete alunos votaram a favor de que ele ficasse sem recreio. Nós dissemos que acataríamos a decisão do grupo e que ele ficaria na coordenação durante o recreio. Ele deitou a cabeça na carteira e jogou a folha de exercícios no chão. Colocamos a folha na carteira dele, novamente. A coordenadora de turno chegou à sala e elogiou os alunos. Tiago disse: *"Ele está sem recreio* (apontou para Jairo), *nós votamos, porque ele fez bagunça. Nós somos um grupo"*.

Uma das teorias que embasa este trabalho é o humanismo existencialista. No entanto, na nossa proposta, na forma como concebemos o trabalho com grupos, existe uma estrutura. É uma estrutura inteiramente flexível, mas ela existe. O facilitador, neste caso, o educador, não é diretivo, mas é ativo e democrático. Ou seja, algumas normas participam da vida do grupo, normas estipuladas pelo próprio grupo. Jairo ficou sentado, quieto.

Fizemos uma brincadeira na qual cada aluno diria uma qualidade do colega que estivesse à sua direita. Eles tiveram dificuldades em dizer uma qualidade. Alguns falavam uma característica negativa, primeiro, e depois, uma qualidade. Um dos alunos disse que Jairo era esforçado, ele respondeu: *"Não, sou burro, sou burro"*. Terminada a brincadeira, relemos as características positivas e os nomes dos respectivos alunos a quem eram atribuídas. Lemos as características de todos os alunos para que eles pudessem escutá-las, novamente. Eles ficaram quietos, surpresos. Alguns sorriram, quando escutaram o que o colega havia dito a respeito deles.

Passamos a tomar a leitura dos alunos. Jairo, durante o exercício de leitura, iniciou uma conversa. Enquanto Raul estava lendo, ainda, silabicamente, Jairo disse: *"Ele é burro de nascença"*. Disse isso olhando para nós. Entendemos que ele queria falar sobre esse assunto, então, conversamos com ele. Respondemos que não acreditávamos que existisse alguém que fosse burro. Ele falou: *"Existe sim. A pessoa nasce burra"*. Como já tínhamos conversado com ele, outras vezes, sobre isso, pareceu-nos que ele estava testando a consistência de nossas afirmações. Era como se realmente acreditasse que fosse burro de nascença, mas, já quisesse se convencer do contrário. Nós repetimos o que pensávamos, ele ouviu e, então, falou: *"Tem sim, a pessoa nasce burra e depois vai aprendendo. Nasce burra porque não sabe nada quando nasce"*. Os colegas haviam dito isso a ele, anteriormente, durante uma conversa.

Parece que ele precisava encontrar uma explicação para o fato de ter sido, ao que tudo indica, chamado de "burro". Pelo menos, agora, ele pode abrir uma possibilidade para se permitir aprender a ler e a escrever.

Segundo Rogers, as atitudes de aceitação e apreço que o educador demonstra em relação aos educandos facilitam o processo de crescimento humano. Essa aceitação implica uma consideração pelos educandos, como pessoas. Implica uma compreensão das atitudes, idéias e sentimentos dos educandos, independentemente do quão negativos ou positivos possam ser (ROGERS, 1999).

Por meio da atitude de aceitação não se subtende que o educador concorde com o que ouviu; essa atitude refere-se a uma compreensão do que o educando lhe disse, tal como foi verbalizado. Então, o educador compreende o que foi comunicado e devolve essa compreensão para o educando, ajudando-o a entender o conteúdo expresso e a pensar sobre ele.

Jairo fez um exercício de "cruzadinha" com os colegas. Todos os dias, os alunos faziam essa atividade. Quando os primeiros alunos terminavam, entregávamos uma "cruzadinha" pronta para que eles pudessem conferir e fazer as correções, caso fossem necessárias.

Naquele dia, os alunos fizeram o cartaz com os temas: "tio" e "tia". Muitos de nossos alunos moravam com os avós e tios. Cláudia brigou com Heli. Ela rasgou o caderno dele. A turma votou a favor de que ela ficasse sem recreio.

No dia seguinte, teríamos uma reunião com os pais ou responsáveis pelos alunos. Sete pais compareceram à reunião. Alguns alunos foram, também. No início da reunião, duas mães perguntaram se elas seriam chamadas a toda hora por causa de "briga de menino", como nos anos anteriores. Dissemos que não sabíamos como havia sido feito anteriormente. Contamos que tínhamos trabalhado alguns anos à noite e que, nos dois últimos anos, havíamos estado fora da escola. Explicamos aos pais como estávamos trabalhando com a turma. Falamos sobre os cartazes, a música e o trabalho, com técnicas em dinâmica de grupo. As duas mães se acalmaram. Os pais comentaram que os filhos estavam começando a ler e que gostavam de ir para a escola.

Igor foi à reunião com sua mãe. Ele levou três borrachas e um caderno. Deu as três borrachas para colegas que estavam na sala e o caderno, para Heli. No dia anterior, Cláudia havia rasgado o caderno dele. Quando perguntamos a Igor por que estava dando aquele material para os colegas, ele respondeu que aquele material era "para dar mesmo".

c) Os bombons

Na aula seguinte, levamos um cartaz. Havíamos feito um cartaz com crianças de várias etnias; no centro do cartaz estava escrito: "Seu lugar é aqui". Dependuramos o cartaz ao lado do quadro. Os alunos leram a frase escrita no cartaz. Passaram a lê-la diariamente.

A turma fez o cartaz com o tema: MÃE. Ainda, naquele dia, quiseram conversar sobre o cartaz.

Leram uma frase que estava escrita acima de uma gravura, que simbolizava a figura materna, colada por Igor no cartaz sobre FAMÍLIA. Era a foto do rosto de uma mulher, formado por várias faixas, diferentes entre si. Acima da foto, estava escrito: "Mãe é tudo igual?" Conversaram a esse respeito. Alguns afirmaram que "mãe é tudo igual". Outros que: "cada mãe é de um jeito".

Depois do recreio, escrevemos a receita de bombom no quadro. Faríamos os bombons no dia seguinte. Essa data estava marcada há vários dias, no entanto, diariamente, eles nos perguntavam que dia faríamos os bombons. Então, nós respondíamos.

Os alunos copiaram a receita, depois, leram em voz alta, cada um por sua vez. Eles leram a receita sem dificuldades. Enquanto copiavam, comentamos que, no dia seguinte, seria o aniversário da Cláudia. Ela sorriu. José perguntou se podia levar um bolo para comemorar o aniversário dela. Contou que a mãe dele faz "bolo gostoso e vende para o bairro todo". Nós consentimos. Cláudia perguntou se podíamos fazer um piquenique no dia seguinte. Explicamos a ela que o bombom iria tomar muito tempo da aula e lembramos que eles saem mais cedo na sexta- feira. Perguntamos se poderíamos fazer o piquenique em outro dia. Ela concordou.

Eles disseram que queriam levar os ingredientes. Nós explicamos que cada um poderia levar o que quisesse. Alguns alunos começaram a contar o que levariam. Então, José nos perguntou: *"E você, vai trazer o que"*?

Respondemos que iríamos levar um pouco de cada um dos ingredientes. Explicamos que, assim, se o grupo precisasse, eles estariam à mão. Dissemos que quem não pudesse levar ingredientes, não precisava se preocupar, e que eles não deveriam faltar à aula por esse motivo.

Wagner disse: *"Eu vou trazer coco ralado, mas, se sobrar, eu vou levar de volta"*.

Entregamos uma folha de exercícios com palavras terminadas em M. A palavra "bombom" quase tinha se tornado uma palavra geradora. Associava-se a coisas boas, doces, amenas.

Quando fomos trabalhar com a história em quadrinhos, Cláudia e Wagner tentaram escrever uma história. Nós ajudamos.

No dia seguinte, no início da aula, cantamos parabéns para Cláudia. Levamos uma caixa de paçocas e ela as serviu para os colegas.

Levamos os ingredientes e, também, toalha descartável, sabonete e duas bacias de cozinha. A escola doou dois pacotes de leite em pó.

Wagner levou uma lata de leite condensado, José levou um pacote de coco ralado, Patrícia levou um pacote de coco ralado, Manoel C. levou um pacote de leite de vaca, Heli levou um pacote de coco ralado.

Nós juntamos doze mesinhas e fizemos uma grande mesa. A turma estava eufórica. Colocamos os ingredientes sobre a mesa e dissemos que a primeira parte da receita era ler as embalagens dos ingredientes. Eles pegaram os ingredientes e leram, à medida que liam passavam os ingredientes uns para os outros.

Nós rezávamos com os alunos todos os dias antes de começar a aula. Quando terminaram de ler todos os ingredientes, Manoel I. disse: *"Professora, vamos orar para nossa receita dar certo?"* Oramos.

Depois, dissemos que eles precisavam lavar as mãos. Entregamos a eles o sabonete e as toalhas de papel. Assim que voltaram, Jairo lembrou: *"Professora tem que lavar as latas antes de abrir pra não cair sujeira"*. Eles limparam as latas. Em seguida, colocaram os ingredientes nas bacias, nas quantidades indicadas, e misturaram com as colheres. Passavam as bacias uns para os outros, a fim de que todos pudessem participar. Quando a "massa de bombom" ficou em ponto de enrolar, os alunos enrolaram os bombons. Eles enrolavam e comiam.

Lembraram-se de levar para outras pessoas, na escola, provarem. Concordamos. Alguns alunos quiseram levar para as mães. No final, eles lavaram as mãos e arrumaram a sala. Estavam entusiasmados. Jair falou: *"A gente pode fazer bombom e vender na saída"*. A coordenadora do ciclo, que tinha sido convidada para provar alguns bombons, chegou à sala na hora em que Jair estava fazendo esse comentário. Ela disse: *"Boa idéia, Jair"*.

Eles nos perguntaram qual seria a data do piquenique. Respondemos que depois combinaríamos o dia.

Sobrou um pacote de coco e um pacote de leite de vaca. Alguns alunos riram porque Manoel C. tinha levado leite de vaca. Nós dissemos que o leite que ele havia levado ia ser guardado no armário, para o dia do piquenique. Era uma maneira que encontramos de aproveitar o material que ele havia levado a fim de que não se sentisse constrangido por ter confundido o leite de vaca com o leite em pó. Perguntamos a ele se podíamos guardar o leite. Ele disse que era para guardar. Um dos alunos contou que levaria Toddy para colocar no leite, no dia do piquenique.

Na segunda-feira, o primeiro horário era de educação física. No segundo horário, eles chegaram bastante agitados à sala. Lembraram-se do bombom que tínhamos feito na sexta-feira e conversaram a respeito. Fernando falou: *"Eu contei pra minha mãe do bombom. Eu falei: Oh, mãe, ocê que não tava lá pra provar"*. José disse em seguida: *"Eu dei minha mãe o bombom. Ela falou que tava bom demais"*. Eles fizeram mais alguns comentários.

Naquele dia, começamos a estudar palavras com H. Elas haviam aparecido durante os exercícios, nos dias anteriores. Fizemos um grupo ortográfico com elas. Os alunos assinaram o cartão de Cláudia, nós o entregamos a ela.

No dia seguinte, iniciamos a aula com a técnica: O que quero mudar em mim?

Antes de começarmos a "brincadeira", Tiago falou: *"Para o Igor, é para parar de encher o saco quando ele perder."* Igor respondeu: *"Ah, foi o seu time que perdeu ontem."* Iniciamos a técnica, Júnior falou: *"Parar de ficar gritando."* Depois, foi a vez de José: *"Quero mudar meu comportamento, ser melhor dentro de sala. Não mexer com os meninos."* Igor falou: *"Eu quero mudar, ser inteligente."* Dissemos que ele era inteligente. Ele respondeu: *"Quero ser muito mais inteligente."* Cláudia disse: *"Nada."* Uma das alunas disse: *"A cara."* Cada aluno contou o que gostaria de mudar em si. Conversaram a esse respeito. Discutiram sobre beleza. Conversamos, então, sobre a beleza que cada grupo étnico-racial tem.

Começamos a estudar palavras com nha- nhe- nhi- nho- nhu. Elas apareceram durante os exercícios. Fizemos um grupo ortográfico com elas.

Apesar de os alunos estarem mais calmos do que em fevereiro, eles ainda estavam bastante agitados. Naquele dia, especialmente, muitos levantaram e brigaram ou xingaram uns aos outros. No meio da aula, Wagner nos perguntou: *"E uma brincadeira com o grupo, não vai ter não?"* Sorrimos. Um sorriso de desapontamento. Não era possível fazer nenhuma brincadeira naquele momento, porque a turma estava agitada demais. Talvez ele tenha nos lembrado de que nós nos afastamos um pouco das palavras geradoras e das técnicas de integração entre o grupo. Estávamos preocupados em acelerar o processo de alfabetização e fazíamos menos técnicas de integração. No entanto, isso parecia atrapalhar o processo.

Naquele dia, não parecia haver um grupo. Estava cada um por si. Terminamos a aula. No dia seguinte, seria paralisação.

Na aula seguinte, conversamos com eles a respeito do processo do grupo e de nossa impressão na última aula. Eles falaram que, se alguém desrespeitasse as regras do grupo, seria votado se a pessoa teria recreio ou não. Nós concordamos. Eventualmente, eles utilizavam o recurso da votação.

Uma das professoras de outra sala, a professora Cacilda, veio à nossa sala agradecer os bombons que um dos alunos havia levado para ela, na sexta-feira. Ela comentou que os bombons que os alunos fizeram estavam muito bons. Como agradecimento, ela comprou uma caixa de bombons para a turma.

Ela conversou com nossos alunos sobre os bombons que estavam na caixa. Abriu a caixa e leu o nome de alguns dos bombons. Depois, pediu que os alunos fechassem os olhos, colocassem a mão na caixa e tirassem um bombom. Quando terminaram, ela se despediu.

Sobraram nove bombons, nós os guardamos no armário, para o piquenique.

Colocávamos as duas fitas que havíamos levado para a turma, todos os dias. Quando ouviam música, eles pareciam ficar mais tranqüilos.

Naquele dia, eles estavam conversando alto enquanto faziam os exercícios. Nós ligamos o gravador, eles continuaram conversando. Então, pedimos a cada um dos alunos que falasse baixo porque não estávamos ouvindo a música. Eles fizeram silêncio.

Começaram a procurar e a recortar, em revistas, palavras com nha- nhe- nhi- nho- nhu.

Com exceção de Jairo e de Júnior, a classe está lendo frases com palavras de sílabas simples e alguns dígrafos e encontro consonantais.

Jair recortou uma poesia e colou no caderno. Ele nos mostrou e leu a poesia para nós. Perguntamos se ele poderia ler a poesia para a turma, antes do recreio. Ele concordou.

Jair está mais calmo, mais tranqüilo. Nessa fase, ele participa de muitas atividades, embora ainda seja muito inquieto.

Antes de saírem, os alunos ouviram a leitura de Jair. Ficaram quietos. Ele demonstrou dificuldade em ler algumas palavras. José levantou-se para ajudá-lo. Quando terminou a leitura, Jair foi aplaudido pelos colegas. Ele sorriu.

Perguntamos a Jair se ele já estava pronto para voltar para sua sala. Ele respondeu que achava que sim, mas só se pudesse ficar na nossa sala de vez em quando. Concordamos. Conversamos a esse respeito com a coordenadora do ciclo, durante o recreio. Ela conversou com Jair e ele voltou para a sala dele.

O educador humanista se preocupa em construir, na sala de aula, relações em que haja liberdade para o diálogo autêntico. Essa construção será o resultado de sua interação livre e direta com seus alunos. Eles, por sua vez, aprenderão a usar a liberdade que lhes é oferecida, para crescer, criar, desenvolver seus potenciais e auto-estima.

Na aula seguinte, retomamos o trabalho com as palavras geradoras. Apesar de dependurarmos os cartazes[9] todos os dias, no varal, com o aparecimento de algumas dificuldades ortográficas, a fim de trabalhá-las mais intensamente, nós havíamos nos afastado um pouco do trabalho com as palavras geradoras, propriamente dito. Várias vezes, durante as aulas, os alunos se levantavam e iam até o varal, reviam cada um dos cartazes e faziam comentários.

Sentimos que o afastamento do trabalho com as palavras geradoras não foi bom para o processo do grupo. Pois eram os temas escolhidos pelos alunos.

Então, naquele dia, iniciamos a aula trabalhando com a próxima palavra geradora. Era a palavra violência. Iniciamos uma conversa sobre essa

---

[9] Dependurávamos os cartazes de segunda a quinta-feira. Sexta-feira, eles tinham uma aula especializada, uma aula conosco e saíam mais cedo, ou seja, tínhamos pouco tempo em sala, nesse dia. Então, combinamos com a turma que os cartazes não seriam dependurados às sextas-feiras. Eles, também, não eram dependurados nos dias em que os alunos, excepcionalmente, saíam mais cedo.

temática. Os alunos conversaram bastante sobre a questão da violência. Eles relataram vários casos de violência, alguns vistos por eles, outros eles haviam escutado. Falaram sobre drogas, mortes, tiroteios, brigas. Conversaram sobre a violência na região onde moram.

Começaram a fazer o cartaz sobre o tema: "violência". Eles pediram para desenhar. Apenas três alunos quiseram procurar e recortar, em revistas, gravuras sobre essa temática.

Enquanto desenhavam, eles conversavam. Estavam tranqüilos. Patrícia pegou uma gravura muito bonita que tinha encontrado em uma revista e nos mostrou. Era uma paisagem com o mar no fundo. Ela disse: *"Olha que mensagem bonita, professora"*. Em seguida, leu a frase que estava escrita acima da paisagem: *"Bem-vindo à vida"*.

Ela recortou só a frase – "Bem-vindo à vida" – e colou no alto do cartaz sobre violência. Colou logo acima da foto de um homem pegando fogo.

A violência, infelizmente, faz parte do cotidiano de nossos alunos e eles precisavam falar sobre ela.

Conversaram bastante sobre seus desenhos. Escreveram frases com a palavra VIOLÊNCIA.

A situação de grupo, quando mediada por um facilitador, é uma situação privilegiada. A sala de aula é um desses espaços onde o facilitador do processo, não só de aprendizagem mas também de crescimento humano dos alunos, é o educador. O grupo, nessa perspectiva, é um espaço privilegiado porque nele as pessoas podem *expressar* com mais segurança, na medida de suas necessidades e vontade, seus sentimentos, as experiências vividas e as relações destas com sua forma de ver o mundo e de se relacionar com os outros.

Na situação de grupo, mesmo na sala de aula, cada aluno, com sua participação, consciente ou não, cria e recria o grupo com os demais alunos. Ao mesmo tempo, cada participante, de formas mais ou menos intensas ou profundas, é constituído criado e recriado pela vivência do processo, do dinamismo deste e de suas próprias vivências e interações pessoais.

A vivência no coletivo do processo grupal pode ter uma profunda repercussão existencial, mesmo em um grupo de sala de aula. Para facilitar essa vivência, é importante que o educador tenha desenvolvido um certo grau de familiaridade com a diversidade, com a multiplicidade. As várias experiências de vida e sua expressividade precisam ser compreendidas e respeitadas. É do encontro da diversidade que nasce o novo e, também, o equilíbrio.

Fonseca nos alerta para o fato de que uma floresta tropical, com toda a sua diversidade de sons, formas e cores, é incomensuravelmente mais equilibrada, estável e saudável do que uma área de reflorestamento de eucalipto (FONSECA, 1988).

No início da aula seguinte, eles nos pediram para marcarmos o dia em que faríamos o piquenique. Sugeriram que fosse no dia seguinte. Perguntamos se não estava muito em cima da hora. Disseram que não.

A turma insistiu. Igor disse que o pai dele ainda não tinha recebido e que, se fosse no dia seguinte, ele não participaria. Os colegas disseram que ele poderia participar e que não precisava levar nada, que levariam por ele. Então, ele concordou.

Nós respondemos que poderia ser no dia seguinte. Eles combinaram o que cada um levaria. José disse que levaria um bolo.

Pediram para ler livros de histórias. Cada um pegou um livro para ler. Fomos de carteira em carteira ouvindo a leitura de cada aluno.

José brigou com o Manoel C. e disse que não iria ao piquenique. Ele guardou o material e saiu. No entanto, não se afastou da sala. Sentou em frente à porta e ficou olhando para dentro da sala. Nós continuamos a aula. Decorridos alguns minutos, ele entrou e se sentou em uma cadeira fora da roda.

No início do processo, muitas vezes, quando Jairo, Cláudia e José brigavam com os colegas, corriam para fora da sala. Eles corriam pelo pátio e voltavam depois de um certo tempo. Nessas ocasiões, nós não saíamos da sala, continuávamos a aula. Agora, eles quase não saem mais. Quando saem, geralmente, ficam sentados em frente à porta, olhando para dentro e, pouco tempo depois, entram. Consideramos isso um avanço no processo desses alunos e do grupo como um todo.

TERCEIRO MÊS DE AULA

a) O piquenique

No dia seguinte, José e sua mãe estavam nos esperando na porta da escola. Assim que nos viu chegar, ele veio ao nosso encontro e falou: *"Minha mãe levou o bolo para o serviço dela, é aqui perto. Ela quer saber que hora que é para trazer."* Fomos falar com ela.

Dissemos que o piquenique seria às oito e trinta. Ela sorriu. Olhou para outra mãe que estava ao lado dela e contou: *"Eles vão fazer piquenique hoje."* Depois, disse-nos que, às oito horas, levaria o bolo até à escola.

No início da aula, os alunos colocaram as coisas que haviam levado sobre a mesa. Estavam animados. O piquenique seria na área gramada, dentro da própria escola. Pedimos para que eles não comentassem sobre o piquenique com os colegas das outras salas, para não haver problemas.

Quando fizemos os bombons, alguns alunos de outras salas foram até a porta da nossa sala e disseram que queriam ficar lá, outros que queriam fazer bombom, também. Alguns alunos que tinham sido remanejados para outras salas, no início do ano, também, se manifestaram. Disseram que não queriam ter saído do grupo. Conversamos com eles sobre isso.

Os alunos fizeram exercícios com a palavra VIOLÊNCIA. Jairo e Manoel I. brigaram. A turma interveio. Continuaram a fazer o exercício. Às oito horas, a mãe de José chegou à porta da sala. Tinha ido levar o bolo para o piquenique. Praticamente, todos os alunos haviam levado alguma coisa. Na hora marcada, pegamos as coisas e fomos para o gramado.

Havíamos levado uma toalha de mesa, nós a estendemos sobre a grama. José disse: *"Uma toalha branca!"* Eles colocaram as coisas sobre a toalha. Havia dois bolos, frutas, biscoitos, sanduíches, chá, leite, chocolate em pó e refrigerante.

Os alunos tomaram a iniciativa de abrir as coisas. Enquanto partíamos um dos bolos, Júlio partiu o outro e serviu aos colegas. Eles foram servindo uns aos outros. Havia harmonia no grupo.

As janelas da biblioteca da escola davam para o gramado. No segundo andar, havia salas de aula, cujas janelas, também, davam para o gramado. Apesar de a turma estar tranqüila, já no final do piquenique, alguns alunos, de uma das salas que ficavam no segundo andar, ouviram a conversa no gramado e chegaram à janela da sala, a professora deles, também. Eles observaram o piquenique e, então, a professora Vanda e seus alunos aplaudiram a turma. Lamentamos o fato de o piquenique estar no final (já não tinha quase mais nada de comer). Dissemos a eles que gostaríamos que eles tivessem participado conosco.

Jair tinha pedido a sua professora para ele participar do piquenique. Ele compareceu, depois, voltou para sua sala.

A professora de Jair, pessoa que respeitamos pelo trabalho que desenvolve com os alunos, sempre dava notícias do processo de adaptação dele à turma. Ela desenvolvia várias atividades no sentido de promover a interação no grupo.

Compramos uma caixa de bombons para misturar com os nove bombons que havíamos guardado no armário. Colocamos os nove bombons na caixa. No final do piquenique, entregamos a caixa aos alunos, para que eles mesmos fizessem a distribuição dos bombons.

Manoel I. tirou dois bombons. Os alunos disseram que era para ele colocar um bombom de volta na caixa. Disseram que "era um para cada". Ele devolveu. Cada aluno tirou um bombom, ofereceram, também, para alguns professores. Sobraram três.

Tiago perguntou se podia convidar uma professora, que tinha dado aula para ele no ano anterior, para ir ao piquenique. Concordamos. Ela esteve conosco durante alguns instantes.

Antes de voltarmos para a sala, os alunos nos perguntaram: *"Onde está o seu bombom, professora?"* Dissemos que ainda íamos pegá-lo. Perguntamos onde estava a caixa de bombons. Um deles contou que a professora convidada havia pegado os três bombons restantes. Ela havia levado para outras pessoas, na escola.

Os alunos se preocuparam com o fato de nós havermos ficado sem bombom e vários deles nos ofereceram seus bombons. Dissemos que não precisava. Eles insistiram. Dois alunos disseram que dividiriam um bombom entre eles, que haviam comido bastante. Tivemos que aceitar. Os sentimentos de solidariedade e respeito estavam cada vez mais presentes no grupo e se estendiam, também, a nós.

Voltamos para a sala.

Depois que os alunos fizeram alguns exercícios, Tiago leu uma prece, que havíamos levado, sobre a paz na família. Jairo comentou que, na casa dele, não havia paz. Depois, contou: *"Lá em casa ninguém me respeita. Quando eu falo, eles falam: cala a boca."* Conversamos sobre isso. Os alunos fizeram alguns comentários sobre o que ele tinha dito, nós também.

b) Aumenta a solidariedade entre os alunos

Na aula seguinte, Igor comentou que sua mãe tinha sido internada novamente. Ela ficaria cinco dias no hospital. Os alunos manifestaram apoio a ele.

Tiago comentou que o piquenique tinha sido ótimo. Ele disse: *"Até a sala da professora Vand, bateu palmas para nós."* Perguntamos como poderíamos agradecer à gentileza deles. Tiago respondeu: *"Vamos escrever uma carta."* Wagner completou: *"Vamos escrever a carta, todos juntos."* Todos os alunos concordaram.

Então, eles escreveram a carta para a professora Vanda e sua turma. Cada aluno ditou uma frase. Nós as escrevemos no quadro e pedimos que eles copiassem em seus cadernos. Sugerimos que a carta fosse escrita em um cartão, que tínhamos no armário. Eles gostaram da idéia. Sorteamos quem copiaria a carta no cartão. Cláudia foi a sorteada. Quando ela acabou de copiar, assinou e entregou a carta para os colegas assinarem. Todos assinaram, nós também. Sorteamos quem levaria a carta, Heli e Wagner levaram.

A professora Vanda é pessoa querida por todos nós. Ela foi até à sala agradecer.

Como os alunos haviam bebido chá, no piquenique, aproveitamos para iniciar um trabalho com a palavra "chá". Formamos palavras com cha- che- chi- cho- chu. Durante esse exercício, alunos de outras salas apareceram na porta da nossa sala e riram ao ver nossos alunos lendo sílabas com ch. Isso era muito ruim. Todo o trabalho que vínhamos desenvolvendo no sentido de trabalhar a auto-estima dos alunos ficava abalado nessas horas.

Quando havia uma atividade diferente em nossa sala, nossos alunos comentavam com os colegas de outras salas, e uma das formas que estes achavam de lidar com a frustração de não poderem participar dessas atividades era ridicularizar as atividades de leitura e exercícios que nossos alunos faziam. Essa dinâmica, entre nossos alunos e os demais, trazia problemas para o trabalho. Já havíamos conversado sobre isso com a classe.

Naquele dia, após alguns alunos de outra sala rirem dos exercícios com ch, José disse que não iria mais estudar naquela sala. Fechou o caderno. Tentamos conversar com ele, mas ele não ouviu. Disse que nossa turma era atrasada. O grupo ficou quieto, chateado. Dissemos a ele que eles estavam progredindo muito. Eles sabiam que era verdade.

José levantou e disse que não queria saber, que não ia ficar; falou, novamente, que a sala era atrasada. Uma funcionária tinha ido até à sala levar o diário. Pedimos a ela que acompanhasse José até à coordenação. Explicamos que ele não queria ficar na sala. Ele brigou com ela. Disse que ninguém mandava nele. Pedimos a José que fosse.

Chateamo-nos com o ocorrido, sentimos que a turma também. Comentamos com os alunos todo o progresso que eles tinham feito até ali. Eles tinham consciência disso. Comentamos a fábula da raposa e das uvas. Tiago disse que conhecia. Ele falou: *"Quem desfaz, quer comprar. Eles estão é com inveja da gente por que a gente faz muita coisa legal."* Conversamos sobre isso.

Depois que a aula acabou, pedimos à coordenação do turno, do ciclo e ao vice-diretor que não permitissem que coisas como essas acontecessem. Explicamos o quanto isso atrapalha o nosso trabalho e abala a auto-estima de nossos alunos, interferindo no processo de aprendizagem. Eles prometeram que ficariam atentos.

Na aula seguinte, voltamos a conversar sobre o incidente do dia anterior. Nossos alunos comentaram que os colegas de outras salas, também, gostariam de participar das atividades da nossa sala e, como não podiam, iam até à nossa sala e riam dos exercícios que os alunos faziam.

Perguntamos como poderíamos resolver esse problema. José respondeu: *"Parar de fazer estas coisas."* Todos protestaram. Tiago respondeu: *"De jeito nenhum! Não ligar pra eles. Ano passado, eles fizeram salada de frutas e a gente ficou olhando."*

Perguntamos: *"E se vocês não comentassem com eles?"* Alguns alunos concordaram, outros não.

Perguntamos para José se ele achava que deveria parar de fazer coisas legais porque os outros estavam incomodados. Ele ficou pensativo.

Sugerimos, novamente, que nossos alunos não comentassem com eles sobre atividades como fazer bombons, piqueniques e jogos. Então, Tiago falou: *"É só explicar para eles que isto acontece porque somos um grupo."*

Naquele dia, contraímos uma forte gripe. Os alunos perceberam e ficaram quietos. Eles mesmos chamavam a atenção uns dos outros: *"A professora está muito gripada."* No entanto, não conseguimos ficar até o final do horário. No fim do terceiro horário, explicamos aos alunos que, devido à gripe, não estávamos passando bem e que precisávamos ir embora. Eles se manifestaram: *"Ah, não professora, você vai mesmo?"* Dissemos que a gripe era forte, mas que melhoraríamos logo. No dia seguinte, devido à forte gripe, não pudemos comparecer à aula.

Na aula seguinte, já estávamos bem. Os alunos disseram: *"Oh, professora que bom que você veio. Você melhorou?"* Todos se manifestaram. Conversamos um pouco. Nessa fase do processo, os alunos já se preocupam uns com os outros e essa solidariedade se estende, também, ao professor.

Iniciamos a aula trabalhando com a música "Igrejinha de São Francisco" de Marcus Viana. Levamos a letra da música em folhas de ofício para os alunos e a música gravada em uma fita.

Antes de entregarmos a letra da música, trabalhamos, no quadro, com algumas palavras novas, que apareciam na música.

Depois, eles copiaram a letra da música no caderno.

Enquanto copiavam, contaram que, no dia anterior, Adão e Manoel I. haviam brigado. Contaram como foi a briga. Disseram, também, que tinham assistido a um filme sobre a vida de Cristo. Perguntamos sobre o filme. Raul disse: *"Jesus falou assim: quando o cara te dá um tapa na sua cara, ofereça o outro lado."*

Então, Tiago falou: *"Nada feito."* Igor comentou: *"Não ofereço não."* Fizeram mais comentários sobre o filme. José e Cláudia discutiram.

Voltaram a conversar sobre oferecer a outra face. Perguntamos o que será que Jesus tinha querido dizer com "oferecer a outra face." Eles conversaram muito. Chegaram à conclusão de que oferecer a outra face é perdoar o mal que os nossos inimigos nos façam e, não, deixar que eles nos agridam mais e mais.

Eles copiaram a música, ouviram e cantaram.

Depois, trabalharam com nh e ch. Formaram palavras, separaram em sílabas e leram. Igor já consegue separar uma palavra da outra. Às vezes, esquece e emenda duas ou três palavras. No princípio do processo, ele escrevia todas as palavras emendadas.

Jairo havia levado uma fita de *rap*. Ele nos perguntou se poderia colocá-la para a turma escutar. Todos quiseram ouvir *rap*. Então, tiramos a fita que estava tocando e colocamos a fita de Jairo. Combinamos que alternaríamos a fita de *rap* com as fitas de música instrumental que a turma estava acostumada a escutar durante as aulas. Explicamos que as músicas cantadas poderiam tirar a atenção deles, durante os exercícios. Eles concordaram.

Ouvíamos um lado de *rap* e outro de música clássica. No início, Jairo não gostou da idéia, todas as vezes que trocávamos de fita ele se manifestava. Os outros alunos não se incomodaram. Com o passar da aula, ele compreendeu que ouvir *rap* todo o tempo não era possível; por ser uma música cantada interferia no processo de leitura.

Eles ficaram quietos enquanto faziam os exercícios e ouviam *rap*. Algumas vezes cantaram o *rap*. Nós deixamos. Eram músicas que falavam de pobreza, violência e brigas familiares.

Depois, a turma fez operações de subtração e adição. Todos os dias, nós entregávamos uma folha com operações de adição e subtração para os alunos. Corrigíamos, assim que eles terminavam.

No início da aula seguinte, José nos disse: *"Eu vou fazer igual a você, vou embora. Eu estou passando mal."*

Os alunos estavam ensaiando uma peça de teatro com a professora de educação artística. Eles iam apresentá-la em uma festa que a escola faria. Cada sala apresentaria um número. Eles estavam entusiasmados e pediram para que ouvíssemos suas falas. Então, no início da aula, nós ouvimos a fala de cada aluno. Alguns alunos já liam o texto, sem problemas.

Começamos a aula com uma brincadeira. Cada aluno iria ao centro da roda e imitaria um bicho, sem fazer sons. Explicamos que eles fariam apenas mímica. Os outros alunos tentariam adivinhar que bicho estava sendo representado no centro do círculo. Nós iniciamos a brincadeira. Depois, Raul imitou um macaco. Adão imitou um leão. Júlio, um cavalo. Cada um deles entrava espontaneamente na roda depois que o colega saía. Alguns alunos não quiseram participar, nós dissemos que não havia problema. Wagner disse que não participaria, logo em seguida, entrou na roda e começou a rolar no chão. Heli disse que ele era um porco-espinho. Então, Wagner falou: *"Eu sou um porco espinho, como é que eu vou fazer, eu não sei imitar não."*

Os alunos começaram a conversar sobre suas casas e as casas de seus parentes. Comentaram quantos cômodos as casas tinham, onde eram as casas. Contaram quantos churrascos que já tinham feito. Alguns repetiam que não moravam na favela, moravam na entrada da favela. Nesse momento, Jairo começou brigar com Rosilene. Disse que tinha tirado um pedaço do cabelo dela para arear panela. Então, Adão falou para ele não fazer isso não. Ele conversou com Jairo e tentou proteger Rosilene.

Rosilene ficou quieta, não brigou. Heli falou que ela era bonita. Os alunos ficaram sérios, eles já intervinham quando um colega insultava outro. Isso era um grande progresso no grupo. No início do processo, em uma situação semelhante a essa, eles riam e passavam a insultar o colega também.

Conversamos sobre o ocorrido. Os alunos disseram que Jairo tinha de pedir desculpas a Rosilene. Ele não pediu.

Eles saíram para o recreio. Antes de saírem, Júnior chegou perto do gravador e colocou o ouvido mais próximo do alto-falante. Estava tocando uma fita de "música da nova era", instrumental. Ele falou para Jairo: *"A música é linda cara!"* Pediu-nos a fita emprestada.

Há alguns dias, Júnior começou a participar das aulas e a fazer os exercícios. Ele estava começando a ler as primeiras palavras. Júnior parecia não acreditar quando lia uma palavra. Nessas ocasiões, sorria. Ele tinha passado muito tempo sem fazer exercícios, só recentemente estava se integrando à turma. Estava iniciando uma etapa que o restante do grupo já havia superado e Jairo ainda não havia iniciado.

Os dois estão mais tranqüilos e centrados. Jairo, nessa fase, briga menos com os colegas.

Passaram ao exercício de procurar palavras com "nh" em revistas. Enquanto procurava palavras, Adão viu umas fotos de plantas na revista. Comentou como as plantas deixavam o ambiente "melhor". Os alunos falaram sobre plantas. Comentaram sobre as plantas que tinham em casa.

Patrícia achou uma poesia, recortou. Cláudia nos perguntou se Patrícia, Rosilene e ela poderiam ler a poesia para a turma, dissemos que sim. Elas treinaram a leitura. Antes do final da aula, leram a poesia para os colegas. Enquanto liam, Wagner entrou na apresentação. Ele disse que, também, queria participar. Ele levou o livro: "Menina bonita do laço de fita" de Ana Maria Machado e leu uma página para a turma. Elas o acolheram durante a apresentação. Rosilene teve dificuldade para ler algumas palavras da poesia, então, Wagner a ajudou. Quando terminaram, a turma aplaudiu. Nessa fase, eles estão mais solidários e manifestam alegria com o progresso uns dos outros.

Depois, todos os alunos se levantaram e foram para o centro da roda. Eles disseram que iam cantar uma música. Cantaram e dançaram, depois, sentaram-se.

Quando foram se sentar, Manoel I. empurrou Heli e este machucou o dedo. Pedimos que Manoel fosse para a coordenação. Dissemos que as regras do grupo eram claras e que ele tinha machucado o colega. Pedimos a Heli que o acompanhasse para contar o ocorrido.

Terminamos de tomar a leitura. Júnior conseguiu ler. Quando ele terminou a leitura, disse para Jairo: *"Lê, sô. Você é capaz, não é professora?"* Conversamos com Jairo, ele conseguiu ler algumas palavras, então falou: *"Não vou ler mais hoje, só amanhã"*.

c) O primeiro texto e a peça de teatro

Iniciamos a aula seguinte com a técnica da escultura. Cada pessoa montaria uma escultura no ar, com as mãos, e entregaria para a pessoa da direita. O aluno que recebesse a escultura tentaria adivinhar o que era. Começamos a brincadeira, fizemos um vaso com flores e entregamos para o José, que estava a nossa direita. José fez uma porta fechada e passou para o João. João fez um coração e passou para Igor. Todos os alunos participaram.

Revisamos palavras com nh, ch e introduzimos o lh. José brigou com Rosilene. A turma interveio. Os alunos lembraram a José de que uma das regras do grupo era "não encostar a mão." Pediram para votar se ele iria ter recreio ou não. Eles votaram a favor de que José ficasse sem recreio. Nessa fase, a turma tem intervindo quando os colegas brigam.

Na aula seguinte, enquanto faziam exercício, Manuel I. disse para um dos alunos: *"X, você é favelado"*. Adão entrou na conversa e perguntou: *"E o que é que tem?"* Então, X falou para Manuel: *"Sobrou."* João, também, entrou na conversa e disse para Manoel: *"Minha irmã disse que lá na favela tem casa melhor do que na cidade."*

Um dos alunos comentou que morava ao lado da favela e que lá morria gente todo dia. Então, X disse: *"Lá perto da minha casa já acalmou tudo."*

Conversaram sobre como é morar na favela, discutiram sobre os problemas que percebem no seu dia-a-dia.

No âmbito da educação, um dos desafios que o educador encontra é como trabalhar a linguagem oral ou escrita, no sentido de facilitar uma comunicação que seja a expressão da compreensão do mundo (FREIRE, 2004).

Na comunicação autêntica, o conteúdo que está sendo comunicado pelo aluno precisa estar intimamente vinculado à compreensão de mundo que o aluno está tendo, precisa estar vinculado às experiências do aluno e a seus sentimentos.

A comunicação que uma pessoa faz não deve ser a repetição daquilo que ela ouviu e que em nada se assemelha à sua concepção de mundo, às suas experiências e sentimentos.

Uma pessoa que aprende a repetir o que ouve, sem refletir sobre suas próprias vivências e sentimentos, afasta-se de si mesma e passa a manter relações inautênticas consigo mesma e com os outros.

Nesse contexto, a pessoa não atua de forma consciente. Afasta-se da possibilidade ontológica que só os seres humanos possuem – a de tomar decisões conscientes e responsáveis – no sentido de modificar uma dada realidade.

Corrigimos os exercícios de português e entregamos uma folha com operações de multiplicação para os alunos.

O dia da festa estava se aproximando. Eles iriam apresentar: "O pescador, o anel e o rei", de Bia Bedran.

À medida que o dia da apresentação se aproximava, as resistências aumentavam.

No dia seguinte, Wagner nos disse, no início da aula: *"Eu tenho vergonha, não vou apresentar o teatro, não."* Patrícia entrou na conversa e contou: *"Ele apresenta pra todo mundo na creche e não tem vergonha."* Manuel falou: *"Eu saí do teatro."* Heli, também, se manifestou: *"Eu saí porque perdi minha fala."* Os alunos manifestaram suas resistências. Quase todos contaram que não iriam mais participar.

Começamos a conversar sobre a vergonha. Pedimos a cada um que falasse uma coisa da qual tem vergonha. Rosilene começou: *"Eu tenho vergonha de apresentar. Todo mundo fica olhando pra gente."* Cláudia contou: *"De apresentar. Têm meninos que não sabem ler direito."*

Patrícia falou: *"De apresentar, os meninos ficam zoando."* Igor disse: *"De ensaiar, é ruim professora."* Cada um dos alunos comentou as coisas das quais tinha vergonha. Alguns afirmaram que não tinham vergonha de nada.

Conversamos sobre a situação de estar no palco, de ser o alvo das atenções. Todos os alunos falaram muito.

Entregamos para eles o poema "O pato", de Vinícius de Moraes. Abaixo da poesia, havia cinco perguntas de interpretação. Esse era o primeiro texto com o qual a turma iria trabalhar. Todos os alunos leram a poesia e as perguntas. Alguns leram devagar, silabicamente, mas, deram conta de ler e de dizer o que haviam lido.

Quando José, João e Júlio foram ler, reclamaram de dor de cabeça.

Júlio olhou o texto e disse: *"Ler? Ah, eu não vou ler não. Eu estou com dor de cabeça."* Sentimos que ele tinha receio de não conseguir ler. Como se não pudesse ler um texto. No entanto, logo após dizer que não leria, Júlio começou a ler a poesia. À medida que percebia que estava dando conta de ler, sorria e continuava a leitura. José e João leram, também.

Reparamos que, à medida que o processo de alfabetização se desenvolve, as resistências vão-se modificando. No início do processo, os alunos afirmavam que não sabiam ler, que não sabiam nada, pareciam não acreditar que podiam aprender. No início, muitas vezes, quando iam fazer exercícios, os alunos pediam para jogar bola ou brincar no pátio.

Nessa fase, os sentimentos eram ambivalentes, de um lado diziam que não iam ler um texto – tinham o receio de não conseguir – de outro, iniciavam a leitura logo depois de dizer que não leriam. Queriam ler, apesar do receio; já estavam começando a acreditar que eram capazes de aprender. Eles não pediam para jogar bola durante a aula e quase não saíam da sala. Consideramos essa nova atitude um avanço no processo desses alunos.

Entregamos para cada aluno um bombom com um cartãozinho de Páscoa. Eles agradeceram.

A turma começou a conversar sobre plantas. Dissemos que quem quisesse poderia levar plantas para a sala.

Jairo e Igor brigaram. Mostramos o cartaz de violência. Perguntamos onde é que estava a violência. Eles pararam e sentaram.

No dia da festa, nossa sala foi a primeira a apresentar. O teatro ficou lindo. Todos os alunos participaram, com exceção de Manoel I., que não quis subir no palco.

Júlio representou o papel do pescador, Patrícia, da mulher do pescador, Rosilene, da compradora de peixes, Tiago, do rei, Manoel C., do mercador. Adão, Wagner e Heli foram os narradores. Os outros alunos formaram o coro. Os alunos do coro ficaram assentados nas laterais do palco. A apresentação ficou muito bonita. Eles foram muito aplaudidos.

À medida que desceram do palco, nós cumprimentamos cada um dos alunos.

d) O trabalho com pequenos textos se desenvolve

Na aula seguinte, levamos dois vasos de espatifilo e um de espada-de-são-jorge. Os alunos comentaram a respeito das plantas. João falou: *"Minha avó tem um pé de pimenta. Minha mãe adora pimenta."*

José contou: *"Eu plantei uma mudinha ontem pra trazer, mas, ela morreu."*

Os alunos ficaram preocupados com as plantas. Eles disseram que os alunos que estudavam no outros turnos iam "acabar com elas." Então, perguntamos como faríamos com as plantas. José sugeriu: *"Guarda no armário."* Júlio explicou: *"Elas morrem com falta de ar, abafadas."* José perguntou: *"Porque tem que molhar a planta?"* Júlio respondeu: *"Porque senão ela morre."* Conversamos um pouco sobre as plantas, sobre como elas nascem e como vivem.

Ficou combinado que as plantas ficariam na janela da sala da coordenação ou da vice-direção. Conversaríamos com a coordenadora e com o vice-diretor. A cada dia, três alunos iriam buscá-las, molhá-las e levá-las para a sala. No final da aula, três alunos as levariam de volta para a janela. Como todos queriam ser os primeiros, dissemos que íamos seguir o círculo, em sentido horário.

Os alunos conversaram sobre esterco, comentaram que era bom para as plantas. Dissemos que, se alguém tivesse esterco em casa, poderia levar para colocar nos vasos.

O botão de volume do gravador estragou. Nesse dia, não pudemos ligá-lo.

Os alunos começaram a "brincar", enquanto estudavam. Uma brincadeira que eles chamaram de "ligar"; nesta, quem falasse determinada palavra, combinada por eles, apanhava. Nós perguntamos a respeito da violência. Perguntamos o que eles achavam dessa "brincadeira". Alguns alunos responderam: *"Tá bom professora. É violência. Parou gente."* Eles pararam com a brincadeira.

Entregamos um novo texto para a turma. Era uma cantiga de roda: "Atirei o pau no gato." Havia perguntas sobre o texto. Com exceção de

Jairo e Júnior, todos os alunos leram a cantiga e as questões de interpretação. Dessa vez, não reclamaram dor de cabeça. Igor, também, leu, mas, havia lido com muita dificuldade.

Quando fomos tomar a leitura de Manoel C., ele disse: *"Eu quero ler tudo."* Júlio, também, disse que queria ler tudo. Eles leram devagar, mas firmes, fluentes, sem problemas. Das vezes anteriores, queriam ler, no entanto, tinham receio, como se não pudessem, como se a leitura não fosse para eles.

Quando José e João receberam o texto, deitaram a cabeça na carteira. Em seguida, levantaram a cabeça e leram. Eles conseguiram ler. A turma estava satisfeita e nós, também.

Trabalhamos com letra de forma até o encerramento dos trabalhos. Nessa fase do processo, como alguns alunos pediram letra cursiva, passamos a dividir o quadro ao meio. O que escrevíamos de um lado em letra de forma, escrevíamos do outro lado em letra cursiva.

Naquele dia, Jairo estava com o tênis furado. Estava muito mal-humorado. Tentou colar o tênis com cola de papel. Ele disse que não queria ficar na aula. Dissemos a ele que isso pode acontecer com todo mundo. Contamos, que uma vez, tínhamos tido a sola de uma sandália quebrada na rua. Ele respondeu: *"Mas você tem dinheiro pra comprar outra"*.

No final da aula, Fernando disse: *"Oh, professora, você colocou os cartazes errado. O último é o da violência".* Tínhamos colocado os cartazes, no varal, fora da ordem em que foram confeccionados. A pobreza, quase miséria, é uma das grandes violências que faz parte do cotidiano dessas crianças.

Na aula seguinte, José trouxe uma planta. Trouxe uma planta conhecida popularmente como quebra-pedra. Ele contou que ele mesmo a plantou. Colocou-a perto das outras.

Os alunos quiseram explorar o cartaz sobre violência.

Para o estabelecimento de uma relação dialógica na sala de aula, é preciso que o educador conheça a concepção de mundo de seus alunos. A concepção que nossos alunos têm do mundo, sua capacidade de responder aos desafios e de apreender a realidade é fortemente influenciada pelas condições materiais e sociais em que vivem. Nesse sentido, no âmbito da prática pedagógica, para que o professor possa desenvolver uma prática humanista, libertadora, é indispensável que ele esteja aberto para conhecer as condições socioeconômicas dos educandos, seus problemas e conflitos (FREIRE, 2004).

Esse conhecimento não diz respeito a um conhecimento geográfico ou superficial, é também uma atitude. É uma abertura real para conhecer a realidade deles que, muitas vezes, nega o direito a uma vida digna, a autonomia, e inibe o processo de crescimento humano. É uma decisão éticopolítica não ser conivente com a exclusão e a exploração social de um grupo pelo grupo dominante.

Na prática pedagógica humanista, essa atitude se refere a facilitar o processo de aprendizagem nos vários níveis e nas várias áreas do saber, com vistas à superação das injustiças sociais e à mudança da situação de exclusão e exploração.

Então, essa é uma prática pedagógica vinculada à ética. O processo de aprendizagem, nessa perspectiva, não se resume apenas em acúmulo de conhecimentos. É um processo que visa a formação ética do educando e a construção de uma visão crítica da realidade.

Cada aluno explorou seu desenho, era o processo de descodificação. Começaram a conversar sobre violência. Tiago contou que, perto da casa dele, há tiroteio todos os dias. Ele disse que sua família está pensando em se mudar da cidade.

Júnior falou: *"Na minha rua ninguém briga não, só bebe. Mas, não briga."*

Os alunos conversaram sobre violência e relataram algumas situações presenciadas por eles. A conversa ficou "densa", "pesada". Eles mudaram de assunto. Começaram a falar do jogo Cruzeiro e Atlético.

Após darem uma espairecida, falando de futebol, Wagner voltou a falar de violência e eles conversaram mais um pouco.

Cláudia contou que a mãe dela ia se mudar de bairro por causa da violência que havia perto de sua casa e concluiu: *"Eu não vou poder mais vir nesta escola. Eu não quero sair daqui porque tenho muitos amigos."* Consideramos essa afirmação um avanço no processo dela. No início do ano, ela afirmava que não tinha amigos e quase não conversava com ninguém nem na sala e nem na escola, apesar de estudar na escola há mais tempo.

Wagner falou sobre a violência que havia perto da sua casa. Os alunos pegaram o livro "Se as crianças governassem o mundo", de Marcelo Xavier, e o trouxeram para que lêssemos. Eles mesmos já tinham lido esse livro, em uma aula anterior. Pediram para os colegas ficarem em silêncio porque íamos ler uma história. Lemos o livro. Alguns alunos comentaram a respeito de ter sorvete aos domingos, disseram que eles não tinham.

José iniciou uma discussão. Nós o lembramos das regras do grupo. Ele disse: *"Ah, é? Então, eu vou levar a minha planta embora."*

e) O grupo monta o primeiro texto

Na aula seguinte, logo no início, Jairo, brincando, jogou papel picado pelo chão da sala. Nós pedimos a ele que pegasse os papéis. Ele respondeu que não pegaria. Então, Raul disse: *"Pode deixar professora, eu pego."* Dissemos a Raul que Jairo tinha jogado, que ele precisava pegar. Explicamos que não seria justo Raul pegar os papéis para ele. Pedimos, novamente, a Jairo que catasse os papéis. Não era a primeira vez que ele jogava papéis no chão. Dissemos a ele que nos sentíamos incomodada ao ver o chão da sala cheio de papéis picado. Então, ele pegou os papéis. Estava começando a participar das aulas de uma forma construtiva.

Os alunos pegaram as plantas e ligaram o gravador com música instrumental.

Fizeram um texto sobre violência. Cada aluno disse uma frase e nós as escrevemos no quadro. Algumas frases foram repetidas. Eles copiaram o texto no caderno e depois leram. O texto ficou assim:

Violência

Violência, não. Queremos paz e amor. Violência não presta. Violência é coisa ruim. Violência só dá coisa ruim. Violência não pode. Violência não pode nem na sala de aula, nem na rua, nem no mundo. Eu quero paz na minha família. Violência não é coisa de brincar. Roubar banco é violência, é ruim, não presta. Matar ou morrer? Nós queremos paz! Quando acabamos de ler, Patrícia disse: *"Agora vamos falar de paz"*. José, referindo-se ao texto, falou: *"Parece um poema, um texto."*

Patrícia pediu para copiar o livro "Se as crianças governassem o mundo." Dissemos que ela podia copiar. José pediu: *"Oh professora, vamos fazer um teatro sobre violência? Aí, depois, a gente fala de paz."* Vários alunos quiseram fazer o teatro sobre violência. Nós concordamos. Eles combinaram que iriam procurar uma história que falasse sobre violência e que desse para fazer a peça.

Perguntamos se podíamos convidar a professora de artes para ensaiar com o grupo. Dissemos que ela tinha ensaiado muito bem o grupo, para a apresentação que eles fizeram na festa da escola. A turma discutiu um pouco o assunto. Ficou decidido que podíamos falar com ela.

Enquanto faziam exercícios, Manoel I. brigou com Jairo. Depois, Jairo brigou com Tiago. As brigas ainda acontecem na sala, no entanto, eles já nos respeitam. Quando pedimos para se sentarem, eles ouvem. Mesmo Jairo e Júnior que, antes, não nos ouviam, agora, ouvem e sentam. Consideramos isso um progresso do grupo.

Naquele momento, o barulho na sala era grande. Todos estavam falando muito alto. Faltavam cinco minutos para o recreio. Nós paramos a aula. Dissemos que naquele dia parecia que eles já tinham feito recreio. José pediu uma chance para o grupo. Então, dissemos que eles só iam sair quando fizessem silêncio absoluto, nem um ruído. Explicamos que íamos colocar uma fita no gravador, com a música "bem baixinho" e, só quando a escutássemos, liberaríamos os alunos para o recreio.

Eles ficaram em silêncio. Nós, também. Fizemos uma brincadeira: conversamos com eles por mímica. Eles acharam engraçado e, também, gesticularam. Fizemos sinal de que estavam liberados para o recreio. Quando eles levantaram das carteiras, arrastaram-nas no chão e fizeram barulho, então, gesticulamos que não podiam sair com barulho. Que podiam voltar. Eles acharam graça. Sentaram-se sem fazer barulho e tentaram levantar-se sem fazer barulho. Repetimos esse procedimento até que conseguissem levantar sem fazer barulho. Eles foram para o recreio.

No dia seguinte, chegaram à sala reclamando porque teriam aula sábado. Enquanto falavam sobre isso, Tiago pediu para que as carteiras ficassem na posição convencional. Comentamos que, em um trabalho de grupo, achávamos estranho um aluno ficar de costas para o outro. Igor já estava fazendo o semicírculo com as carteiras e os alunos se sentaram em círculo. Então, Tiago concordou em se sentar com as carteiras em círculo. Parece que ter aula sábado de alguma forma suscitou a lembrança da posição tradicional das carteiras.

Eles se sentaram e continuaram a conversar sobre o sábado letivo. Eles estavam discutindo se iriam ou não à aula. Enquanto isto, nós estávamos escrevendo exercícios no quadro. Ao final da conversa, eles chegaram à conclusão de que iriam à aula sábado.

Enquanto conversavam, estavam tranqüilos. Eles copiavam os exercícios do quadro e falavam com calma. Cláudia pediu: *"Oh, professora, quando acabar isso [o exercício], quando todo mundo terminar, você deixa cada um cantar uma música?"* Balançamos a cabeça afirmativamente. Rosilene pediu para os outros "andarem logo" com a cópia e a leitura.

Todos, com exceção de Jairo e Júnior leram e copiaram os exercícios.

Quando terminaram, foram à frente da sala cantar. Cada um por sua vez. Tiago foi o primeiro. Ele cantou "É preciso saber viver". João cantou o hino do Cruzeiro. Cada aluno cantou uma música diferente.

Os alunos estavam entusiasmados com os fatos da multiplicação. Praticamente, todos os dias, fazíamos uma folha de exercícios de matemática e uma cruzadinha.

Naquele dia, a última aula era de artes. Pedimos para não se esquecerem de guardar as plantas. No dia seguinte, vimos que eles não esqueceram. Todos os dias, eles buscam as plantas e as guardam no final da aula.

Júlio toma conta da espada-de-são-jorge. Ele a coloca atrás de sua carteira, todos os dias, em cima de uma bancada, na sala. Manoel C. também gosta de colocar uma das plantas perto de si. Geralmente, os alunos distribuem os quatro vasos pela bancada.

Júnior, nessa fase, está fazendo alguns exercícios. No primeiro mês de aula, não fazia nenhum. Jairo que, no início do processo, dizia que não ia tentar ler de jeito nenhum e que era burro de nascença, agora, não tem falado mais isso. Nessa fase, ele fala: *"Não vou ler agora não, eu leio depois."* Sempre concordamos. Depois, em outro momento, pedimos a Jairo que leia, então, ele lê. Lê algumas palavras, com sílabas simples, está iniciando o processo de leitura. Mas, no processo dele, consideramos sua nova atitude um avanço.

Eventualmente, alguns alunos de outras salas aparecem na porta da nossa sala e, então, criticam nossos alunos. Naquele dia, no início da aula, enquanto distribuíamos o grupo ortográfico, José disse que não ia fazer nada. Que as coisas que eles faziam eram de pré, de primeira série. Vários alunos concordaram com ele.

Então, dissemos que as coisas que eles faziam não eram de pré. Contamos que o poema "O pato", que havíamos levado para eles, tínhamos emprestado para nossa colega, professora da quinta série. Contamos que os meninos da quinta série perguntaram se eles já estavam fazendo aquilo.

Contamos, ainda, que um exercício de ortografia que eles tinham feito – explicamos qual – fora a professora da quinta série que nos emprestou. Dissemos, também, que o grupo de palavras, grupo ortográfico, faz parte do aprendizado e é um exercício.

Então, Tiago falou: *"Ela já explicou tudo. Vamos trabalhar."* Os alunos concordaram. Fizeram alguns comentários de que, realmente, a matéria que eles estudavam não era matéria de pré e nem primeira série. Por nossa turma estar defasada com relação às demais, esses conflitos acontecem. Nesses momentos, temos receio de que o trabalho seja prejudicado. O diálogo franco e aberto que temos com os alunos tem ajudado a resolver essas situações.

A consciência que eles tinham de o quanto, realmente, tinham progredido os fortalecia para continuar o processo.

Na aula seguinte, levamos o texto que eles tinham feito sobre "violência", escrito no computador e xerocado. Entregamos para cada um dos alunos. Naquele dia, eles estavam bastante agitados. Fizeram o exercício entre discussões e brigas.

Não sabíamos se a agitação era conseqüência de estarmos em uma segunda-feira, se seria um ranço de um fim de semana ruim ou uma forma de expressar a angústia do próprio processo de aprendizagem, à medida que este avançava. Talvez fossem as duas coisas.

Manoel I. brigou e discutiu com muitos alunos. Perguntamos a ele o que estava acontecendo, dissemos que, se ele não respeitasse as normas do grupo, teria de ficar na coordenação. Ele brigou com mais dois alunos, então, pedimos a ele que fosse conversar com a coordenadora. Ele foi.

Apesar da agitação, eles, diferentemente do início do processo, ouviam-nos. Não nos respondiam com agressividade como faziam no início. Havia respeito mútuo e compreensão.

Ficamos sabendo que Júnior não tinha ido à aula porque havia cortado o supercílio, ele tinha ido ao hospital. Rezamos para que ele se recuperasse logo.

Eles pediram para que ligássemos o gravador. Nós dissemos que estava ligado, mas, como o botão do volume havia estragado definitivamente, não dava para ouvir a música. O som estava baixo demais.

Júlio levou uma fita, dissemos que, assim que consertássemos o gravador, ouviríamos.

Levamos o som para consertar.

No dia seguinte, distribuímos exercícios de ortografia. Eles estavam agitados, como no dia anterior, mas não brigaram. Enquanto faziam o exercício, cantaram, falaram alto, quando um se sentava o outro se levantava. É como se, inconscientemente, o grupo precisasse daquele movimento, então, sem que isso fosse explicitado, eles se alternavam, mantendo a agitação. Algumas vezes, olharam para nós, como a observar o que faríamos. Nós apenas observávamos e continuávamos a aula. Tomamos a leitura de cada um dos alunos. Garantimos que a tarefa não se paralisasse, apesar da agitação da turma. Entendemos que, com esse movimento, eles, inconscientemente, tentavam paralisar o processo de alfabetização e o processo de crescimento humano. Deixamos que a angústia, que o próprio processo de aprendizagem e de crescimento podem suscitar, fosse expressa.

Tiago tinha levado um livro de piadas. Pediu para lê-las para os colegas um pouco antes da hora do recreio. Na hora combinada, leu uma piada. José falou: *"Esta é boa professora, é de bêbado, é de bêbado."* Dissemos que outra hora ele poderia ler mais. Estava na hora do recreio.

Depois do recreio, fomos com nossos alunos assistir a uma apresentação de circo dos alunos do primeiro ciclo.

Um dos fenômenos que podem acontecer na comunicação em grupo é o da afetividade. Em todo grupo, nos vários momentos, existe um sentimento dominante que é compartilhado por todos os membros com intensidades variadas em cada pessoa. Esse sentimento é inconsciente (PAGÈS, 1976).

Então, a diversidade que se observa em um grupo num dado momento é mais aparente do que real. Existe uma unidade que unifica as contribuições de vários membros do grupo, algumas vezes, de todos. Nessa perspectiva, todos os níveis de expressão dos membros desse convergem para um ponto comum (PAGÈS, 1976).

f) Os alunos sentem falta da música

No dia seguinte, assim que chegamos, os alunos perguntaram pelo som. Explicamos que ainda estava no conserto.

Iniciamos a aula com uma brincadeira, explicamos que cada aluno entregaria um presente imaginário para o colega da direita e avisaria o que estava entregando. O colega receberia o presente e daria um outro, para a pessoa que estivesse à sua direita. Nós começamos a brincadeira, entregamos um vaso com flores para Júlio. Ele entregou uma bola para Igor. Igor entregou um dado para Manuel C. e assim por diante. Todos os alunos participaram.

Depois, eles fizeram exercícios de ortografia e de matemática.

Rosilene havia levado um papel de ovo de Páscoa para a aula. Ela cortou o papel em pedaços e sorteou para os colegas. Eles receberam os papéis e, no decorrer da aula, deixaram os papéis cair no chão. Nós dissemos que o chão da sala estava cheio de papel e que isso estava nos incomodando. Pedimos a eles que catassem. Rosilene e Cláudia pediram para buscar a vassoura. Nós consentimos. Elas varreram a sala. Enquanto varriam, Patrícia colocou o lixo na lixeira e Igor acertou as carteiras.

Enquanto as alunas varriam a sala, João falou: *"Só falta você trabalhar, professora, porque, você, também, é mulher."* Praticamente só as meninas estavam trabalhando. Com exceção de Igor, todos os meninos ficaram assentados.

Conversamos sobre essa questão e sobre o machismo. Wagner falou que as mulheres não devem obedecer aos homens.

Na aula seguinte, Jairo contou que o tio havia morrido. Os alunos conversaram sobre a morte. Contaram a respeito dos parentes que já haviam perdido. Passaram a falar de bebida.

Começamos a trabalhar com a palavra geradora XINGAR. Essa tinha sido a palavra geradora escolhida por João. Ele disse que não gostava de quando as pessoas o xingavam. Heli e Júlio disseram: "*Eu, também, não.*" Os alunos começaram a conversar sobre situações nas quais uma pessoa havia xingado outra. Jairo comentou que tem um amigo que xinga a mãe com palavrões. Os colegas se manifestaram indignados. Enquanto isso, houve conversas paralelas. José levantou e imitou um dos colegas pedindo esmola. Disse que ele era um mendigo.

Enquanto conversávamos sobre a palavra XINGAR, alguns alunos "xingavam uns aos outros".

Eles fizeram um exercício de leitura. A leitura melhora a cada dia. Ás vezes, diante de uma palavra nova, eles ficam alguns instantes em silêncio, olhando para a palavra, depois, lêem. Alguns alunos estão lendo com mais fluência que outros.

Igor ainda tem muitas dificuldades na leitura. Jairo e Júnior não estão nessa etapa do processo de alfabetização. Júnior está iniciando o processo e Jairo parou de se recusar a fazer os exercícios e a leitura, ele passou a adiar. Entendemos que ele está se preparando para iniciar o processo.

Júnior escreveu no quadro duas palavras geradoras. Ele escreveu: "paz" e "amor". Mostrou-nos o que tinha escrito. Depois, nos disse: *"O Jairo chegou perto de mim e falou que o Manoel I. disse que eu machuquei o olho porque estava olhando pela fechadura da casa dos outros. Isso é só para fazer intriga professora, só pra eu bater no Manoel I.* **Mas eu não vou cair nessa não.**"

Dissemos que ele ter percebido isso era muito importante. Demos os parabéns a ele. As intrigas aconteciam com freqüência na sala e eram motivos de brigas entre os alunos.

Jairo escutou a conversa, chamou Júnior e perguntou para José se não era verdade que o Manoel I. tinha dito aquilo. José disse que era e contou o que havia ouvido o Manoel dizer. Júnior olhou para nós, como se estivesse nos pedindo auxílio. Então, dissemos a ele que, se não era intriga, era fofoca. Perguntamos se ele ia "cair nessa". Ele respondeu: *"Não"*. Em seguida, sentou e foi fazer o exercício. Chamou Jairo: *"Vem Jairo, vem ler, também. Você consegue não é não professora?"* Dissemos a Jairo que se ele quisesse, conseguiria, que ele já estava conseguindo. Jairo respondeu: "*Não, eu sou burro de nascença.*" Há muitos dias ele não dizia essa frase. Nós conversamos com ele.

Todos os dias, durante os exercícios de leitura, Jairo observava os colegas lendo. Em seguida, criava uma confusão. Ele cria que não poderia ler, que não conseguiria e se angustiava ao ver o processo da turma, no qual ele não conseguia se inserir.

José brigou com Manoel I. Os alunos pediram para ligar o gravador. Dissemos que o gravador ainda estava no conserto. Júlio ficou indignado. Ele perguntou quem é que estava consertando o gravador, que não tinha terminado ainda. Explicamos que demorava mesmo e que estava marcado para buscarmos no dia seguinte.

A música era mais um instrumento que estava sendo utilizado por nós na facilitação do processo de alfabetização e de crescimento humano, ela ajudava a harmonizar o grupo. Então, naquele dia, pedimos o som da escola emprestado. Tínhamos um *CD* na pasta: "Sons da natureza". Nós o colocamos para o grupo. À medida que o *CD* tocava, eles iam identificando os sons: som de passarinho cantando, de cachoeira, rio, chuva. Alguns alunos levantaram e se aproximaram do aparelho de som. Eles disseram que era para "ouvir melhor". Nós dissemos que eles poderiam ouvir da carteira, enquanto faziam os exercícios. Os alunos ficaram mais tranquilos depois que ligamos o som.

Naquele dia, a turma fez exercícios de português e de matemática.

No final da aula, Cláudia e Rosilene pediram para pegar a vassoura, para varrer a sala. Nós concordamos. Quando elas começaram a varrer a sala, perguntamos se não era a vez dos meninos. Então, José e Tiago levantaram, voluntariamente, pegaram a vassoura e varreram a sala. Manoel C. pegou a pá de lixo. No início, Cláudia não quis dar a vassoura para Tiago. Dissemos a ela que os meninos precisavam participar, também. Então, ela entregou a vassoura para eles.

Na aula seguinte, Heli queria uma determinada mesinha e brigou com os colegas por causa disso. Ele chorou. Igor se sentou ao lado dele e demonstrou solidariedade a ele.

Iniciamos uma conversa com os alunos. Era sexta-feira, perguntamos ao grupo como tinha sido a semana, se tínhamos tido algum problema. Eles começaram a conversar sobre violência e sobre as brigas na sala. Comentaram que o Manoel I. fazia intrigas e era responsável por grande parte das brigas. Disseram que os apelidos tinham de acabar, "eles é que fazem a gente bater". Concluíram que precisavam mudar de atitude.

Nós fizemos uma técnica para trabalhar a questão do espaço. As cadeiras foram colocadas próximas umas das outras, em círculo. Durante a brincadeira, pedíamos aos alunos para esticarem as pernas, os braços, para espreguiçarem. Eles reclamaram uns dos outros. Afastadas as cadeiras, para a discussão, perguntamos como tinha sido a brincadeira, porque haviam esbarrado uns nos outros. Eles discutiram a questão. Chegaram à conclusão de que havia faltado espaço e respeito entre eles.

Júlio falou: *"Todo mundo precisa de espaço para viver. As plantas, tudo precisa de espaço."* Tiago pediu para continuarmos a conversa lá fora, no pátio. Concordamos.

Sentamos em uns bancos de cimento em frente à sala de aula. Os alunos continuaram a conversar a respeito de espaço. Comentaram a respeito do tamanho de suas casas, do número de cômodos e de pessoas. Tiago falou que, além de espaço, as pessoas precisam de conforto, também, para viver.
Enquanto conversavam, Tiago fez um desenho. Ele nos entregou o desenho e pediu que assinássemos no final da folha e passássemos para os alunos assinarem, também. Assinamos e passamos para os alunos. Estava escrito abaixo do desenho, dentro de um coração: nós queremos amor. No entanto, o desenho era de uma fera. Todos os alunos assinaram. Ele pediu que guardássemos. Nós guardamos com as coisas que levávamos para estudarmos.

Uma das professoras especializadas disse que os alunos melhoraram muito. Que eles já estão se organizando como grupo.

A escola teria uma semana de provas. Os alunos nos perguntaram se nossa turma faria provas, também. Respondemos que se eles quisessem, nós daríamos prova. Eles quiseram. Disseram que fazer prova era importante e que tinha de ser prova bem difícil.

Então, combinamos que nossa classe teria provas.

O QUARTO MÊS DE AULA

a) A disposição das carteiras

Na aula seguinte, entramos na sala no segundo horário. O primeiro havia sido de educação física. Quando entramos, os alunos estavam assentados, com as carteiras em fila, de forma convencional. Eles disseram que queriam ficar daquele jeito. Perguntamos por quê. Alguns disseram: *"É melhor assim."* Então, comentamos que daquele jeito eles não viam uns aos outros. Eles responderam que não tinha problema. Que em círculo é "igual criancinha". José disse: *"Todo mundo usa é carteira em fila."*

Explicamos que, nas faculdades e, também, em cursos em empresas, muitas vezes, as aulas são dadas com as carteiras em círculo e que nesses lugares não tem criança. Eles ouviram e ficaram pensativos, sérios.

Então, José falou: *"Eu não quero saber. Quero as carteiras igual de todo mundo."* Perguntamos se precisamos fazer as coisas igual "todo mundo faz". José disse que sim. Perguntamos se nós não podíamos fazer diferente, achar formas mais interessantes de fazer as coisas ou inventar formas novas. Ele falou que não. Que tínhamos de fazer igual todo mundo. Ele disse que as carteiras tinham de ficar iguais às dos outros.

Nós dissemos que isso nós iríamos resolver em grupo. Contamos que iríamos fazer uma votação. Mas que antes iríamos contar uma história para eles – a história da "Maria vai com as outras" de Sylvia Orthof.[10]

Os alunos estavam quietos. Escrevemos umas frases no quadro para eles copiarem e fomos até à sala dos professores. Buscamos nosso caderno, no qual a história estava escrita. Foi a primeira vez que saímos e deixamos os alunos sozinhos. O grupo já havia construído vínculos de respeito e solidariedade, sabíamos que podíamos confiar neles. Eles estavam em silêncio. Quando voltamos, eles estavam copiando as frases.

Há muito tempo, os alunos não tinham problemas com a disposição das carteiras. Eles mesmos, muitas vezes, fizeram o círculo. Na verdade, eles nunca tiveram problemas com o círculo. O problema era que o círculo, com as carteiras, dava margem para os alunos de outras salas, que conviviam com nossos alunos fora da escola, como, por exemplo, na creche, fazerem chacotas.

Era uma forma de eles menosprezarem nossos alunos, quando estes contavam a respeito das plantas ou do trabalho com as técnicas e "brincadeiras" que fazíamos na sala.

Sabíamos que era difícil para os alunos ouvirem as piadas maldosas dos colegas de outras salas mas sabíamos também que o círculo facilitava a comunicação e a interação da turma. Além disso, eles poderiam iniciar o aprendizado de que, quando acreditamos que alguma coisa é boa para nós, que é bacana, se não estamos prejudicando ninguém, podemos fazê-la. Que não precisamos fazer uma coisa que não é boa para nós, só porque "todo mundo" faz.

---

[10] Lemos uma adaptação da história Maria-vai-com-as-outras de Sylvia Orthof, Editora Ática.

Dissemos a eles que leríamos a história "Maria vai com as outras". Eles fizeram um silêncio absoluto. Foi a primeira vez que tivemos um silêncio total na sala. Lemos a história.

Quando terminamos a leitura, José falou: *"Eu sou Maria vai com as outras mesmo."* Eles conversaram sobre a história, nós também participamos da conversa. Depois, eles votaram a respeito da posição das carteiras. Só José votou a favor das carteiras na posição convencional. Os alunos fizeram o círculo. Eles pediram para que escrevêssemos a história da "Maria-vai-com-as-outras" no quadro para eles copiarem. Dissemos que a história era grande para copiar no quadro, mas que tiraríamos xerox para eles. Perguntamos quem iria querer. Todos quiseram, inclusive José.

Os alunos começaram a fazer o cartaz de "codificação" com a palavra XINGAR. Como muitos alunos manifestaram vontade de desenhar a respeito desse tema, entregamos uma folha de papel ofício para cada um dos alunos e pedimos que eles desenhassem o que quisessem sobre a palavra XINGAR. Cada uma das folhas deveria ser colada em uma folha de papel manilha que estava afixada no quadro. Dissemos que, se alguém preferisse recortar gravuras de revista, poderia fazê-lo. Alguns alunos já escreviam nos cartazes, em suas gravuras. Dessa vez, alguns montaram uma pequena história sobre xingar, que incluía desenhos e escrita.

Depois que os alunos terminaram o cartaz, fizeram exercícios de ortografia. Em seguida, fizemos uma brincadeira. Nesta, cada aluno diria uma palavra ou uma frase sobre o grupo, sobre a sala. Nós iniciamos a brincadeira. Depois, foi a vez de Igor, ele disse: *"Paz."* Fernando: *"Paz e amor, compaixão pelos colegas."* José: *"Eu quero paz dentro da sala."* João: *"Ter educação na sala."* Cada um falou sua frase ou palavra, todos participaram.

No dia seguinte, teríamos prova de português. Eles nos perguntaram se a prova estava bem difícil. Dissemos que sim, que era para eles estudarem. Entendemos que, no contexto da semana de provas, a prova tinha um significado importante para nossos alunos, para sua auto-estima.

b) A semana de provas e o eclipse lunar

No início da aula seguinte, José escreveu no quadro: *"Nós queremos paz, diga não à violência."*

Como nossos alunos fariam prova de português, perguntamos a eles se poderíamos deixar as carteiras em fila, só durante as provas. Eles concordaram.

A turma cantou parabéns para Rosilene, depois, enquanto eles assinavam o cartão de aniversário dela, ela serviu paçoca para os colegas.

Em seguida, os alunos fizeram exercícios sobre a palavra XINGAR. Cada um ditou uma frase a respeito da palavra XINGAR, nós as escrevemos no quadro e eles copiaram no caderno. Alguns alunos fizeram a mesma frase. As frases foram:

Xingar é muito feio. Não pode xingar. Xingar é ruim. Os outros me xingam. Xingar é bom. Xingar traz violência. Xingar é coisa ruim. Nós queremos paz. Xingar é bem gostoso. Xingar só traz coisa ruim. Eu xinguei. Xingar não é bom. Xingar até que é bom para ficar mais esperto. Xingar não é bom. Queremos paz, xingar é violência.

Copiaram uma poesia do quadro e leram. Jairo desenhou um castelo no quadro, logo após o recreio, Cláudia e Rosilene escreveram ao lado do castelo: "Que paz! Muita paz!"

Os alunos perguntaram por que nossa turma não tem livros didáticos como todas as outras. Eles disseram que todas as turmas têm livros. Respondemos que eles já estavam começando a ler, então, se quisessem, poderíamos ver com a bibliotecária se havia livros suficientes para a classe.

Eles disseram que queriam, então, combinamos que verificaríamos na biblioteca da escola.

À medida que os alunos percebiam que estavam lendo, faziam algumas reivindicações no sentido de se igualarem às outras salas. Essa atitude era positiva.

Eles fizeram a prova de português. Ela foi individual e sem consulta. Os alunos ficaram quietos e prestaram muita atenção.

No final da aula, eles contaram que não estavam encontrando uma história sobre violência adequada para fazer o teatro. Perguntaram se nós podíamos procurar. Dissemos que iríamos procurar e pediríamos à professora de artes que nos ajudasse a procurar, também.

Depois que a aula terminou, falamos com a professora de artes e ela nos disse que ajudaria a procurar. Contou que, na outra escola em que trabalhava, havia alguns livros novos de história que poderiam nos ajudar. Disse que iria procurar entre eles.

Na aula seguinte, Fernando perguntou se havíamos visto o eclipse lunar. Nós respondemos que vimos e perguntamos se ele havia visto, também. Ele contou que viu e fez vários comentários a respeito. João falou que, também, tinha visto. Então, Manoel I. fez várias perguntas sobre o eclipse e Fernando respondeu. Adão entrou na conversa e explicou para a turma o que é um eclipse.

Depois de ouvir os colegas, Igor perguntou: *"Então, a Terra tá flutuando?"* Respondemos que sim e explicamos os movimentos que a Terra faz. Ele perguntou: *"Então, como é que a gente não vê?"* Júlio respondeu: *"A gente não nota."* Nós dissemos que a Terra gira muito devagar. Fizemos o desenho da Terra, do sol e da lua, no quadro e conversamos sobre ele. Conversamos um bom tempo sobre esse tema e dissemos que, em outras aulas, conversaríamos mais a respeito.

Eles perguntaram sobre a prova. Respondemos que a entregaríamos na sexta-feira e que todos tinham ido muito bem.

Adão falou: *"Oh, professora, você disse que hoje a gente ia ficar em roda."* Respondemos que eles fariam prova de matemática e perguntamos se poderíamos deixar as cadeiras em fila, só nos dias de prova. Eles concordaram. José disse que era para elas ficarem em fila sempre.

Havíamos conversado com a bibliotecária no dia anterior sobre a possibilidade de nossos alunos, também, receberem livros didáticos. Ela sabia que nossa turma estava aprendendo a ler. Explicamos a ela que, para não abalar a auto-estima de nossos alunos e atrapalhar o processo de aprendizagem, os livros tinham de ser os do ciclo em que eles estavam. Não pretendíamos trabalhar com o livro de forma sistemática. Eles ainda estavam no processo de alfabetização. Mas, se pediram o livro, entendemos que este poderia auxiliá-los, estimulá-los. Além do mais, alguns alunos já podiam ler textos mais elaborados.

A bibliotecária mandou três livros para que escolhêssemos. Um de ciências, um de história e um de geografia. Mostramos os livros a eles e pedimos que escolhessem um. Vários alunos disseram que queriam o livro de história, outros, que o grupo tinha de votar. Então, eles votaram, escolheram o livro de história.

Jairo colocou o presente que tinha feito na aula de artes, para o dia das mães, no cantinho do quadro. Disse que era para a pintura secar.

Depois que os alunos fizeram exercícios de português, entregamos a prova de matemática. A prova de matemática era simples, adequada para uma turma que está se alfabetizando, exigia leitura e interpretação, além de operações de adição e subtração. Havia um desenho de um menino com vários carrinhos, bolas e petecas em volta de si. A primeira questão era: Manuel tem__carrinhos, __bolas e__petecas. Quantos brinquedos Manuel tem?__

Depois havia várias perguntas: "Qual brinquedo ele tem mais?" "Qual brinquedo ele tem menos?" "Se ele tivesse apenas carrinhos e bolas quantos brinquedos ele teria?" e assim por diante. No final da prova, havia várias operações de adição e subtração.

Nós entregamos a prova e não lemos para os alunos. O resultado foi excelente.

Segundo Rogers:

> [...]num clima de compreensão, quando o professor é mais empático, cada aluno tende a sentir apreço pelos outros, a ter atitude mais positiva em relação a si mesmo e em relação à escola. Se, em grau elevado, se deixa envolver no seu grupo (o que parece razoável em tal clima de sala de aula), tende a utilizar suas aptidões, de modo mais amplo, no desempenho da atividade escolar. (ROGERS, 1972, p. 118)

Nessa fase, os alunos estão mais tranqüilos. Tiago trouxe as pulseiras e colares que está fazendo para vender, ele mostrou para o grupo.

Na aula seguinte, perguntaram em que dia os livros chegariam. Respondemos que eles chegariam na segunda-feira.

Jairo contou, no início da aula: *"Oh, professora, ontem a Rosilene estava fazendo gracinha lá na rua. Ela foi dormir na casa da Cláudia e ficou atravessando a rua de um lado pro outro."* Ele estava demonstrando preocupação pela colega. Wagner, não entendeu e disse: *"Mentira, a mãe dela deixou ela dormir lá."* Jairo respondeu: *"E o que que eu falei ô?"*. Jairo está menos agressivo com os colegas. Os alunos estão bem-humorados e estão prendendo a resolver os problemas conversando.

Naquele dia, retomamos a conversa sobre o eclipse. Desenhamos o nosso sistema solar no quadro. Escrevemos ao lado de cada planeta seu respectivo nome. Eles ficaram quietos, atentos, em silêncio. Era a segunda vez que faziam um silêncio absoluto. A primeira vez que houve um silêncio assim, foi o dia em que contamos a história da "Maria-vai-com-as-outras". Os alunos observavam o quadro fixamente. Sentimos que era um momento importante para o grupo.

Conversamos sobre nosso sistema solar. Eles copiaram o desenho no caderno. Enquanto copiavam, liam os nomes dos planetas e faziam comentários. Júlio disse: *"Que nome esquisito: Plutão."* Dissemos que os nomes eram esquisitos mesmo. Eles fizeram várias perguntas, aqueles que sabiam respondiam, nós complementávamos quando necessário.

Fernando comentou que iria colocar anéis em Saturno. Perguntaram: "e a lua?" Nós respondemos que a lua não é um planeta, ela é um satélite da Terra. Conversamos sobre as luas de outros planetas.

Ao lado do desenho, escrevemos novamente o nome dos planetas da seguinte forma: O primeiro planeta do nosso sistema solar é Mercúrio. O segundo planeta do nosso sistema solar é Vênus. Assim por diante.

Depois que os alunos copiaram, cada um deles leu, em voz alta, os nomes dos planetas, da forma como estava escrito ao lado do desenho.

Cláudia e Rosilene falavam muito alto, mas, na hora de ler, liam muito baixo. Elas estavam, gradativamente, aumentando o tom de voz para ler. Estavam adquirindo mais segurança. Apesar de ainda lerem baixo, diziam quando iam começar a ler: *"Eu quero ler tudo."* Todos os alunos leram. Eles sorriam ao perceber que estavam conseguindo ler palavras "esquisitas". Às vezes liam um nome, como, por exemplo, "Urano", e olhavam para nós. Então, nós dizíamos: "Isso mesmo, está certo, parabéns!"

Quando terminaram a leitura, estavam felizes. Júlio falou: *"É fessora, nois da roça num sabe lê essas palavra difícir não."* Disse isso e deu uma gargalhada. Ele tinha dito essa frase em uma linguagem que não usava para conversar normalmente. Entendemos que ele quis dizer que já sabia ler aquelas palavras "difíceis". Elas já não eram mais difíceis. E ele já podia até brincar com isso.

Então, nós dissemos: "Esta sala está dez!" Eles bateram palmas para a sala. Sentimos que o grupo estava mais calmo e mais coeso, havia harmonia.

Durante a leitura, a coordenadora do ciclo esteve na sala nos entregando um material. Ela viu o entusiasmo dos alunos. Contamos a ela como eles haviam se interessado pelo eclipse. Ela ouviu um dos alunos lendo e elogiou a turma.

Depois, trabalhamos palavras com qua, que, qui. Eles fizeram exercícios com essas palavras.

Os alunos nos disseram que queriam fazer prova de ciências, também. Então, montamos um exercício com perguntas sobre as posições dos planetas, em nosso sistema solar, com relação ao Sol. Havia o desenho dos planetas com os nomes de cada um deles. Eles tinham de ler a pergunta, procurar a resposta no desenho e escrevê-la. Nosso objetivo era treinar a leitura e a interpretação. Esse exercício ficou sendo a prova de ciências. Eles se saíram muito bem, com exceção de Júnior e Jairo, que quase não conseguiram ler as perguntas de nenhuma das provas. Igor tinha tido mais dificuldades do que os colegas, mas, de modo geral, tinha se saído bem. Alguns alunos leram e responderam às perguntas, rapidamente.

c) Os primeiros resultados

Na semana seguinte, entregamos os livros de história e, também, os de geografia. Como havia livros suficientes, e alguns alunos haviam demonstrado interesse por geografia, entregamos os de geografia, também.

Na quarta-feira, mostramos as provas para os alunos. Mas, dissemos a eles que as recolheríamos novamente. Explicamos que elas seriam entregues aos pais, na reunião de pais. Quase todos os alunos haviam tirado mais de oito pontos em dez. Apenas Jairo e Júnior tiraram uma nota menor. Os alunos estavam contentes, eles olhavam as provas uns dos outros.

Júnior duvidou de Cláudia, quando ela contou que tinha tirado dez em uma das provas. Eles discutiram e ela correu atrás dele. Saíram da sala e correram pelo pátio.

Nós os Chamamos, dissemos que não podiam sair da sala. Eles voltaram, perguntamos o que tinha acontecido. Júnior contou o ocorrido, bem-humorado, explicando que não a tinha insultado. E acrescentou: *"Eu falei isto brincando."* Pediu desculpas a Cláudia por ter dito que duvidava dela e estendeu a mão para ela. Ela não aceitou. Ele ficou decepcionado, comentou que ela não tinha aceitado suas desculpas.

Nós perguntamos a ela se, na vida, muitas vezes, não é necessário aprendermos desculpar as pessoas. Enquanto escrevíamos exercícios, no quadro, Cláudia aceitou as desculpas de Júnior. Ele falou alto: *"Ela aceitou as desculpas professora."* Disse em seguida que queria ter uma irmã igual a ela. Cláudia respondeu que, por parte de Deus, somos todos irmãos.

Alguns alunos ficaram muito bravos por terem tirado nove ou nove e meio. José havia tirado oito em uma das provas e disse que não levaria aquela prova para casa de jeito nenhum.

Nós dissemos que quem havia tirado oito nas provas estava de parabéns. Recolhemos as provas.

Escrevemos uma série de perguntas, no quadro, para os alunos lerem e responderem. Eram perguntas pessoais, como por exemplo: Qual é seu nome? Quantos anos você tem? Qual é o nome de seu melhor amigo? Assim por diante. Eles leram e responderam. Depois, nós corrigimos.

Em seguida, eles fizeram exercícios com poesias.

Na aula seguinte, começamos a trabalhar com a palavra geradora INVEJA. Esta era a palavra escolhida por Cláudia. Os alunos começaram a conversar sobre a inveja. Eles contaram que muitas pessoas causam inveja neles. Eles comentaram: *"Oh, o tempo todo."* Perguntamos como era a questão da inveja na sala de aula. Tiago falou: *"Ah, também, fazem inveja na gente comendo, oh!"* Imitou alguém comendo biscoito devagar.

Tiago e Júlio pediram para fazer um desenho sobre inveja. Dissemos que podiam fazer. Nós escrevemos ja- je- ji -jo- ju no quadro, ao lado da palavra inveja. Eles disseram palavras com "j" e nós as escrevemos no quadro. Depois, leram, copiaram e separaram as palavras em sílabas. Eles colocaram na frente de cada palavra o número de sílabas que ela continha.

Naquele dia, os alunos saíram mais cedo por que havia conselho de classe.

Durante o recreio, a bibliotecária nos disse que, se quiséssemos os livros de ciências, também, poderíamos distribuí-los para os alunos. Explicou que havia livros suficientes, mas que não era o livro de ciências que os alunos das quartas séries estavam usando, naquele ano. Os que ainda estavam disponíveis eram diferentes, eram os que foram usados no ano anterior. Dissemos que seria bom, se eles, também, tivessem o livro de ciências. Então, ela mandou entregar os livros na sala.

Na aula seguinte, distribuímos os livros de ciências para os alunos. Eles folhearam o livro e alguns alunos leram as primeiras páginas.

Naquele dia, tivemos um aprendizado diferente. No dia anterior, havíamos ganhado um texto xerocado, em número suficiente para nossos alunos. Era uma história pequena, como as que usávamos durante as aulas. O texto contava a história de um menino que estava viajando de férias com a família. Havia algumas perguntas de interpretação.

Geralmente, com exceção das poesias, trabalhávamos textos que montávamos com os próprios alunos ou textos que se referiam a uma temática que eles estivessem discutindo. Não utilizávamos textos que não tivessem relação com as temáticas discutidas pelos alunos.

No entanto, naquela aula, fizemos uma coisa totalmente atípica, resolvemos utilizar essa história. Distribuímos o texto que havíamos ganhado. Os alunos leram. Quase todos conseguiram responder às questões sem ajuda. Uma das perguntas era sobre o que tinha de interessante na história. Júlio respondeu com uma letra linda: *"Nada."* Perguntamos se ele não tinha achado nada de interessante na história. Ele respondeu: *"Não."* Pensamos sobre isso. Corrigimos os exercícios dos alunos que haviam acabado e percebemos que mais alguns alunos, também, haviam colocado *"nada"* como resposta a essa pergunta. De fato o texto não tinha nada que se relacionasse à vida de nossos alunos, nem às temáticas discutidas nas aulas, nem ao nosso trabalho.

Por motivo de saúde, não fomos no dia seguinte.

Iniciamos a aula seguinte trabalhando palavras com Gr.

Júnior pediu um *chips* para o José e acrescentou: *"Eu te dei biscoito aquele dia."*

Os alunos estavam agitados. Eles discutiram uns com os outros. Então, nós perguntamos se era porque havíamos faltado à aula no dia anterior, explicamos o motivo de nossa falta.

Eles fizeram exercícios, mas ainda estavam agitados. Entregamos o bilhete que falava da festa junina. Haveria um campeonato de prendas na escola.

No início da aula seguinte, enquanto pregávamos o cartaz sobre o tema XINGAR, no quadro, para que os alunos pudessem "descodificá-lo", alguns alunos entraram com as plantas na sala. Então, Tiago, referindo-se à planta, falou com Júlio: *"Tá crescendo, filho."* Júlio respondeu: *"Eu vou cuidar dessa. Ela vai ficar do meu tamanho."* Tiago comentou conosco: *"Ele vai cuidar daquela, eu vou cuidar dessa."* Apontou para o outro vaso. Nós perguntamos: "E as outras?" Júlio respondeu: *"O Manuel ta trazendo. Eu vou cuidar dessa, ela vai crescer e ficar do meu tamanho."*

Patrícia disse em seguida: *"Eu vou cuidar da do José, ela tá morrendo."*

Os alunos começaram a trazer prendas para a sala. Pediram que anotássemos.

Passamos a explorar o cartaz sobre "xingar". Cada aluno comentou seu desenho. João explicou que os meninos grandes estavam xingando os pequenos. Raul, que os meninos estavam jogando pedras uns nos outros. Cláudia explicou que os meninos estavam discutindo. Eles haviam desenhado brigas familiares, brigas entre colegas, brigas na rua. Cada um comentou seu desenho.

Depois que os alunos conversaram muito sobre o cartaz com o tema "xingar" e comentaram situações em que as pessoas os haviam xingado, conversamos com eles sobre auto-estima. Nós explicamos ao grupo o que era auto-estima. Enquanto explicávamos, Tiago gritou: *"Hurra, lá, lá, lá, lá."* Ele fez bastante barulho. Dissemos a ele que existem coisas que são mesmo difíceis de conversar. Continuamos a conversa. Os alunos participaram. Comentamos que depois faríamos uma brincadeira para compreender melhor sobre "auto-estima".

Escrevemos um texto, no quadro, sobre auto-estima. A última frase do texto era: "Tem dias em que ela está lá em cima, tem dias em que ela está lá em baixo". Enquanto Júlio copiava, leu alto: *"que ela está lá em baixo."*

Todos os alunos copiaram e leram o texto. Enquanto liam, muitos tiveram uma "crise de tosse". Às vezes liam o texto na terceira pessoa, em seguida, corrigiam. O texto estava escrito na primeira pessoa do plural.

Terminada a leitura, entregamos uma cruzadinha para os alunos. Naquele dia, a turma estava mais calma.

Depois que corrigimos a cruzadinha, escrevemos, no quadro, problemas de matemática com os nomes dos alunos. Eles gostaram. Copiaram, leram sozinhos e resolveram os problemas. Igor precisou de ajuda para ler algumas palavras. Nós ajudamos.

Júnior e Jairo não fizeram, mas não brigaram. Eles pediram para folhear um livro e ler algumas palavras, nós concordamos.

Todas as vezes que um dos alunos terminava uma tarefa e nós corrigíamos, pedíamos para que ele ajudasse os que estivessem com dificuldades. Esse trabalho deu certo. Eles gostavam de fazer isso.

Igor, muitas vezes, precisava de ajuda na hora da leitura, mas ajudava aos colegas na aula de matemática.

Júlio levou uma fita de *rap* e pediu para colocarmos. Nós colocamos. Os alunos ouviram, alguns cantaram baixinho.

Na aula seguinte, começaram a aula falando sobre doenças. João comentou um problema de saúde de sua avó. Ele disse que tinha medo de perdê-la. Igor falou de sua mãe e da tristeza que sentia ao vê-la doente. Os alunos falaram sobre doenças e depois sobre violência. Um dos alunos comentou a respeito de um tiroteio que havia acontecido perto de sua casa. Eles falaram sobre brigas e sobre o fim de semana.

Patrícia comentou: *"Foi bom este fim de semana."*

Os alunos pediram que escrevêssemos, no quadro, as prendas que eles haviam levado. Escrevemos, eles quiseram copiar. Depois, escrevemos problemas de matemática. Eles copiaram os problemas, leram e resolveram. Estavam mais calmos. Pela primeira vez, estabeleceram um diálogo com mais calma. Fizeram perguntas uns para os outros com tranqüilidade. Havia silêncio no grupo. Eles conseguiram ouvir para falar.

No entanto, voltaram do recreio agitados.

Rosilene deu um tapa no Manuel. José comentou: *"Igual novela. Você não vale nada vagabunda. E o homem deu um tapa na cara da mulher."*

Dissemos a eles que precisávamos conversar. Conversamos sobre bater nos outros. Lembramos as regras do grupo. Apesar de os alunos ainda brigarem, eles brigam muito menos do que no início do processo. Quando brigam, ouvem mais rapidamente, sentam e já estão aprendendo a pedir desculpas e a desculpar. Muitas brigas nem chegam a acontecer, muitas vezes, durante a discussão mesmo, eles resolvem o problema e pedem desculpas uns para os outros. Consideramos essas novas atitudes um avanço.

d) Trabalhando a auto-estima

A auto-estima dos alunos foi trabalhada durante todo o processo. No entanto, nessa fase em que o grupo estava, já podíamos trabalhá-la de forma mais direta. Embora ainda fosse difícil para os alunos falar de auto-estima, eles já estavam dando conta de conversar sobre esse tema de forma mais explícita.

Assim, iniciamos a aula seguinte com uma técnica. Distribuímos uma folha de ofício para cada aluno. Explicamos que iríamos dizer dez frases. Todas elas envolviam situações que podem abalar a auto-estima de uma pessoa, que podem deixar a pessoa "pra baixo". Em cada uma das frases ditas, os alunos deveriam rasgar um pedaço da folha de um tamanho que representasse, simbolicamente, a importância que o fato tinha para eles, um tamanho que representasse o tanto que aquela situação abalava a auto-estima deles.

Pedimos a eles que guardassem os pedaços de papel porque íamos precisar deles na segunda fase da "brincadeira". Comentamos que, na segunda fase, faríamos o processo inverso, iríamos reconstituir a folha.

Iniciamos a técnica. À medida que ouviam as frases, os alunos faziam comentários, como, por exemplo, quando dissemos: "Sua mãe brigou com você". José falou: *"Eu não ligo pra isso, oh professora."*

"Seus colegas disseram que você é chato". Igor e Fernando disseram: *"Tô nem aí."* Tiago comentou: *"Eles também, são."*

"A diretora da escola onde você estuda te deu uma semana de suspensão." Tiago falou: *"Bom mesmo, aí eu fico em casa descansando."* José disse: *"Aí leva correada."* João comentou: *"Aí eu apanho de todo mundo, da minha irmã, da minha mãe e da minha outra irmã."* Tiago falou: *"Minha mãe não me bate mesmo."* Durante toda a técnica, enquanto rasgavam a folha, os alunos fizeram comentários sobre as frases que dissemos.

Quando terminaram de rasgar a folha, dissemos que iniciaríamos a segunda fase da brincadeira. Explicamos que iríamos dizer dez frases que envolviam situações que podem fortalecer a auto-estima. Comentamos que eram situações que podem deixar as pessoas "pra cima". A cada frase, eles procurariam, entre os pedaços rasgados, um cujo tamanho representasse, simbolicamente, a importância que o conteúdo da frase dita tinha para eles. Eles iriam reconstituir a folha.

A cada frase dita, os alunos faziam comentários. Eles reconstituíram a folha. Quando terminamos, conversamos sobre a técnica. Os alunos disseram o que haviam sentido nas diversas frases ouvidas e comentaram sobre as situações que têm mais importância para eles e as que têm menos importância.

Escrevemos um texto sobre auto-estima no quadro, diferente do texto anterior. Eles leram e copiaram, depois fizeram exercícios de ortografia.

No início da aula seguinte, Júnior escreveu no quadro "Paz. Sala da paz." Ele nos chamou e mostrou: *"Aqui, oh professora!"*

Naquele dia, eles fizeram, pela primeira vez, uma produção de texto a partir de gravuras. Nós entregamos uma história seriada para cada aluno, apenas com gravuras, eles observaram as gravuras e escreveram a história.

Depois, fizeram exercícios de palavras com tr. Trabalhamos com tra- tre- tri- tro- tru.

Entregamos para os alunos um exercício de matemática que havíamos corrigido. Era uma folha com operações de adição e subtração que eles haviam feito em uma aula anterior. Eles adoraram. Igor perguntou se podia levar para a mãe ver. Dissemos que sim. Ele comentou: *"Oba! Ela vai adorar!"*

A turma está muito mais tranqüila. Ainda acontecem brigas, mas, nessa fase, os alunos brigam muito menos do que no início do processo. Outra mudança positiva é de que as brigas não envolvem mais que duas pessoas. No início, vários alunos entravam na briga e brigavam também. Hoje, quando duas pessoas brigam, os alunos separam rapidamente, os que estavam brigando se sentam e ficam quietos. No início eles respondiam, continuavam ameaçando uns aos outros. Nessa fase, pedem desculpas.

Rosilene, Cláudia e Patrícia fizeram um jogral e pediram para apresentar para a turma, no final da aula. Consentimos.

Júlio trouxe uma fita de *rap* e pediu para colocarmos. Nosso gravador já estava de volta, há vários dias; tiramos a música clássica e colocamos a fita de Júlio. Os alunos ouviram *rap* e cantaram.

Na hora de apresentarem o jogral, as alunas pediram: *"Oh, professora, tira esta fita e põe aquela sua de música calminha."* Colocamos, elas leram o jogral. Leram: "Quero paz, muita paz. Quero amor, muito amor. Não quero briga. Quero paz!" Leram três vezes. Todos os alunos aplaudiram, nós também.

No início da aula seguinte, os alunos conversaram sobre inveja. Eles comentaram a maneira pela qual as pessoas causam inveja neles. Tiago contou que o Manuel I. estava chupando pirulito. Disse que pediu um pouquinho e o Manuel não deu, chupou o pirulito sozinho.

João contou que Júnior comeu um pacote de biscoito, sozinho, na frente dele e comentou: *"Sem oferecer pra ninguém."* Relataram várias situações acontecidas na escola e na sala de aula, nas quais as pessoas haviam causado inveja neles comendo alguma coisa. Imitaram as pessoas comendo. Quando contaram como o Manuel I. fazia para comer biscoitos, Igor disse: *"O Manuel I. é igual uma tartaruga do mar, você já viu? Ela fica parada, nunca sai do lugar, parece que morreu."*

Contando sobre situações nas quais sentiram inveja, Patrícia contou que havia sentido inveja de uma menina que mora perto de sua casa. Ela disse: *"Uma menina lá perto de casa. Ela fala mentira. Ela falou que ganhou uma sandália nova."*

A turma estava agitada. Estudamos palavras com J. Rosilene fez grande parte do exercício em pé, ao lado da carteira. Pedimos que ela se sentasse. Ela respondeu: *"Não consigo professora. Gosto de fazer em pé."*

A temática da inveja havia mobilizado muito os alunos. Naquele grupo, estava relacionado com a pobreza, com a falta de recursos materiais. A maior parte das situações comentadas por eles, nas quais disseram ter sentido inveja, estavam associadas a pessoas comendo alguma coisa ou usando roupas e calçados novos.

Rosilene pediu para distribuir cartõezinhos para os colegas. Nós consentimos. Ela entregou um cartão para cada colega.

Após o recreio, nossos alunos nos convidaram para ver a quinta série soltar papagaio. Era a turma de Jair. Respondemos que poderíamos ir, mas que voltaríamos logo.

Então, fomos com toda a turma. Ficamos com a quinta série alguns minutos. Dissemos aos alunos da quinta série que eles estavam de parabéns. Nossos alunos bateram palmas para eles. Voltamos para sala.

Eles pediram para fazer papagaios, também. Então, combinamos que faríamos papagaios na terça-feira da semana seguinte.

No início da aula seguinte, Cláudia, Rosilene e Patrícia escreveram um jogral. Pediram para apresentar. Elas apresentaram para os colegas. O jogral ficou assim: "Bom dia, eu quero paz, eu preciso de paz. Paz, o que é? Gente, precisamos de paz. Paz é o que este mundo precisa. Paz é o que todo mundo deve ter. Eu quero paz, harmonia e felicidade. Eu quero paz. Chega de violência. Eu quero paz, amor, carinho para o mundo. Queremos paz, tem, tem, tem. Queremos paz, tem, tem, tem."

Todos nós aplaudimos.

Nessa fase, os alunos estão mais calmos. Brigam menos. Um fenômeno novo apareceu no grupo. Os alunos têm feito "guerrinha" de papel. Às vezes, chegam a pedir para fazer a guerra de papel. Este é um fenômeno novo no grupo. Eles não faziam isso antes. Entendemos que a ansiedade que antes era extravasada por meio de socos e pontapés, agora é extravasada na "guerrinha de bolinha de papel". No contexto do grupo, consideramos essa substituição um avanço no processo desses alunos.

Não inibimos a guerra de papel. Mas, geralmente, pedíamos que fosse feita no final da aula. Algumas vezes, eles disseram que o final da aula "ia demorar muito" e pediam para fazer, então, antes do recreio. Às vezes, consentíamos, entendendo que o processo precisava fluir e eles precisavam passar por essa fase para encontrar outras formas, ainda mais saudáveis, de extravasar a ansiedade. Essas novas formas estavam substituindo, nesse grupo, a agressão física.

Quando faziam a "guerra de papel" riam, não brigavam. Depois de alguns minutos, dizíamos que já estava bom, que precisavam voltar para o estudo. Então, eles paravam. Nunca tivemos problemas, nessas ocasiões, para trazê-los de volta ao estudo. Talvez porque eles soubessem que eram ouvidos, compreendidos e respeitados. Nós pedíamos para catarem as bolinhas de papel no chão, eles retomavam as atividades normais.

Em uma prática pedagógica democrática, o educador não assume uma postura autoritária. Não é assumindo uma postura autoritária e fazendo comunicados verticais que o educador vai aprender a escutar seus alunos. Ao contrário, é escutando que ele vai aprender a falar com eles. Segundo Freire: "Somente quem escuta paciente e criticamente o outro, fala *com ele*, mesmo que, em certas condições, precise falar a ele"(FREIRE, 2004, p. 113).

Quem aprende a escutar, não fala de maneira impositiva. O educador que aprendeu a escutar sabe transformar o seu discurso em uma conversa com seus alunos.

Em nome da democracia e da liberdade, a própria liberdade vem sendo asfixiada juntamente com a criatividade. Essa asfixia está relacionada a uma certa padronização na forma de ser, a modelos impostos pela sociedade, a que todos devem obedecer e que ditam como as pessoas devem ser e o que devem pensar e fazer (FREIRE, 2004).

Naquele dia, José nos pediu duas folhas de papel fantasia cor-de-rosa que estavam no armário. Dissemos que ele podia pegar. Ele fez dois cartazes com desenhos e frases e nos entregou. Pediu que mostrássemos para os colegas. Nós mostramos.

Em uma das folhas, ele havia desenhado um menino com os braços abertos. Havia escrito os nomes de todos os colegas e o nosso também. Estava escrito: *"Máfia azul."*

Na outra folha, estava escrito: *"sala da paz"*. Havia o desenho de dois meninos, um sentado e o outro, em pé, brincando. Estava escrito*: "Paz significa carinho, alegria, e amizade. Sala do amor e da alegria. Sala da felicidade, amor no coração. Carinho dentro de sala. 4ª C."* Mostramos os cartazes para a turma. Os alunos levantaram e verificaram se todos os nomes estavam no cartaz. Se ninguém havia sido esquecido. Mostramos o cartaz para uma colega, cuja sala fica em frente à nossa. Dissemos a José que os cartazes estavam lindos!

O QUINTO MÊS DE AULA

a) As manifestações de solidariedade estão cada vez mais freqüentes no grupo

Na aula seguinte, os alunos começaram a combinar como fariam os papagaios. Alguns alunos deram a entender que não levariam material na terça-feira em que soltariam papagaio. Então, escrevemos no quadro: terça-feira: 1º horário – estudar; 2º horário – fazer papagaio; 3º horário – aula de artes; 4º horário – soltar papagaio.

Enquanto escrevíamos, eles leram em voz alta.

Nós perguntamos quem ajudaria a fazer os papagaios. José falou: *"Oh, professora, eu tenho um plástico azul e preto lindo, grande assim, oh."* Mostrou o tamanho do plástico e continuou: *"Eu vou trazer. Dá pra sala toda."*

Perguntamos quem ajudaria os colegas que não soubessem a fazer os papagaios. Todos os alunos levantaram as mãos.

Rosilene olhou para o Júnior e perguntou: *"Oh, o Júnior não veio hoje não?"* Ela disse isso e sorriu. Ele riu e falou: *"Eh, menina!"* A turma está bem-humorada. Eles fazem brincadeiras uns com os outros. No início do ano, um comentário desses era motivo de briga.

Cláudia levou uns adesivos escritos: "Oi". Ela pregou adesivos nas pastas de todos os colegas. Pregou na nossa pasta também.

Na terça-feira, quando chegamos, os alunos estavam nos esperando no pátio. Estavam eufóricos para fazer papagaio.

Nessa fase, o grupo estava coeso, solidário. Tudo era colocado em votação e resolvido sem problemas. Quando entramos na sala, alguns alunos começaram a cortar bambu e a cortar papel para fazer papagaio.

Pedimos para que eles parassem de cortar bambu. Dissemos que havíamos combinado de fazer papagaio, no segundo horário, e de estudar, no primeiro. Então, José falou: *"Não, você escreveu no quadro: 1º horário: fazer papagaio. 2º horário: estudar."*

Dissemos que tínhamos escrito o contrário. No primeiro horário, iríamos estudar e, no segundo, fazer papagaio. Pedimos para que eles parassem para que não precisássemos entrar com a aula no início do segundo horário.

Os alunos pararam de cortar bambu. Eles já respeitavam os combinados, o grupo e a nós também. Perguntaram qual caderno iam usar. Então, escrevemos no quadro: "cartaz sobre inveja. Cada pessoa faz um desenho sobre inveja. Podem escrever, também".

Eles leram o que estava escrito no quadro. Distribuímos folhas de ofício e eles começaram a desenhar.

Colamos, no quadro, duas folhas de papel manilha emendadas uma na outra. Escrevemos em cima: "INVEJA".

Eles desenharam, coloriram e escreveram em seus desenhos.

Júlio pediu o pincel atômico emprestado: *"Me empresta o canetão professora?"* Emprestamos. Ele pegou um pedaço de papel, escreveu a palavra "casa" e nos mostrou. Quando acabavam, eles colavam os desenhos no cartaz sobre inveja.

Naquele dia, Rosilene levou um saco de balas para a aula. Ela perguntou se podia dar uma bala para cada colega. Nós concordamos.

Ela levantou-se, ofereceu-nos uma bala e depois, foi de carteira em carteira oferecendo bala para os colegas. Os alunos que estavam do outro lado do círculo reclamaram que as balas iam acabar antes que ela chegasse até eles. Ela respondeu calma: *"Vai ter bala pra todo mundo."* Continuou calmamente a distribuir as balas.

Eles olharam, novamente, para o saco de balas e repetiram que talvez as balas não dessem para todos. Então, perguntamos a ela se não seria bom contar as balas. Ela respondeu sorridente e tranqüila: *"Não professora, não precisa, vai dar pra todo mundo."* Realmente, cada aluno recebeu uma bala. Eles agradeceram. Bateram palmas para ela.

Agradecimentos, também, são novidade no grupo. No início do processo, eles nunca agradeciam a ninguém. Nessa fase, os alunos agradecem e pedem desculpas, quando necessário.

É grande a responsabilidade do educador – pessoa socialmente significativa para o educando – e da escola, no processo de crescimento humano dos alunos. É necessário criar uma atmosfera na sala de aula que propicie relações autênticas e facilite o crescimento dos alunos.

Segundo Rogers, em um clima psicológico adequado, a tendência para o crescimento é liberada e torna-se real ao invés de potencial (ROGERS, 1999).

Referindo-se à vivência de relações que se desenvolvem em um clima de liberdade, estima, respeito e aceitação pela pessoa do outro, em que a comunicação é autêntica, Rogers escreve:

> Sabemos agora que os indivíduos que experienciam essa relação mesmo por um número relativamente limitado de horas apresentam profundas e significativas mudanças em sua personalidade, atitudes e comportamento, mudanças que não ocorrem em grupos de controle combinados. Nesse relacionamento o indivíduo se torna mais integrado e afetivo. (ROGERS, 1999, p. 41)

E continua:

> Ele muda a percepção que tem de si mesmo, tornando-se mais realista em suas visões do eu. Torna-se mais semelhante à pessoa que deseja ser. Ele se valoriza mais. Mostra-se mais autoconfiante e auto-dirigido. Apresenta uma melhor compreensão de si mesmo, tornando-se mais aberto à sua experiência, negando ou reprimindo menos a mesma. Torna-se mais aceitador de suas atitudes em relação aos outros, vendo-os como mais semelhantes a si mesmo. (ROGERS, 1999, p. 41)

Enquanto os alunos desenhavam a respeito da palavra "inveja", estendemos o varal e começamos a dependurar os cartazes temáticos. José perguntou: *Oh, professora, e aquele cartaz que eu fiz. Você não vai pregar não?"* Respondi que é claro que pregaríamos. Enquanto dependurávamos os cartazes do José no varal, alguns alunos voltaram a confirmar se seus nomes estavam lá. Conferiam: *"Ele colocou o meu nome, também?"* Wagner e João escreveram seus nomes em um dos cartazes, eram os únicos cujo nome não estava escrito.

No segundo horário, os alunos começaram a fazer o papagaio. Todo o material foi dividido entre eles, sem problemas. Eles emprestaram bambu e papel uns para os outros. Eles preocupavam-se em saber se todos já tinham bambu, se alguém estava precisando de alguma coisa.

Júlio veio nos mostrar seu papagaio. Ele havia colocado os nomes dos colegas no papagaio. Jairo havia colocado contas de multiplicação e alguns desenhos.

Rosilene comentou que iria colocar "cabelinho" no papagaio dela. Os meninos a chamavam de "cabelinho de fogo".

No início do ano, quando eles diziam isso, ela batia neles. No decorrer do processo, passou a chorar quando isso acontecia. Nessa fase, quando eles a chamam de "cabelinho de fogo", ela responde que gosta de seu cabelo e que o cabelo dela é igual ao deles. Não briga, não se irrita, não se fecha, não se importa com esse comentário. Por outro lado, eles quase não mexem mais com ela.

Segundo encontramos em Rogers, cada pessoa traz dentro de si a capacidade e a tendência, latentes, para caminhar rumo a seu amadurecimento e autonomia. No entanto, essa capacidade pode ser bloqueada pela vivência de relações inautênticas. Nesse contexto, a pessoa distorce ou bloqueia sistematicamente o processo de simbolização de suas experiências para poder ajustar a estrutura de seu eu, às expectativas de pessoas que são importantes para si. Tenta construir uma imagem de eu em consonância com as condições que pessoas que são socialmente significativas para si lhe impõem, em relações que se desenvolvem sob um caráter condicional de considerações positivas (ROGERS, 1999).

Acreditamos que, a partir da vivência de relações autênticas em que haja aceitação, respeito e acolhimento, cada pessoa possa *expressar* sem constrangimentos suas experiências e emoções se autodescobrindo, se reconhecendo por inteira. Observa-se então, uma harmonia entre a consciência e a experiência, entre a imagem de si e o organismo.

Nesse processo, o educando mostra-se confiante em si mesmo e em suas possibilidades. Relaciona-se bem consigo mesmo e com os outros.

Enquanto os alunos estavam fazendo papagaio, Heli ainda estava fazendo o desenho e uma história sobre inveja. Quando terminou, veio nos mostrar a história que tinha feito.

Os alunos soltaram papagaio no último horário. Dois alunos preferiram escrever e desenhar sobre inveja todo o tempo. Nós concordamos.

Nos últimos dias, temos observado que um fenômeno novo tem acontecido no grupo. O grupo passou a desenvolver uma "brincadeira" durante as aulas. Um dos alunos entra no espaço vazio do semicírculo e convida outro para "jogar". Então, um dos alunos tenta dar uma rasteira no outro e jogá-lo no chão. Eles tentam resistir ao máximo para não cair. Quando um deles cai, eles se cumprimentam e voltam para seus lugares. Os outros alunos continuam estudando normalmente, e nós continuamos dando aula, normalmente. Não interrompemos leituras, nem explicações. Passado algum tempo, outro aluno entra na roda e a "brincadeira" se repete. Não intervimos, porque eles não brigam e voltam a estudar em seguida.

Apesar de essa brincadeira ter algo de agressivo – "dar uma rasteira no outro" – observamos que eles tomam todo o cuidado para não machucar o colega. Entendemos que a criação dessa "brincadeira", por parte dos alunos, é um avanço no processo do grupo. A angústia e a ansiedade já podem ser expressas de uma forma menos agressiva. Essa "brincadeira" tem substituído as brigas na sala, nos últimos dias. As brigas acontecem pouco, nessa fase.

Na aula seguinte, explicamos aos alunos que precisávamos sair no quarto horário, porque íamos levar uma pessoa ao médico. Eles perguntaram quem. Respondemos: "Meu filho." Perguntaram quantos anos ele tinha, o que estava sentindo e como se chamava. Respondemos às perguntas.

Eles comentaram que os irmãos deles, também, têm dor de ouvido. Vários alunos comentaram sobre o fato de os irmãos terem dor de ouvido. Manuel C. disse que o irmão dele, também, tem treze anos e está na sétima série. Perguntaram em que série ele estava. Respondemos: "Na mesma série do irmão do Manuel C.".

Quando se aproximava a hora de sairmos, Manuel C. nos lembrou: "*Professora, você não vai " visitar" seu filho, não?*"

Os alunos nos colocaram em uma posição maternal com relação à turma ao fazerem perguntas a respeito de nosso filho e associarem o conteúdo das respostas que dávamos a fatos acontecidos com os irmãos deles.

Manuel C., ao usar o verbo "visitar", coloca-nos, novamente, em uma posição maternal com relação à turma, como se fôssemos "mãe" de todos os alunos da sala e fôssemos visita em relação à nossa própria casa.

A professora de educação artística nos trouxe um livro e contou que havia gostado dele, disse que aquela história poderia ajudar a fazer o teatro sobre violência. Pediu que lêssemos o livro e verificássemos se seria adequado para o teatro. Nós lemos e achamos a história ótima. Combinamos com ela que contaríamos a história para os alunos, para ver o que eles achavam. Poderíamos fazer o teatro no segundo semestre.

b) Os pais recebem o boletim e as provas dos filhos; o trabalho com mapa

No dia seguinte, seria reunião de pais. Durante a reunião, conversamos com os pais sobre o processo da turma. Explicamos como estávamos trabalhando e o quanto os alunos haviam melhorado.

Eles disseram que haviam percebido. Contaram que os filhos comentavam sobre as atividades na sala e que estavam lendo.

Nós entregamos as provas para os pais. O pai do Júlio olhou as provas. Ele e o pai do Manuel C. se entreolharam e sorriram. O pai do Júlio disse: *"É...,"* balançou a cabeça afirmativamente e sorriu. Os pais comentaram que os filhos estão lendo.

As mães, também, estavam animadas. Pedimos aos pais e às mães que estudassem com seus filhos nas férias. Mas, pedimos, também, que não brigassem com seus filhos nesses momentos e que nunca os xingassem de "burros", porque isso atrapalhava nosso trabalho na sala. Nesse momento, Wagner olhou para seu pai, que se mostrou sem graça. Então, contamos a eles o trabalho que tivemos para convencer alguns de nossos alunos de que eram inteligentes e de que poderiam aprender a ler.

A mãe do Igor contou que agora que ele está lendo, o irmão está morrendo de ciúmes dele. Disse que está tendo problemas com o outro filho, que já lê e está na sexta série. Pediu que ajudássemos. Conversamos um pouco com ela sobre isso e lembramos que toda vez que elogiasse um dos filhos deveria elogiar o outro, também.

Várias mães fizeram comentários. Disseram que os filhos estão lendo placas nas ruas, estão lendo revistas. O pai do Wagner estava contente com as provas do filho. Falou que nas férias iria mandá-lo para a casa da tia, no interior. Contou que lá ele poderia treinar leitura, que a tia é professora e o ajudaria.

No início da aula seguinte, os alunos começaram a fazer o cartaz sobre doença. Rosilene comentou: *"Este é grandão."* Alguns alunos quiseram desenhar, outros preferiram colar gravuras, outros, escrever em seus cadernos e não no cartaz.

Quando terminaram o cartaz, fizeram exercícios. Eles estavam agitados.

José contou que sua tia tinha ido para Portugal. Contou que todos choraram no aeroporto. Ele disse: *"Ela foi trabalhar professora. Ela disse que foi trabalhar para poder pagar a conta de luz, para poder cuidar do filho dela."*

Durante a aula, ele falou muito sobre isso. Alguns alunos perguntaram onde ficava Portugal. Nós respondemos e dissemos que levaríamos um mapa para eles poderem ver onde fica Portugal.

Na manhã seguinte, logo no início da aula, comentamos com os alunos a respeito do "trânsito de Vênus". Dissemos que o trânsito de Vênus estava acontecendo naquele momento e que o próximo aconteceria daquela data à oito anos e que não será visível do Brasil. Explicamos que o fenômeno acabaria às oito horas e perguntamos se eles gostariam ver. Eles ficaram entusiasmados.

Então, explicamos, mais detalhadamente, o que era o trânsito de Vênus. Depois, pegamos duas radiografias que havíamos levado. Nós as dobramos várias vezes e entregamos para que os alunos pudessem ver Vênus. Eles ficaram do lado de fora da sala e viram Vênus na frente do sol. Quando a coordenadora do ciclo passou pelo pátio, eles contaram que estavam vendo o trânsito de Vênus. Comentaram: *"Parece uma formiguinha no sol."* Eles fizeram perguntas, como por exemplo: *"O sol pode chegar perto?"* Perguntaram se Vênus era frio.

Um educador humanista facilita o processo no qual o educando possa construir sua própria compreensão a respeito daquilo que o professor fala. Na verdade, o papel do professor, em qualquer área do saber, além de ser o de se esforçar para descrever com a máxima clareza o conteúdo que está sendo estudado para que o aluno o fixe, é também, e principalmente, incentivar o aluno para que construa sua própria compreensão do objeto, a partir das informações e materiais recebidos (FREIRE, 2004).

Quando o aluno se apropria da "inteligência do conteúdo", é que a verdadeira relação de comunicação entre o professor e aluno acontece. É por isso que o processo ensino-aprendizagem não é de forma alguma a transferência de conteúdo, por parte do professor, e memorização do conteúdo transferido, por parte do aluno (FREIRE, 2004).

Ensinar se relaciona com o esforço metódico e crítico do educador de facilitar a compreensão do que está sendo estudado e com o empenho, também, crítico do aluno de entrar como sujeito no processo de aprendizagem. Ou seja, no processo de compreensão de uma dada realidade.

Nesse sentido, uma das tarefas mais importantes que o educador humanista progressista tem de desempenhar em sua prática pedagógica é a de apoiar o educando para que ele mesmo vença suas dificuldades no processo de apreensão da realidade, do tema ou do objeto a ser estudado. Nessa perspectiva, o professor trabalha, também, no sentido de facilitar o processo no qual a curiosidade do aluno, satisfeita, seja mantida no processo permanente de conhecer (FREIRE, 2004).

Os alunos entraram na sala, começamos a aula de português. Escrevemos no quadro um pequeno texto sobre Portugal.

Então, Fernando comentou: *"Portugal levou o dinheiro do Brasil e por isso nós ficamos pobres e eles ricos."* Outro aluno disse: *"Lá em Portugal era pobre e aqui era rico. Eles roubaram aqui. Eles ficaram ricos."*

Escrevemos perguntas sobre o texto, no quadro. Todos os alunos leram o texto e responderam às perguntas. Eles fizeram vários exercícios de ortografia em folhas separadas.

Na aula seguinte, levamos o mapa-múndi para a sala. Nós o dependuramos na parede. Os alunos adoraram. Eles viram onde fica o Brasil e onde fica Portugal. Viram outros países e os oceanos. Os alunos nos perguntaram se no ano que vem vamos dar aulas para eles. Eles nos perguntam isso de tempos em tempos. Dissemos que, provavelmente, não.

Os pais, durante a reunião, também nos perguntaram se daríamos aulas para seus filhos, no ano seguinte. Disseram que seria bom para eles continuarem esse processo. Respondemos que, provavelmente, não. Explicamos que, geralmente, os alunos trocam de professores de um ano para outro e que essa prática pode enriquecer o processo de educação deles, principalmente, se os educadores envolvidos no processo, adotarem uma prática pedagógica humanista e democrática.

O mapa ficou dependurado na sala a aula toda. De vez em quando, um aluno ia até ele e olhava alguns países, depois, sentava. Dissemos que o levaríamos para a sala outras vezes.

Uma atitude do educador que pode facilitar o crescimento humano e a aprendizagem significativa é a de promover recursos para uma aprendizagem experiencial correspondente às necessidades dos alunos (ROGERS, 1972).

O professor humanista se preocupa mais em facilitar a aprendizagem do que em exercer a função de ensinar. Logo, seu tempo e seus esforços são organizados de forma diferente, se comparados aos do professor que se preocupa apenas em passar para o aluno um determinado conteúdo.

Então, em vez de gastar quase todo o tempo preparando aulas expositivas orais, o educador procura promover todas as espécies de recursos, que poderão atender às necessidades de seus alunos, facilitando uma aprendizagem experiencial. Preocupa-se, também, com que esses recursos estejam claramente disponíveis, em simplificar os estágios práticos e em trabalhar os estágios psicológicos que os alunos devem superar para fazer uso deles (ROGERS, 1972).

Quando nos referimos a recursos, não nos referimos só a recursos materiais mas também a recursos humanos, pessoas que podem contribuir para o processo de aprendizagem dos educandos. No entanto, o recurso humano mais importante no processo de aprendizagem dos educandos será sempre o professor.

O professor humanista e progressista põe o seu saber e as suas experiências à disposição de seus alunos, mas não se impõe a eles (ROGERS, 1972).

Quinta-feira e sexta-feira foi feriado.

Na aula seguinte, os alunos chegaram agitados da educação física. Júlio levou as plantinhas para a sala. Tiago pediu: *"Oh, professora, reza pra nós ficá calmo."* Rezamos todos juntos.

Igor contou que a mãe dele ia sair do hospital. Júlio comentou que a mãe do Igor vivia no hospital. Igor xingou e chorou. Então, Wagner falou com Júlio que isso era falta de respeito. Os colegas concordaram, disseram que ele devia ficar sem recreio por causa disso. Votaram a favor de que ele ficasse sem recreio. Igor retomou o assunto, contou sobre o tratamento que a mãe dele estava fazendo.

Os alunos passaram a conversar sobre a tia do José que estava em Portugal e sobre Portugal. Eles perguntaram: *"Será que ela vai ganhar dinheiro?"* Júlio respondeu: *"Lógico!"* Então, João e Tiago disseram: *"O Brasil é muito bom. O Brasil precisa de gente e precisa de paz para todas as famílias."*

Eles perguntaram para o José: *"Ela é bem tratada lá?"* Fernando entrou na conversa e respondeu: *"Mais ou menos."*

José contou: *"Eu prefiro mudar do Brasil que levar tiro".* Levantou e encenou uma pessoa atirando, em seguida, continuou: *"Portugal não tem tiro igual aqui. Minha tia ligou e disse que não tem favela lá."* João falou: *"Eu prefiro ir pra favela."* Os alunos passaram a falar sobre tiroteios que haviam acontecido perto de suas casas.

Nós perguntamos como poderíamos ajudar a mudar o Brasil. Eles responderam: *"Acabar com a violência, acabar com a pobreza."* Heli comentou que, no Brasil, não há trabalho, que muitas pessoas estão desempregadas. Um dos alunos contou que seu tio é presidente da favela.

Os alunos conversaram mais um pouco sobre os problemas sociais do Brasil. Quando terminaram, começamos um exercício de português.

c) O segundo piquenique e a última palavra geradora

No dia seguinte, no início da aula, os alunos pediram: *"Vamos fazer uma brincadeira antes da aula começar?"* Perguntamos qual. Eles explicaram: *"Vamos fazer uma roda com as cadeiras, é assim oh. Uma pessoa joga uma coisa pra outra, pode ser uma bola de papel e fala uma palavra. A outra pega a bola e faz uma frase com a palavra."* Concordamos. Achamos a brincadeira ótima.

Eles mesmos fizeram a roda. José fez a bola de papel. Sentamos na roda, junto com eles, para fazer as anotações. Eles abriram a roda para Raul entrar. José pediu silêncio. Ficou quieto. Eles fizeram silêncio. Ele explicou novamente a brincadeira e eles começaram a brincar.

José jogou a bola para Manuel e falou a palavra "morcego". Manuel pegou a bola e disse: *"O morcego é feio."* Manuel jogou a bola para Tiago e disse: *"cadeira."* Tiago: *"A cadeira tem quatro pernas."* Tiago jogou a bola para Rosilene e falou: *"estudiosa".* Rosilene: *"Eu sou muito estudiosa."* Rosilene jogou para Júlio e falou: *"roça."* Júlio: *"A roça é boa e serve pra andar de cavalo."* Cada um falou sua frase. Todos os alunos participaram.

Segundo Rogers:

> A independência, a criatividade e a autoconfiança são facilitados, quando a autocrítica e a auto-apreciação são básicas e a avaliação feita por outros tem importância secundária. As melhores organizações de pesquisa, tanto na indústria quanto no mundo acadêmico, chegaram à conclusão de que a criatividade desabrocha numa atmosfera de liberdade. (ROGERS, 1972, p. 158)

Os alunos pediram pra fazer um piquenique no dia seguinte. Perguntamos se não estava em cima da hora. Eles disseram que não, que iam fazer uma votação para ver se todos concordavam. Todos os alunos votaram a favor de fazer o piquenique no dia seguinte. Combinamos o piquenique.

No dia seguinte, fizemos o piquenique no parquinho, dentro da própria escola. Os alunos levaram refrigerantes, biscoitos, e sanduíches. Nós, também, levamos alguns salgados e doces.

Durante o primeiro horário, enquanto eles tinham aula especializada, fizemos pipoca para o piquenique, na cantina da escola. Um dos funcionários da escola nos ofereceu saquinhos de papel, para que colocássemos as pipocas. Achamos ótima idéia.

No horário combinado, a turma fez o piquenique. Eles brincaram nos brinquedos do parquinho e lancharam.

Quando o piquenique acabou, voltamos para a sala. Escrevemos, no quadro, um texto sobre a divisão do país em estados e cidades. Todos os alunos, com exceção de Jairo, leram o texto. Os textos eram objetivos, pequenos. Eles responderam a perguntas sobre o texto.

Na aula seguinte, fizemos uma brincadeira no pátio. Fizemos um rio com pedrinhas, no chão. Explicamos aos alunos que eles tinham de atravessar o rio, todos juntos. Avisamos que ninguém podia ficar para trás. Eles tentaram várias vezes, até conseguirem. Comentaram que atravessar o rio com muita gente é difícil, mas que tinham conseguido.

Naquele dia, começamos a trabalhar com as últimas palavras geradoras: ESTUDAR E ESCOLA. Nós as escrevemos no quadro.

Enquanto os alunos conversavam sobre essas palavras, Júnior pediu para escrever a palavra "paz" no quadro. Consentimos.

Ele desenhou um coração e escreveu a palavra "paz" dentro do coração. Depois, desenhou estrelas em volta.

Manuel I. e Júlio, também, foram até o quadro e escreveram a palavra "paz". Heli, referindo-se aos dois colegas que desenhavam no quadro, perguntou: *"Pra quê dois?"* Disse isso levantou-se e foi ajudá-los a desenhar em volta da palavra "paz".

Os alunos conversaram sobre "estudar" e sobre "escola". Fizeram frases com essas palavras.

João disse: *"Estudar é muito bom, deixa a gente inteligente."* Todos os alunos falaram frases nas quais diziam o quanto gostavam de estudar.

Saímos um instante da sala para mostrarmos um exercício para nossa colega, cuja sala ficava em frente à nossa e, quando voltamos, os alunos tinham fechado a porta. Eles nunca tinham feito isso antes. Batemos. Eles disseram que estavam fazendo uma surpresa para nós, que era para esperarmos um pouquinho que logo eles abririam. Teríamos de esperar um pouco.

Rosilene e Raul saíram da sala e disseram: *"Senta professora, senta aí e espera só um pouquinho que a sala tá linda!"*

Sentamos em uns bancos de cimento, em frente à nossa sala de aula.

Quando os alunos abriram a porta, entramos. De fato, a sala estava linda! Assim que entramos, eles bateram palmas. Estava escrito no quadro, logo à frente de nosso nome: *"nós gostamos de você e você ensinou a gostar de todos e a ser um grupo."* Havia um coração grande no quadro e nele estava escrito "paz" com estrelas em volta.

Pela sala havia enfeites dependurados, feitos com tiras de revistas que eles pegaram no armário.

Eles têm acesso aos armários da sala e sabem que os materiais que estão lá são para o grupo.

Os alunos enfeitaram uma cadeira e colaram nela um bilhete que a mãe do Igor havia escrito para nós. Nele, a mãe do Igor agradecia e dava notícias sobre sua saúde. Os alunos escreveram os nomes deles abaixo do bilhete, desenharam três corações escreveram neles a palavra "paz".

Dissemos aos alunos o quanto estávamos contentes e agradecemos a manifestação de carinho. Durante o recreio, comentamos com alguns colegas sobre a surpresa que os alunos haviam feito.

Depois do recreio, os alunos fizeram o cartaz com as últimas palavras geradoras: "estudar" e "escola". Alguns alunos disseram que "não precisavam fazer esse cartaz". Entendemos que a festa surpresa havia sido uma codificação e uma descodificação das palavras "escola e estudar".

No entanto, como alguns alunos quiseram fazer esse cartaz, nós colocamos uma cartolina no quadro e escrevemos "Escola" e "Estudar". Alguns alunos fizeram o cartaz de codificação. Em seguida, fizeram a descodificação.

Contamos para os alunos que, no dia seguinte, teríamos uma visita na sala.

d) Recebendo visita e encerrando os trabalhos

Na aula seguinte, levamos conosco uma amiga, Elizabeth. Algumas vezes, comentamos com ela a respeito do trabalho que desenvolvemos com a turma. Acreditamos que seria interessante para os alunos ter uma visitante na sala e que ela poderia contribuir muito para o nosso trabalho. Elizabeth é mestra em Psicologia Social, sua dissertação de mestrado foi sobre o brincar. Ela ficaria conosco toda a manhã e faria uma atividade com os alunos.

No início da aula, fizemos uma brincadeira para que os alunos se apresentassem. Cada aluno diria o nome e uma coisa que gosta de fazer. José começou, ele disse: *"Soltar papagaio."* Fernando: *"Estudar."* Igor: *"Jogar bola."* Adão: *"Pesquisar sobre plantas."* Todos os alunos participaram. Elizabeth, também, se apresentou, ela falou sobre os significados dos nomes.

Elizabeth havia levado vários livros para fazer uma atividade com os alunos. Eles estavam muito agitados. As férias estavam chegando, eram os últimos dias de aula.

Ela pediu aos alunos que se dividissem em grupos e que dessem nomes para seus grupos. Eles se dividiram em três grupos. Os nomes escolhidos para os grupos foram: Beija-flor, Jardim da Flor e Turma do Gueto. Ela colocou vários livros de história sobre a mesa e pediu que cada grupo escolhesse um livro. À medida que eles fossem lendo os livros, poderiam ir pegando outros.

Os livros colocados sobre a mesa foram:

1) Duas dúzias de coisinhas à-toa que deixam a gente feliz. Autor: Otavio Roth. Editora Ática. 2) O menino que aprendeu a ver. Autora: Ruth Rocha. Quinteto Editorial ltda. 3) Macaquinho. Autor: Ronaldo Simões Coelho. Editora Lê. 4) A menina e o passarinho encantado. Autor: Rubem Alves. Edições Loyola. 5) Romeu e Julieta. Autora: Ruth Rocha. Editora Ática. 6) Asa de papel. Autor: Marcelo Xavier. Editora Formato. 7) Picote, o menino de papel. Autor: Mario Vale. Editora: RHJ. 8) Violência, não! Lobos contra lobos. 9) Violência, não! O gato e o rato. 10) Violência, não! Os camelos e o dromedário. 11) Violência, não! O porcão e o porquinho. 12) Violência, não! A minhoca e os passarinhos. Os autores destes livros são: Sylvie Girardet e Puig Rosado. Editora Scipione.

Os alunos pegaram os livros para ler. À medida que liam, trocavam os livros uns com os outros. Elizabeth escreveu, na frente do nome de cada grupo, os livros que eles haviam lido. Um dos grupos quis ler para a sala. Igor, Wagner, Júnior e João foram à frente da sala e cada um leu algumas páginas de um livro para os colegas. Elizabeth acompanhou a leitura do grupo. Igor e Júnior leram com dificuldades, mas leram algumas páginas do livro escolhido.

Um dos grupos não quis continuar lendo. Disseram que já haviam lido e nos pediram uma folha de papel fantasia para montar um brinquedo. Dissemos que podiam pegar no armário. Os alunos estavam agitados. Cláudia, Rosilene e Patrícia pediram para escrever um jogral. Antes do recreio, alguns alunos conversaram mais com Elizabeth sobre o significado dos nomes.

Depois do recreio, alguns alunos continuaram lendo os livros, Elizabeth coordenou essa atividade. Outros disseram que já haviam lido e que queriam fazer exercícios. Escrevemos exercícios no quadro. Os alunos que não estavam lendo fizeram os exercícios. Cláudia brigou com José.

No final da aula, os alunos despediram-se de Elizabeth. Convidaram-na para voltar no dia seguinte. Ela disse que, no dia seguinte, não poderia, mas prometeu que voltaria, ainda naquela semana.

Na manhã seguinte, os dois primeiros horários eram de aulas especializadas: educação física e educação artística. Depois dessas aulas, assim que os alunos chegaram à sala, contamos para eles que faríamos uma aula diferente. Explicamos que faríamos biscoitos. Eles ficaram entusiasmados. Pedimos que eles pegassem suas pastas e fossem para a cantina.

A cantineira, dona Margarida, é nossa conhecida há muitos anos. Nós faríamos a receita de biscoitos dela.

Os ingredientes que seriam utilizados eram: farinha de trigo, fubá de milho, ovos, açúcar e uma pitada de sal. Nós havíamos levado todos os ingredientes.

Na cantina, os alunos ficaram em volta de uma das mesas. Dona Margarida pegou uma bacia de cozinha, colocou sobre a mesa e misturou os ingredientes sob os olhares atentos dos alunos. Alguns escreviam os ingredientes que ela estava usando, enquanto ela os misturava. Depois, ela amassou os biscoitos. Enquanto fazia, explicava para os alunos como tinha de ser feito. Amassou até dar o ponto para enrolar. Explicou aos alunos qual era o ponto ideal.

Tínhamos dito à dona Margarida que precisava dar ponto para enrolar, porque faríamos letras com a massa e escreveríamos palavras.

Assim que a massa ficou pronta, pegamos bucha e sabão e lavamos uma mesa de alvenaria[11] que fica no pátio da escola. Os alunos ajudaram, a mesa foi lavada e enxuta. Então, cada aluno pegou um pedaço da massa. Pedimos que eles modelassem a massa e fizessem letras, que escrevessem palavras ou frases. Explicamos que depois, fritaríamos os biscoitos para que eles pudessem comê-los.

Eles estavam animados. Formaram várias frases e palavras. Rosilene modelou o nome dela com flores em volta. Cláudia modelou a frase "Eu te amo muito mamãe". Depois, modelou o nome dos irmãos. Adão formou a palavra "Paz". Todos os alunos formaram palavras ou frases com a massa. Quando terminaram, dona Margarida fritou os biscoitos. À medida que ficavam fritos, nós os passávamos no açúcar refinado e os entregávamos aos alunos. Cada um comeu as palavras que tinha modelado. Despedimo-nos.

No dia seguinte, Elizabeth foi conosco para a aula. Levamos dois jogos: batalha alfabética e bingo.

Júlio foi para o centro da roda e começou a brincar, sozinho, de capoeira. Enquanto Elizabeth conversava com eles, Júlio ficou correndo em círculos e Jéferson, fingindo que estava dando tiros. Depois, ele caiu no chão fingindo-se de morto.

Começaram a conversar sobre os apelidos. Elizabeth quis saber o apelido de cada um. Ela explicou que algumas vezes os apelidos são colocados de forma carinhosa e outras, de gozação. Contou qual era o apelido dela.

---

[11] No pátio da escola há uma mesa de alvenaria que os alunos utilizam para jogar pingue-pongue.

Os alunos contaram seus apelidos: sem-cérebro, bafo-de-bode, gigante ou girafa, mamute, tampinha, defunto, quatro-olhos, peteca, cada um falou o seu. Eles perguntaram se tínhamos apelido. Conversamos sobre este tema.

Heli perguntou se Elizabeth ficava brava quando alguém falava o apelido dela.

Terminada a conversa, dissemos aos alunos que faríamos o jogo do bingo. Eles ficaram entusiasmados. Sugerimos que o bingo fosse feito com operações, como por exemplo, dois mais quatro; os alunos somariam e marcariam o resultado na cartela: seis, se tivesse o número certo. Alguns alunos não quiseram. Disseram que preferiam jogar o bingo simples. Fizeram uma votação, a maioria votou a favor do bingo comum. Elizabeth começou a sortear os números. Vários números depois, José ainda não tinha marcado nenhum em sua cartela. Ele se irritou. Disse que a cartela dele estava muito ruim.

Trocou a cartela. Vários alunos quiseram trocar a cartela também. Quando não conseguiam marcar nenhum número, aborreciam-se.

Depois do recreio, fizeram exercícios. Júlio brigou com José. Eram os últimos dias de aula e os alunos estavam agitados. No final da aula, eles despediram-se de Elizabeth.

Na aula seguinte, fizemos exercícios. Fechamos o trabalho com o grupo. Conversamos um pouco sobre o término do semestre. Despedimo-nos. Os alunos perguntaram se voltaríamos depois das férias.

O grupo tinha cumprido uma etapa importante. Houve um grande avanço em todos os sentidos. Apesar de Júnior e Jairo estarem iniciando o processo de alfabetização, o restante da turma, com diferenças de fluidez e de segurança, estava começando a ler. Eles já estavam no processo, precisavam, agora, treinar a leitura e a ortografia. Igor ainda tinha dificuldades, mas já tinha iniciado o processo de leitura e se empenhava em ler tudo quanto podia.

Nas férias, tomamos uma decisão difícil, mas, necessária. Tínhamos, há muito, desejo de realizar novas atividades profissionais. Então, durante as férias, decidimos sair da escola. No primeiro dia útil de agosto, tomamos as medidas legais para nossa saída.

Na primeira semana de aula, fomos nos despedir dos alunos e de alguns colegas. Dissemos aos alunos que o que eles aprenderam durante todo o processo era deles, que pertencia a cada um deles. Falamos de o quanto haviam crescido. Conversamos um pouco. Distribuímos os livros da biblioteca de sala entre eles. Perguntamos se poderíamos levar os cartazes; dissemos a eles que precisaríamos deles, eles concordaram. Deixamos o cartaz que havíamos feito para eles, com eles. Despedimo-nos. O fechamento dos trabalhos foi um momento difícil para nós também, mas é a etapa final do processo e é necessário.

No capítulo seguinte, faremos uma breve análise do processo vivido pelo grupo.

Análise do processo vivido pela turma

A violência e o relacionamento interpessoal

O tema da violência esteve presente em todas as aulas e foi um dos temas geradores. Desde o primeiro dia de aula, os alunos falaram sobre a violência. Eles comentaram a respeito de brigas, pobreza, drogas, bebida. Estamos considerando a pobreza, quase miséria, em que vive grande parcela da população brasileira, a exclusão social, o afastamento dessa parcela da população da possibilidade de adquirir e usufruir bens de consumo, de ter lazer e trabalhos bem-remunerados, uma violência. A temática da violência apareceu durante todo o processo do grupo e foi trabalhada em várias dimensões.

Grande parte da população brasileira vive em condições de pobreza extrema, quase miséria. Nesse contexto, muitas crianças começam a trabalhar cedo. As que não saem para trabalhar fora de casa, muitas vezes, assumem as funções domésticas, enquanto os adultos saem para o trabalho. Assim, assumem a função de cuidar da casa ou dos irmãos.

No primeiro dia de aula, enquanto falavam sobre as férias, Lia contou: *"Não fiz nada, só estava arrumando casa, arrumando minha cama, pulando corda."* (Lia) Ela contou que limpa a casa todos os dias, que ela é responsável pelas coisas da casa.

A mãe da Cláudia contou que sai para trabalhar e quem "assume" a casa e cuida da irmã menor é Cláudia.

Um de nossos alunos pede esmola no sinal de trânsito. Os colegas, no início do processo, imitavam-no constantemente, como se estivessem pedindo esmolas. Eles o chamavam de mendigo.

Nas grandes cidades, as diferenças entre os vários segmentos sociais ficam mais visíveis.

A vida na cidade e a violência são experiências compartilhadas por todas as pessoas que ali vivem, no entanto, são vividas de formas completamente diferentes. É fácil visualizar os contrastes existentes. A cidade grande reúne a riqueza e a miséria. Condições extremas se tornam mais visíveis e não podem ser ignoradas umas das outras. Os alunos, no início do processo, não discutiam abertamente sobre essas questões, elas não eram sentidas de forma consciente, mas eram sentidas como um certo mal-estar, uma angústia que era extravasada de forma agressiva.

Eles, muitas vezes, agrediam-se fisicamente. A aluna X, no início do processo, após brigar com um colega, esmurrou a porta da sala e chutou as carteiras.

Júnior falava alto na sala: *"Eu mato! Eu mato! Formiga."*

No início do processo, qualquer brincadeira ou mal-estar entre os alunos era resolvido com socos e pontapés.

Na primeira etapa do processo, não havia nenhuma tolerância entre os alunos. Enquanto faziam uma técnica na qual falavam uma cor que queriam ser e o porquê daquela escolha, Tiago disse: *"Azul para ser igual às águas."* (Tiago) *"Eu vou te beber."* (Manoel I.) Tiago respondeu muito exaltado: *"Eu vou te dar um soco no olho que vai ficar inchado."* (Tiago)

No início do processo, algumas questões que faziam parte da experiência de vida dos alunos, como, por exemplo, a pobreza, o alcoolismo, a violência, não eram percebidas com profundidade, mas de forma superficial. Não se falava sobre elas, mas agia-se com agressividade.

Nesse contexto, uma das atitudes muito comum entre os alunos era a de ostentar alguma coisa que os colegas não tivessem naquele momento ou quisessem ter.

Eles repetiam comportamentos estereotipados. As coisas que viam as outras crianças usando ou comendo, na sociedade mais ampla, e que não podiam comer ou usar, era sentido como uma provocação. Então, eles provocavam uns aos outros na sala de aula e brigavam. Esse era um conflito vivido cotidianamente, na primeira fase do processo.

Essa atitude de ostentar objetos ou coisas de comer, que os outros não tinham, era sentida como uma violência, era comum no grupo e era respondida com socos e pontapés, ou com um "ficar de mal". Nesse contexto, os alunos causavam "inveja" uns nos outros, cada vez que chupavam uma bala, sozinhos, quando os outros não tinham uma bala. Muitas vezes, eles exibiam um caderno novo ou um tênis novo.

Na primeira fase do processo, não havia companheirismo, havia uma disputa entre os alunos. A forma como eles percebiam a sociedade mais ampla era reproduzida na sala de aula. Companheirismo, para eles, era algo que não existia. Imperava a lei do mais forte ou a lei do que tem mais. No grupo, o *status* era conseguido pelo fato de o aluno ser o mais forte ou pelo fato de possuir algum objeto que os outros não tinham.

Júnior mostrou o tênis novo para o grupo. Os alunos ficaram agitados.

Conversando sobre o comportamento agressivo da turma, Tiago falou: "*O Manuel I. mexe com todo mundo. Aí o pessoal vai lá e* **desconta** *nele. Eu, também, falei assim: vira mulher Manoel, você não agüenta ninguém.*" "*A gente tava brincando de 'porradinha', de quem cai primeiro.*" (Tiago)

Quando os alunos trabalharam com o tema "inveja", escolhido por eles como tema gerador, as situações que relataram associavam-se, em sua maioria, à vontade de comer alguma coisa que outra pessoa estava comendo e ao fato de não poderem comprar. Disseram que viam pessoas comendo balas ou biscoitos, tinham vontade de comê-los também e não podiam. Perguntamos como era aquilo na sala e na escola. Eles contaram:

"*O Jairo, um dia, ele tava chupando bala, eu pedi e ele continuou chupando*". Imitou o Jairo chupando bala. (Júlio) "*O meu foi o Tiago. Eu pedi ele uma bala. A menina deu duas balas pra ele. Ele enfiou uma na boca, eu pedi ele a outra, ele enfiou rápido na boca, fez assim, oh*". Imitou o Tiago, colocando as duas balas na boca. (Igor) "*Aquele menino ali, o Júnior. Ele tava comendo um pacotão de Mirabel, assim. [Mostrou o tamanho do pacote com as mãos]; Ele não me deu nenhum.* (João) "*Você não me dá nada.*" (Júnior) "*Dou sim, seu mentiroso. Tem um monte de gente que já fez inveja ni mim, aqui na escola, lá em casa.*" (João)

Os alunos reproduziam, na sala de aula, o que eles sentiam com relação à vida na sociedade mais ampla. Era a maneira como eles percebiam a dinâmica que rege as relações interpessoais na sociedade mais abrangente. Essa dinâmica embasava as relações interpessoais dos alunos. Havia violência e disputa. Era cada um por si. Nas grandes cidades, a fartura e a necessidade coabitam o mesmo espaço físico. Os sentidos de todos os seus moradores são invadidos pelos variados estímulos. Os bens materiais são oferecidos a todos como se estivessem ao alcance de toda a população.

Essas situações são sentidas como uma violência e, nesse contexto, os alunos se defendem de forma agressiva. Como se sentem excluídos, desrespeitados, na sociedade mais ampla, reagem com agressividade a qualquer situação que seja percebida como tendo alguma semelhança com as situações de discriminação ou de dominação.

Nessas crianças, a construção da identidade é permeada pelo forte sentimento de ser discriminado, vivido diariamente sob a forma da humilhação de perceber seu grupo de pertencimento situado, em relação ao grupo dominante, como grupo estigmatizado e excluído da possibilidade de usufruir de bens de consumo, empregos bem-remunerados e prestígio.

Nesse contexto, os alunos se mostravam muito sensíveis a qualquer manifestação sentida como discriminatória ou repressora, inclusive entre eles e, nessas situações, ao invés de conversarem em busca de soluções, eles reagiam com agressividade.

Então, quando um aluno comia uma bala ou um pirulito, os outros alunos acabavam brigando com ele, às vezes, agredindo-se fisicamente. Muitas vezes, brigavam durante o recreio porque algum colega tinha comido alguma coisa sem oferecer um pedaço aos outros.

No início do processo, toda vez que algum deles comprava uma bala ou um pirulito, comia bem devagar na frente dos outros. Quando eram questionados pelos colegas, sorriam.

João, depois do recreio, deitou a cabeça na carteira, com fisionomia de choro. Perguntamos o que havia acontecido. Ele explicou que o Tiago estava com um pacote de biscoitos, comeu e não deu nenhum para ele. Tiago sorriu.

José ficou muito bravo quando uma das professoras especializadas tomou umas figurinhas que ele tinha levado para a aula e, diante da perda de quatro delas, ele deu socos e pontapés no portão do local onde estavam. Em um primeiro momento, ele não quis conversa, ficou transtornado.

Com o desenvolvimento do processo de alfabetização e a exploração dos temas geradores, os alunos passaram a conversar sobre a pobreza e sobre seus sentimentos. À medida que falavam sobre temas como bebida, pobreza, violência e inveja, compreendiam melhor as várias situações vividas e, também, a forma como a sociedade se estrutura.

O clima de respeito e aceitação incondicional favoreceu o processo de crescimento humano dos alunos. Sentindo-se aceitos e respeitados, os alunos puderam expressar e explorar, durante o processo de alfabetização, os temas sugeridos por eles, seus conflitos, dando a estes, no âmbito do processo ensino-aprendizagem, um enfoque menos pessoal, levando-os para um âmbito mais abrangente, das injustiças e diferenças sociais.

À medida que os alunos percebiam que os sentimentos expressos eram comuns aos colegas e que, de certa forma, todo o grupo vivia situações parecidas, os alunos passaram a ficar menos agressivos e mais solidários uns com os outros. Exploraram essas temáticas e desenvolveram maior consciência de seus conflitos e de como eles se associam com a forma de organização social. Compreenderam as experiências vividas e desenvolveram novas formas de agir. Eles tornaram-se mais conscientes, mais críticos e menos agressivos.

Com o desenvolvimento do processo, passaram a não comer nada que não pudesse ser oferecido, na frente dos outros. Geralmente, quando iam comer alguma coisa, ofereciam um pedaço para os colegas ou levavam para todos.

No piquenique, eles serviram uns aos outros.

Na hora de distribuírem o bombom, no fim do piquenique, os alunos preocuparam-se em saber se todos já tinham ganhado bombom. Preocuparam-se, também, conosco. Eles perguntaram:

"E o seu bombom, professora?"

"Cadê o seu bombom, professora?"

Respondemos que ainda íamos tirar. Eles contaram que os bombons tinham acabado e ficaram preocupados. Vários alunos nos ofereceram seus bombons, insistiram para que aceitássemos. Nós dissemos que não precisava. *Então, dois alunos disseram que dividiriam um bombom entre eles,* que já haviam comido bastante, e nos entregaram o bombom de um deles. Tivemos de aceitar. Nessa fase, eles criavam alternativas para solucionar as situações, sempre em um clima de solidariedade e companheirismo. Era um grande progresso no grupo.

Rosilene, em uma das aulas, levou um saco de balas para a sala e nos perguntou se podia distribuir entre os colegas. Consentimos. Ela nos ofereceu uma bala e depois começou a distribui-las em um dos lados da roda. Os alunos que estavam do outro lado olharam para o saco de balas e reclamaram que as balas iam acabar antes que ela chegasse até eles. Ela respondeu que ia ter balas para todos.

Eles disseram novamente que talvez não desse para todos. Então, perguntamos a ela se não seria bom contar as balas...

Ela respondeu tranqüila: *"Não professora, não precisa, vai dar pra todo mundo."* Realmente, todos ganharam balas. Eles agradeceram e bateram palmas para ela.

Essa solidariedade com relação aos alimentos se estendeu aos materiais escolares. No início do processo, os alunos não emprestavam nada uns para os outros. Eles exibiam qualquer material novo que tivessem levado, mostrando aos colegas que só eles tinham.

À medida que as discussões se desenvolviam, passaram a emprestar o material a alguém que estivesse precisando. Se alguém precisasse de algum material e pedisse, se o aluno não estivesse usando, era emprestado. Na última fase do processo, eles passaram a se preocupar, nas atividades coletivas, se todos tinham o material necessário, se alguém precisava de alguma coisa. Havia respeito por si e pelo outro.

Quando estavam combinando como fariam os papagaios, José falou: *"Oh, professora, eu tenho um plástico azul e preto, lindo, grande assim, oh!* (mostrou o tamanho) *Eu vou trazer, dá pra sala toda."* (José)

Durante a confecção dos papagaios, cortavam bambus, uns para os outros, e quem já tinha terminado o seu papagaio ajudava quem ainda estava fazendo. Igor disse: *"Professora, eu emprestei meu caderno novo para o Júnior. Quando ele acabar ele vai arrancar a folha e me devolver o caderno."* Júnior não tinha levado material, naquele dia.

No início do processo, os alunos se insultavam constantemente. Tratavam-se por apelidos depreciativos e qualquer mal-entendido era motivo para troca de socos e pontapés. Muitos dos apelidos utilizados por eles faziam referência à uma suposta falta de capacidade para estudar ou à condição socioeconômica dos alunos, como, por exemplo, sem cérebro ou mendigo.

Não havia, nos momentos de discussão, espaço para o diálogo. Quando um aluno ia separar uma briga, muitas vezes, entrava na briga também e, quando um aluno xingava outro, os demais alunos riam e davam continuidade aos insultos.

Nesse contexto, ao invés de conversarem, os alunos se mostravam agressivos. Quando um professor ou funcionário chamava a atenção dos alunos, eles, muitas vezes, respondiam de forma acintosa.

Eles demonstravam uma desconfiança básica, ao se relacionarem uns com os outros e também com as outras pessoas. Demonstravam também uma falta de confiança básica em si mesmos. Não acreditavam que fossem capazes de aprender, de estudar, de fazer coisas interessantes, criativas.

Os alunos reproduziam imagens estereotipadas, depreciativas, criadas para as minorias oprimidas para referirem-se a si mesmos e aos colegas. Eles insultavam uns aos outros repetindo imagens que desqualificam.

Igor, referindo-se a Manuel I.: *"Ele é um bicho-preguiça, ele não gosta de fazer nada."* (Igor)

"O apelido dele é sem-cérebro, ele não sabe nada." (Tiago) Brigaram em seguida.

Um dos alunos, referindo-se ao aluno X: *"Oh, mendigo."* Brigaram em seguida.

José, falando com Jair: *"Oh, quatro-olho, retardado!"* Tiago entrou na "conversa" e dirigiu-se a Jair: *"Débil mental."*

Na primeira semana de aula, depois de um dos alunos dizer que nossa sala era quarta C, Jairo falou: *"Toma seu gadernal. Eu tomo gadernal, eu sou doido."*

Manuel I para X: *"Você é favelado."*

Quando os alunos faziam referência à situação socioeconômica do colega de forma pejorativa, faziam referência à própria situação socioeconômica. Menosprezavam, então, o próprio grupo de pertencimento. Com o desenvolvimento do processo de alfabetização em um clima de respeito e acolhimento, por meio do diálogo autêntico e de uma pedagogia humanista, eles desenvolveram uma confiança básica com relação a si mesmos e com relação às outras pessoas. Passaram a confiar mais em si mesmos, a se conhecerem melhor, e assim se disponibilizaram para conhecer os outros. Passaram a perceber que o outro pode ser uma pessoa digna de confiança. Os estereótipos foram sendo desconstruídos e surgiu uma imagem mais positiva de si mesmo e, também, do outro.

Os alunos construíram um olhar crítico sobre as várias situações. Passaram a ser solidários uns com os outros e com as outras pessoas e qualquer situação sentida como injustiça era verbalizada e discutida, dialogada.

Júnior, falando com Jairo: *"Lê sô! Você é capaz, né professora?"*

José, no início do processo, quando brigava com Cláudia, insultava-a menosprezando seus traços fenotípicos. Com o desenvolvimento das aulas, ele parou de brigar com Cláudia. Ele disse para ela, em uma conversa sobre grupos étnico-raciais que o cabelo dela era bonito.

Cláudia, por sua vez, passou a ficar tranqüila, a conversar com os colegas e a dizer que tinha um grupo de amigos. No início do processo, ela dizia que não tinha amigos.

Os alunos passaram a dialogar sobre os problemas. Em uma das aulas, conversando, eles discutiram sobre a semana, analisaram se tinham tido algum problema entre eles, disseram:

Tiago: *"Tivemos sim, violência."*

José: *"Não tem violência não, eu quero paz."*

Júnior: *"Manda a sala pra merda, então."*

José: *"Eu acho que a sala tá boa. Eu acho que a sala tá ruim, sabe. Por que? Tá uma violência. Quem tá fazendo violência aqui?"*

Tiago: *"O Manuel I. mexe com todo mundo."*

Wagner: *"Os meninos têm que mudar."*

Júlio: *"Quem brigar, todo mundo toma ocorrência."*

Raul: *"Pode falar tudo, mas não pode bater."*

Júnior: *"O apelido tem que acabar. Ele é que faz a gente bater."*

Em uma das aulas, quando José disse que Rosilene era feia, os colegas, diferentemente do início do processo, não acharam a menor graça. Ficaram sérios. Adão interveio a favor de Rosilene.

No início do processo, a forma de os alunos se relacionarem conosco e com os outros professores, às vezes, também, era agressiva. Em muitas situações de briga entre os alunos, quando nós os lembrávamos das regras de respeito que fundamentavam o trabalho do grupo, eles nos respondiam dizendo que faziam o que queriam e que ninguém mandava neles. Nessas situações, quando algum colega sugeria que chamássemos o vice-diretor, eles diziam: *"Pode chamar o X, eu não tenho medo dele, ele não manda ni mim."* (José)

Nessa fase inicial do processo, quando os alunos brigavam, não nos ouviam quando pedíamos para que parassem de brigar. Os alunos que iam ajudar a separar as brigas acabavam entrando nelas e, ao invés de dois alunos brigando, tínhamos três ou quatro.

Nessas ocasiões, muitas vezes, o aluno que tinha iniciado a briga saía correndo pelo pátio da escola. Nós não saíamos da sala, continuávamos a aula. Eles sempre voltavam.

Com o desenvolvimento do processo, os alunos passaram a não correr pelo pátio. Quando brigavam, guardavam o material na pasta, saíam da sala e ficavam sentados do lado de fora da sala, em frente à porta. Nós continuávamos a aula normalmente. Pouco tempo depois, eles entravam.

Os alunos passaram a nos escutar, inclusive, quando intervínhamos em alguma briga ou "brincadeira". Nessas ocasiões, eles passaram a conversar conosco, não eram agressivos. O clima de respeito e compreensão que se estabeleceu na sala passou a embasar as atitudes dos alunos.

Cláudia bateu no José. Guardou os objetos e saiu, ficou sentada do lado de fora da sala. Pouco tempo depois, entrou.

José brigou com Júnior, saiu da sala. Sentou em frente à porta e ficou olhando para dentro, pouco tempo depois, entrou.

A turma estava brincado de "ligar": quem falasse determinada palavra, combinada por eles, apanhava. Então, perguntamos o que é que estava acontecendo, o que é que eles achavam daquela "brincadeira". Eles responderam: *"Tá bom professora. É violência. Parou gente."* Pararam de "brincar" daquele jeito.

A coordenadora do ciclo contou que nossos alunos estão respeitando os combinados que ela faz com eles durante o recreio. A coordenadora do turno comentou que não tem tido problemas com nossos alunos.

Com a construção de um clima de respeito, os alunos passaram a não rir quando ouviam um insulto. Eles ficavam sérios e chamavam a atenção do colega que havia feito o insulto.

Quando um aluno brigava com outro ou insultava alguém, os próprios colegas intervinham e tomavam a iniciativa de se solidarizar com o colega que havia sido insultado e de votar se o colega que tinha brigado teria recreio ou não. Eles respeitavam a decisão do grupo.

Heli queria uma determinada carteira e discutiu com alguns colegas por causa disso. Ninguém riu. Eles não brigaram, apenas discutiram. Heli chorou. Igor sentou-se ao lado dele e tentou confortá-lo.

À medida que o processo se desenvolvia, os alunos adotavam o diálogo e a reflexão crítica para resolver as situações de sala de aula. Assim, situações que, no início do processo, causavam brigas, com o desenvolvimento dos trabalhos passaram a ser compreendidas e as atitudes dos alunos eram de tolerância e até de bom-humor. Eles passaram a pensar sobre situações adversas e a buscar alternativas para solucioná-las.

Na aula em que fizemos bombom, Manuel C. confundiu os ingredientes e, em vez de levar leite em pó, levou leite de vaca. Quando estávamos arrumando a sala e guardando os materiais, dois alunos riram ao verem o leite de vaca que o Manuel C. havia levado. Foi uma risada de deboche. No entanto, ele e os demais alunos souberam tratar a situação.

Perguntamos para ele se poderíamos guardar o leite para o dia do piquenique.

Ele respondeu: *"É pra guardar."*

Júlio disse: *"Mas, o leite estraga, professora."*

Jairo: *"Não pode deixar fora da geladeira, porque senão, estraga."*

Explicamos que o leite de saquinho estraga, o de caixinha, não.

Manuel C: *"Pode deixar guardado aqui na sala professora."*

Heli: ***"Eu vou trazer Toddy para colocar no leite, no dia do piquenique."***

Achamos uma ótima idéia.

O humor, também, sofreu mudanças durante o desenvolvimento das aulas. No início do processo, o grupo era tenso, agressivo e quase não se via o bom-humor. Quando brincavam, às vezes, a brincadeira acabava em briga. Com o desenvolvimento do trabalho, os alunos passaram a ficar mais bem-humorados uns com os outros. À medida que as situações discutidas por eles, no processo de alfabetização, eram compreendidas, a angústia e a agressividade diminuíam e surgia o bom-humor no grupo. Os alunos passaram a brincar uns com os outros. Surge o espaço para a piada, para a brincadeira bem-humorada, para a arte, a criação.

Rosilene olhou para o Júnior e perguntou para o grupo: "Oh, o Júnior não veio hoje não?" E sorriu.

Ele riu e falou: "Eh, menina!"

Tiago levou um livro de piadas e perguntou se podia ler para os colegas. Leu, antes do recreio. Depois, leu durante o recreio, também.

Os alunos passaram a fazer jogral e a se apresentar para o grupo. Passaram a cantar e fazer desenhos para a turma.

Patrícia, Rosilene e Cláudia pediram para ler uma poesia para a turma. Concordamos. Júlio levou uma fita de rap e pediu para colocarmos. Essas iniciativas passaram a se repetir com freqüência.

Cláudia: "O professora, quando acabar isso, [o exercício], quando todo mundo terminar você deixa cada um cantar uma música?"

Assim que terminaram o exercício, cada aluno foi à frente da sala e cantou uma música. Tiago foi o primeiro a cantar. Ele cantou: "É preciso saber viver[...]"

Durante as aulas, os alunos aprenderam a desculpar e a pedir desculpas, quando necessário. No início do processo, os alunos tinham dificuldades em pedir desculpas e em desculpar uns aos outros. Diziam que não pediam desculpas. Com o desenvolvimento dos trabalhos, passaram a pedir desculpas e a desculpar. Passou a ser importante para eles o fato de se desculpar e de ser desculpado pelos colegas.

Esse respeito por si mesmos, pelo outro e pelas decisões tomadas em grupo se desenvolveu durante o processo de alfabetização. Durante as aulas, por meio de uma prática pedagógica humanista, por meio do diálogo autêntico, os alunos se aproximaram de si mesmos, de suas necessidades, sentimentos e conflitos. À medida que se conheciam melhor, que construíam relações autênticas consigo mesmos, abriam-se, também, para o outro. Passaram, então, a respeitar mais uns aos outros, a perceber e a compreender os sentimentos e necessidades próprias e, também, as dos outros.

Júnior duvidou que Cláudia tinha tirado nota dez em uma das provas. Ela brigou com ele. Ele não tinha tirado boa nota, não respondeu de forma agressiva como fazia no início.

Júnior falou para Cláudia: *"Só disse duvido, brincando."*

Pediu desculpas espontaneamente e estendeu a mão para ela. Ela recusou.

Ele contou decepcionado: *"Oh, professora, ela não aceitou minhas desculpas não."*

Logo depois, enquanto escrevíamos exercícios no quadro, ela falou: *"Júnior, eu aceito suas desculpas."*

Então, ele contou: *"Professora, ela aceitou minhas desculpas."* Em seguida, disse que queria ter uma irmã igual a ela. Ela respondeu que, em Deus, somos todos irmãos.

Cláudia bateu no José. Fizeram as pazes, ela pediu desculpas.

A relação dos alunos com o estudo

No início do processo, os alunos demonstravam pouco interesse pelo estudo propriamente dito. Eles pediam com freqüência para poderem ir jogar bola ou brincar no pátio. Havia uma certa dificuldade em se concentrarem nas tarefas, e eles se dispersavam com facilidade.

O estudo não era tido como prioridade por parte dos alunos, e eles demonstravam um certo conflito com relação à situação de estudar. Em suas falas, aparecia um sentimento de falta de crença na própria capacidade para estudar. Era como se não pudessem estudar, como se acreditassem que o estudo não fosse para eles. Então, eles demonstravam preferir fazer atividades nas quais tinham certeza de que seriam bem-sucedidos. Assim, prefeririam jogar futebol ou brincar.

Os padrões e valores das crianças, suas ideologias e objetivos, são fortemente influenciados pelos valores, ideologias e objetivos dos grupos dos quais uma criança participa. Essa influência é exercida não só pela família mas também pela escola.

Então, quando a criança tem repetidas experiências de fracasso na aprendizagem, sente-se desestimulada a tentar novamente. A mensagem assimilada por ela, nessas situações, é de que não é capaz de aprender. Essa mensagem, muitas vezes, é reforçada pela família que, sem saber como ajudar os filhos a estudar, acaba por repetir estereótipos referentes à "incapacidade" dos filhos para aprender.

No início do processo, nós nos deparamos com essa situação que aparecia de várias formas. Algumas vezes, os alunos diziam que eram burros e nem queriam tentar fazer o exercício, com receio do fracasso. Outras, apenas se recusavam a fazer e deitavam a cabeça na carteira em uma expressão de desalento.

Jairo: *"Eu sou burro. Eu sou burro de nascença."*

Quando um aluno falou que Jairo era esforçado, ele respondeu: *"Esforçado, não sou não. Eu sou burro."*

Muitas vezes, quando pedíamos que Júlio ou João fizessem a leitura, eles demonstravam acreditar que não iam dar conta de ler e deitavam a cabeça na carteira, desanimados. Em seguida, levantavam a cabeça e começavam a ler. Às vezes, faziam um esforço grande para ler. Quando terminavam sorriam.

Cláudia, no início do processo, dizia que não ia ler.

Jairo: *"Não vou lê não. Tudo que faz nessa sala, a gente tem que lê."*

Nesse contexto, quando já estavam começando a ler, muitas vezes, diante de um pequeno texto, a primeira reação era dizer que não leriam. Entendíamos que era uma resistência inicial provocada pelo receio de não darem conta de ler. Pois, eles liam logo depois de expressarem essa resistência inicial. Com o desenvolvimento do processo a primeira frase que diziam ao se verem diante de um texto era: *"Eu quero ler tudo."*

Durante o processo de alfabetização, os alunos passaram a ler com mais segurança. No início, liam muito baixo, estavam inseguros, quase não se ouviam suas vozes. No decorrer do processo, em um clima de respeito, acolhimento e aceitação pela pessoa do outro, os alunos ficaram mais autoconfiantes. A maioria deles passou a ler alto e com firmeza. Alguns, apesar de lerem baixo, já liam mais alto do que no início do processo.

Cláudia: *"Deixa eu lê, eu quero lê."*

Júlio avisou: *"Eu quero lê tudo"*. Como tomávamos a leitura de todos alunos, todos os dias, devido ao tempo, pedíamos que lessem apenas uma parte do texto que estava sendo estudado. Eles passaram a nos avisar que queriam ler tudo.

Wagner: *"Professora, deixa cada um lê um livro?"*

Durante o processo de alfabetização, os alunos demonstraram uma sensibilidade excessiva a qualquer observação de que precisavam corrigir algo. Muitas vezes, em situações nas quais precisavam corrigir alguma coisa, ficavam completamente desestimulados. Era como se a necessidade de corrigir algo mexesse na "ferida associada a uma incapacidade para aprender" – ainda em processo de cicatrização – e fizesse reviver sentimentos de menos valia em situações nas quais se sentiram inabilitados para o estudo.

As observações de que os alunos precisavam corrigir algo pareciam reforçar o estereótipo de que eles não sabiam nada, de que eram incapazes de aprender ou de fazer algo certo.

Alguns estereótipos circulam na sociedade a respeito dos grupos desfavorecidos socioeconomicamente e muitos deles estão associados à idéia de que as pessoas pertencentes a esses grupos têm dificuldades para aprender, para estudar. Esses estereótipos são criados socialmente e estão vinculados à ideologia de dominação e exploração de alguns grupos sociais pelo grupo dominante. Eles foram introjetados por nossos alunos.

Nossa preocupação era facilitar um processo no qual essas imagens negativas pudessem ser desconstruídas, no qual os alunos pudessem se aproximar mais de si mesmos, de seu potencial e construir uma auto-imagem verdadeira, em congruência com o que cada aluno pensa, sente e quer. Então, nas fases iniciais do processo, tínhamos cuidado para dizer que algo precisava ser corrigido.

Com o desenvolvimento do processo de alfabetização, em um clima de respeito e de aceitação pelos alunos, eles passaram a confiar mais em si mesmos, em sua capacidade para aprender e criar e passaram a tolerar observações de que precisavam consertar alguma coisa, quando fosse necessário.

João, durante um exercício de matemática, trocou o sinal de adição pelo de subtração. Ele confundiu os sinais e subtraiu ao invés de somar. Dissemos a ele que tinha se enganado e trocado os sinais. Ele ficou desolado.

Disse que precisava apagar tudo, que estava tudo errado, que ia arrancar todas as folhas, que era burro mesmo e que não sabia fazer nada.

Então, conversamos com ele e explicamos que ele era muito bom aluno e que não tinha de arrancar nada. Ele só tinha confundido os sinais. Com o desenvolvimento das aulas, ele passou a ouvir com tranqüilidade que precisava consertar alguma coisa, quando era necessário. Nessas ocasiões, apenas pegava a borracha, apagava e consertava.

No início, quando dizíamos que Júlio tinha trocado alguma letra, ele respondia que, se estava errado, não ia fazer mais nada. Manoel C. reagia da mesma maneira. Com o desenvolvimento das aulas, passaram a ter mais autoconfiança, e diante dessas observações, eles consertavam o que precisava ser modificado, sem problemas.

Passaram, também, a sustentar suas opiniões, agora, mais críticas e conscientes.

Quando estávamos corrigindo um exercício de interpretação de texto – era um texto que, atipicamente, não se relacionava com as temáticas discutidas em sala – diante de uma pergunta sobre o que o leitor tinha achado interessante na história, vários alunos, quase todos, responderam: "Nada."

Quando nós perguntamos se eles não tinham achado nada interessante naquela história, eles responderam: *"Não."* De fato, o texto não se relacionava com as discussões feitas em sala, nem com as experiências de vida de nossos alunos.

No início do processo, os alunos não demonstravam interesse em criar brincadeiras novas, que facilitassem o processo de aprendizagem. As ações e as brincadeiras eram estereotipadas. Os alunos repetiam brincadeiras agressivas que, quase sempre, acabavam em tapas e pontapés.

Quando a atividade lúdica da criança sofre continuadas interferências, quando sua capacidade de criar é tolhida, pode regredir para um nível muito inferior de produtividade. Pode regredir assemelhando-se à capacidade criadora[1] de uma criança de nível etário muito inferior ao que ela tem.

Quando um adulto interrompe uma criança no meio de atividades que são importantes para ela ou ainda critica as brincadeiras que a criança

---

[1] A esse respeito ler: *Problemas de dinâmica de grupo*. LEWIN, Kurt. São Paulo: Cultrix, 1988.

faz, as cores que ela usa para colorir um desenho ou a forma diferente com que pronuncia uma palavra, a criança sente-se insegura. Passa a duvidar de sua própria capacidade. A insegurança e a frustração têm um efeito paralisador sobre a capacidade de fazer planos, reduzindo o nível de produtividade e a iniciativa.

Nossos alunos repetiam brincadeiras estereotipadas uns com os outros e, muitas vezes, agressivas. Então, para facilitar o desbloqueio do processo de crescimento humano e da aprendizagem, criamos, na sala de aula, um clima de liberdade e de respeito pela pessoa do aluno, por seus gostos, idéias e sentimentos. Nesse contexto, procurávamos resgatar, sempre que possível, o trabalho em grupo, o companheirismo e o diálogo autêntico.

A produtividade e a iniciativa das crianças são maiores nos brinquedos cooperativos em duplas ou grupos do que nos brinquedos e atividades solitárias. A produtividade da criança aumenta quando ela está acompanhada, quando se sente membro de um grupo (LEWIN, 1988).

Durante o processo de alfabetização, os alunos fizeram várias atividades em trio ou em duplas, e a posição das carteiras em semicírculo, cotidianamente, facilitava o diálogo e o trabalho em grupo.

À medida que o processo se desenvolvia, os alunos ficaram mais seguros e mais criativos, tomaram a iniciativa de propor e de fazer várias atividades interessantes, como, por exemplo, jogral, desenhos, brincadeiras, piqueniques. Eram atividades criativas, por meio delas os alunos trabalhavam temas importantes, o próprio processo de alfabetização e os vínculos entre eles. Nós não inibíamos essas atividades, pelo contrário, sempre os escutávamos e combinávamos com eles como poderíamos estar ajudando, como, por exemplo, cedendo uma parte da aula, organizando a atividade quando era necessário, como no caso de um piquenique, ou cedendo material e acompanhando a turma.

Nesse processo, os alunos ficaram mais criativos, a aprendizagem fluiu com tranqüilidade e a agressividade do grupo diminuiu muito.

Os alunos pediram para fazer um piquenique.

José: *"Oh professora, vamos fazer um teatro sobre a violência?"*

Depois de uma conversa sobre inveja, Tiago e Júlio pediram: *"Vamos fazer um desenho sobre a inveja?"*

Apresentaram jograis e poesias uns para os outros.

Alguns alunos: *"Vamos fazer uma brincadeira antes da aula começar?"* Perguntamos qual brincadeira. Eles explicaram: *"Vamos fazer uma roda com as cadeiras, é assim, oh. Uma pessoa joga uma coisa pra outra, pode ser uma bola de papel e fala uma palavra. A outra pega a bola e faz uma frase com a palavra."*

Eles mesmos se organizaram, a brincadeira foi ótima.

No início do processo, o estudo era associado a coisas negativas. Os alunos iam à escola porque a mãe mandava, porque tinham de ir ou para brincar no recreio.

Toda a oportunidade de sair da sala de aula era bem-vinda por eles. Muitas vezes, quando brigavam com um colega e nós lembrávamos as regras do grupo, eles aproveitavam para sair correndo da sala. Corriam pelo pátio. Nós não interrompíamos a aula. Eles voltavam pouco tempo depois.

O espaço de movimento livre de um grupo ou de uma pessoa pode ser representado como uma região, rodeada de outras regiões que podem ou não ser acessíveis. O acesso às regiões pode ser impedido ou dificultado principalmente por dois motivos: um relaciona-se à própria inabilidade do indivíduo e o outro, a uma proibição social, uma interdição social que funciona como uma barreira dinâmica entre o indivíduo e seu objetivo (LEWIN, 1988).

Então, o movimento livre relaciona-se não apenas à locomoção pelos vários espaços sociais mas também à possibilidade de fazer ou não determinadas coisas. Assim, a criança pode ser capaz de inventar uma brincadeira, de subir ao palco e representar um personagem, de aprender a tocar um instrumento, de desenhar, escrever histórias, mas alguém pode tê-la proibido, dito para que ficasse quieta e restringido seu espaço de ação e de movimento livre.

O espaço de movimento livre de nossos alunos, no âmbito social mais abrangente, é muito restrito. A própria situação socioeconômica de nossos alunos criava-lhes uma série de restrições. Muitos lugares não podiam ser visitados, várias atividades não podiam ser feitas.

No âmbito da educação, precisávamos aumentar o espaço de movimento livre de nossos alunos, tornando a sala de aula e a escola lugares prazerosos, onde eles se sentissem respeitados e pudessem criar, aprender, expressarem-se abertamente e brincar.

Quando o aluno sofre muitas restrições na escola, no sentido de ter sua capacidade criadora tolhida, e percebe que terá de decorar uma série de coisas que em nada o remetem a sua experiência de vida, fica desestimulado. O estudo passa a ter uma conotação negativa – da experiência de fracasso, do lugar em que não se pode criar, nem falar, do lugar em que não se é aceito em sua plenitude – passa a associar-se à restrições.

Um clima de liberdade e de aceitação pela pessoa do outro, na sala de aula, aumentou o espaço de movimento livre dos alunos. Com o desenvolvimento do processo de alfabetização, o estudo passou a ter um significado positivo.

Os alunos perceberam que estavam podendo construir, participar ativamente do processo ensino-aprendizagem, que poderiam participar do levantamento do conteúdo, trazendo temáticas de interesse pessoal para serem discutidas, durante o processo de alfabetização. Compreenderam que poderiam formular as regras que funcionariam como base para o desenvolvimento das aulas, perceberam que eram ouvidos, compreendidos e aceitos. Eles perceberam que estavam conseguindo aprender a ler.

Nesse contexto, ficar na sala com os colegas, estudar, não era mais visto como um castigo. Eles estavam inseridos em um processo de aprendizagem do qual participavam ativamente. Eles eram sujeitos do próprio processo de aprendizagem.

O estudo passou a ser associado a coisas boas, a paz, amizade, crescimento, sucesso e capacidade para aprender.

José nos pediu duas folhas de papel fantasia e fez dois cartazes. Em um deles, estava escrito: "sala da paz" ao lado do desenho de um menino com os braços abertos. No outro cartaz, havia o desenho de dois meninos, um sentado e o outro, em pé brincando. Estava escrito: *Paz significa carinho, alegria e amizade. Sala do amor e da alegria. Sala da felicidade, amor no coração. Carinho dentro de sala. 4ª C.* Escreveu o nome de todos os colegas e o nosso também.

Júlio chegou à sala e falou: *"Ali está escrito Oceania, né professora?"* Dissemos que sim e comentamos que ele já estava lendo.

Júnior nos contou animado: *"Ontem eu li: Feliz páscoa. Páscoa é vida nova. Feliz Páscoa. Eu li naquele papel que você entregou pra dar pras mães."*

Faltamos a um dia de aula por motivo de saúde. Quando chegamos, no dia seguinte, os alunos nos receberam: *"Oh, professora! Que bom que você veio! Melhorou? Nós estávamos com saudades!"* Todos se manifestaram.

Jair estava com a tia em uma assembléia, na escola. Quando nos viu veio nos cumprimentar e apresentar a tia. Ele contou para ela: *"Na sala nós fizemos cartaz sobre bebida, família, um tanto de coisa."*

No início do processo, alguns alunos mostraram resistência em desenvolver uma nova metodologia, na qual teriam de ter responsabilidade por seus atos. Não queriam se responsabilizar pelo próprio crescimento, por sua própria aprendizagem e tentaram impor padrões de conduta estereotipados. Era mais fácil para eles repetir o que já estavam acostumados a fazer do que se comprometerem na construção de uma proposta. Comprometimento na construção traz responsabilidade, então, eles expressavam sentimentos contraditórios, de um lado querendo uma prática pedagógica diferente, que pudesse ajuda-los, de outro, resistindo. Eram autoritários nessas ocasiões.

Jairo e José reclamaram: *"Tudo que faz nesta sala a gente tem que lê."*

José: *"Eu não quero saber, quero as carteiras igual as de todo mundo."*

Nós conversávamos com eles, nesses momentos, sempre com o intuito de manter o diálogo autêntico e uma prática democrática e humanista. Assim, todas as decisões eram votadas pelos alunos. Nosso trabalho visava, também, ao resgate da auto-estima, da liberdade responsável, da autenticidade. Em alguns desses momentos, os alunos propunham uma prática alienante, como, no exemplo citado acima, quando José queria manter as carteiras em determinada posição só porque todo mundo mantém.

Segundo Rogers, um curso tem cinco elementos básicos: as pessoas, as interações, os processos, o conteúdo e a pressão institucional. Os vários métodos existentes envolvem combinações diferenciadas desses elementos, nos quais a ênfase recai sobre um(s) dos elementos.

Na proposta pedagógica humanista, a ênfase recai mais sobre as pessoas e as interações que estas estabelecem. Isso porque, dando-se maior ênfase às pessoas e às interações, pode-se trabalhar o conteúdo de uma forma mais criativa, a partir de questões importantes para os alunos.

Nesse contexto, o clima na sala de aula era de acolhimento, respeito e liberdade, a fim de que cada aluno pudesse expressar e explorar seus objetivos, necessidades, idéias e sentimentos. Durante o processo, procurávamos respeitar e valorizar as objetivações de nossos alunos. Nós os escutávamos e devolvíamos a eles nossa compreensão do que haviam dito. Muitas vezes, nós os questionávamos, tentando auxiliá-los a refletir sobre o conteúdo que tinha sido expresso. Nossa atitude não era a de concordar com tudo o que diziam, era uma atitude de compreensão. Tentávamos compreender, de fato, aquilo que o aluno estava tentando nos dizer. Então, devolvíamos a eles a nossa compreensão do que havia sido dito e facilitávamos um processo de reflexão.

Muitas vezes, fazíamos uma pergunta a eles para que, na tentativa de responder, pudessem pensar sobre ela. Os próprios alunos passaram a intervir de forma construtiva nas falas uns dos outros, auxiliando no processo de elaboração do que estava sendo discutido. Os alunos passaram a ser mais autênticos, mais criativos. Passaram a ter idéias originais, que atendiam às necessidades do grupo e que favoreciam o processo de aprendizagem e de crescimento humano.

Os alunos passaram a sugerir atividades, a cuidar das plantas, a ajudar uns aos outros. Eles mesmos passaram a fazer o círculo com as carteiras. Passaram a se preocupar com seus cadernos e em ter um bom desempenho durante os exercícios.

No início do processo, poucos alunos se importavam com seus cadernos. A maioria deles não usava lápis de cor, mesmo os que tinham, não os usavam, não se preocupavam em fazer um desenho ou passar um traço com régua. Alguns esqueciam o caderno em casa e, então, escreviam em folhas separadas que nós dávamos para eles. Outros diziam que não tinham caderno. Nessas ocasiões, conversávamos com eles e tentávamos conseguir um caderno. Nós os incentivávamos a utilizar o caderno e fazíamos questão de colocar "parabéns", quando terminavam os exercícios.

No decorrer do processo, eles passaram a enfeitar os cadernos. Colavam ou faziam desenhos nos cadernos por iniciativa própria. Às vezes, faziam desenhos pequenos, no alto da página, nos cadernos uns dos outros. Passaram a ficar irritados quando algum colega sujava ou amassava o caderno de alguém. O caderno passou a ser importante para eles.

Heli chorou porque Manoel I. tinha sujado o caderno dele.

Júlio brigou com Manuel C. Disse que Manoel tinha amassado o caderno dele. Manoel C. contou que não tinha visto. Pediu desculpas.

Os cadernos, livros e revistas passaram a ter um novo significado para os alunos.

O processo dialógico na sala de aula

No início do processo, os alunos se relacionavam de forma estereotipada, agressiva, utilizavam, quase que exclusivamente, a linguagem da ação física. Esta diz respeito a atitudes que os alunos tomam com o intuito de modificar o ambiente da sala de aula – no nível material ou humano – sem se darem conta do sentimento que motiva a ação. A linguagem da ação física inclui todo tipo de ação – levantar, sair, entrar, fechar ou abrir portas e janelas, brigar, conversar, cantar – e tudo que se relaciona "à configuração espaço-tempo das trocas".

Nesse tipo de linguagem, os sentimentos conscientes e inconscientes são recusados. No início do processo, quase não apareciam as outras formas de linguagem. Os sentimentos e idéias não eram expressos de forma que pudessem ser compreendidos. Os alunos brigavam, cantavam alto, levantavam a todo momento.

Durante as aulas, nós facilitamos o processo de diálogo para que os alunos pudessem expressar suas idéias, experiências e sentimentos. Desenvolvemos um diálogo autêntico com os alunos. Nesse contexto, os alunos se aproximaram de si mesmos e desenvolveram relações autênticas consigo mesmo e, também, uns com os outros e com as outras pessoas.

Para que haja diálogo é preciso que a(s) pessoa(s) saibam respeitar o(s) outro(s) com quem dialoga.

Quem tem o que dizer precisa estimular quem escuta a falar também, a responder. O educador que ocupa todo o tempo da aula falando, como se os alunos não tivessem nada para dizer, desconsidera o saber que eles trazem para a escola, suas experiências de vida e seus sentimentos com relação ao que está sendo discutido. Essa dinâmica dificulta ou impossibilita a expressão dos alunos que, nesse contexto, saem da escola com os mesmos conflitos e dúvidas com que chegaram.

Se o professor fala todo o tempo e não escuta seus alunos, não há diálogo. Ele ocupa o tempo que seria reservado à fala daqueles que o escutam. Sua fala não acontece no momento em que seus interlocutores estão em silêncio, acontece em um processo de silenciamento do outro que não pode se expressar, apenas ouvir. Ao contrário, o educador democrático fala no momento em que seus alunos se colocam em silêncio para ouvi-lo, e se cala no momento em que vai escutar o que seus alunos têm a dizer (FREIRE, 2004).

É no momento de silêncio que escutamos, como sujeitos, não como objetos, o que o outro, que também é sujeito, está nos dizendo. E é no momento de silêncio de quem falou que as reflexões ou dúvidas daqueles que escutaram vão poder ser ouvidas. De outra forma, não há diálogo, não há comunicação.

À medida que estabelecíamos um diálogo com os alunos, tentado ajudá-los a expressar suas idéias, sentimentos e experiências, eles desenvolviam outras formas de linguagem.[2] Com o desenvolvimento das aulas, apareceram no grupo, a linguagem simbólica, a linguagem das estruturas racionais, a linguagem da emoção e a linguagem do sentimento.

---

[2] A esse respeito ler: A vida afetiva dos grupos. Max Pagès. São Paulo: Editora Vozes, 1976.

A linguagem simbólica apareceu nas brincadeiras, sonhos, mitos, jogos. Nessa, os sentimentos foram expressos verbalmente, mas, como se pertencessem a outras pessoas ou a personagens de histórias. Os alunos falavam de seus sentimentos protegendo-se deles, sem associá-los ao momento presente. Eles utilizaram essa forma de linguagem para expressar conteúdos que não conseguiam expressar abertamente.

Durante as discussões, eles aprenderam a utilizar com mais freqüência a linguagem das estruturas racionais. Dessa forma, passaram a explorar racionalmente as situações e as experiências. A racionalização foi muito utilizada durante todo o processo e se intercalava com as outras formas de linguagem.

Durante o processo, os alunos passaram a utilizar também, a linguagem da emoção e do sentimento. Durante o desenvolvimento das aulas, essas formas de linguagem eram utilizadas com freqüência pelos alunos. Na linguagem da emoção, há uma aproximação dos sentimentos, no entanto, eles ainda não são percebidos de maneira consciente. O sentimento está quase aflorando. A pessoa sente uma emoção que não sabe explicar, como, por exemplo, uma vontade de rir, de chorar ou uma agitação.

Com a construção de um diálogo autêntico em sala de aula, passaram a usar, também, a linguagem do sentimento. Então, passaram a perceber e reconhecer os sentimentos que estavam sendo vividos. Passaram a expressá-los e verbalizá-los sem constrangimentos. Essa linguagem assemelha-se com a racional, no entanto, apresenta a diferença radical de estar apoiada nos sentimentos conscientemente reconhecidos e aceitos (PAGÈS, 1976).

À medida que os alunos aprenderam a utilizar as outras formas de linguagem, a expressar suas idéias e sentimentos, a linguagem da ação física passou a ser menos utilizada. Então, eles já conseguiam ficar assentados, a dialogar, ao invés de baterem uns nos outros. Eles passaram a perguntar se podiam sair da sala um instante e a explicar o porquê de precisarem sair. Passaram, também, a compreender quando não podiam sair naquele instante. O diálogo passou a ser autêntico, eles falavam de situações e sentimentos.

João contou para os colegas: *"Fico preocupado com minha avó. A coluna dela está com um negócio lá."*

Igor: *"Você gosta dela?"*

João: *"Gosto. Eu fico preocupado com ela, eu não quero perder ela não."*

Igor: *"Minha mãe está perdendo o tato da mão. O braço dela está doendo."*

Rosilene: *"Quem?"*

Igor: *"Minha mãe"*. Ele contou que sente tristeza.

João: *"Eu, também."*

Manoel I: *"Eu não tenho problema, não."*

Falando sobre vergonha, os alunos conversavam abertamente. Jairo contou que não tinha vergonha de nada.

Então, João falou: *"Ele tem vergonha quando os meninos chamam ele de defunto."*

Heli: *"Ele tem raiva."*

Júnior: *"Eu não tenho vergonha nem raiva de nada."*

José: *"Eu tenho vergonha de ficar de castigo."*

Tiago: *"Eu tenho vergonha de apanhar na frente dos meus colegas."*

Adão contou um sonho que teve, para os colegas. Depois disse: *"Você pensa que é realidade sô!"*

João, falando do que sente quando algum familiar bebe demais, contou: *"Calma. Queria que fosse calma. Raiva."*

Durante o processo, os alunos fizeram jograis, contaram piadas, leram poesias, histórias, cantaram e dançaram. As várias formas de linguagem passaram a se alternar de forma muito saudável.

Como utilizamos uma pedagogia humanista, sempre ouvíamos nossos alunos e procurávamos compreendê-los. Dialogávamos com eles de forma autêntica e, toda vez que não podíamos atendê-los em uma determinada demanda, explicávamos o porquê e tentávamos, em grupo, encontrar uma forma de solucionar a questão ou de atender à demanda. Eles aprenderam a ouvir e a argumentar com tranqüilidade.

Gostaríamos de ressaltar que os alunos aprenderam a dialogar, a falar e a escutar, na própria vivência da situação de diálogo. Aquelas pessoas que, em qualquer nível de aprendizado, não têm a oportunidade de vivenciar uma relação dialógica com seus professores, dificilmente aprenderão a estabelecer relações dialógicas na escola. Estamos nos referindo a um diálogo autêntico, a uma relação de respeito e acolhimento pela pessoa do outro.

O aluno aprende a dialogar a partir da vivência de relações dialógicas. Não se aprende a dialogar por meio de teorias sobre o diálogo, desconectadas da prática, da realidade. *Se o educador estabelece uma relação autoritária com seus alunos, como esperar que eles, por sua vez, saibam ser justos e democráticos? As atitudes de respeito, de consideração pela pessoa do outro, são aprendidas, também, na escola. Essa aprendizagem não se dá por meio de aulas expositivas.*

Ela se dá por meio de atitudes nas quais o aluno se sinta respeitado, ouvido, compreendido. Quando vivenciam relações autênticas, os alunos aprendem a ser autênticos. Em uma prática pedagógica humanista, aprendem a ouvir, porque sabem que serão ouvidos, aprendem a respeitar o outro, porque sabem que são respeitados.

Um aluno que vivencia relações autênticas com seus professores tende a ser autêntico, a expressar-se com sinceridade, sem receio de suas idéias e sentimentos. Tende a respeitar, também, os sentimentos e idéias do outro, compreendendo que esses pertencem ao outro.

Em uma "brincadeira" na qual os alunos diziam o que gostariam de mudar em si, Fernando falou: "Quero aprender mais, ser mais estudioso. Quero ser bonito, também".

Heli: "Tudo, tudo."

Jairo: "Aprender a ler."

João falando sobre as mães disse: "Tem mãe que é meio chatinha, mas, é boa."

Manoel C. : "Eu tenho problema na família."

Tiago contou para os colegas que sentia vergonha de quando a família dele brigava na rua de "dar porrada."

A exploração dos temas geradores, durante o processo de alfabetização, facilitou o desenvolvimento do diálogo e a exploração da realidade vivida pelos alunos, a exploração de conflitos e injustiças sociais.

Ao expressarem os problemas sociais vividos por eles, os alunos puderam compreendê-los melhor e desenvolver um olhar crítico sobre as várias situações vividas.

Assim, é imprescindível que o educador escute o educando. É a partir da escuta dos receios e dúvidas dos educandos que o educador aprende a falar *com* eles (FREIRE, 2004).

Escutar, nesse contexto, é também, uma atitude de abertura, disponibilidade e respeito pela pessoa do outro, por suas experiências e sentimentos. Isso não significa, em hipótese nenhuma, uma redução de quem realmente escuta àquele que fala.

A escuta verdadeira implica o direito de quem escuta de concordar ou discordar do que foi ouvido. Implica o direito e o dever de se posicionar com consciência crítica, com autenticidade, diante do que foi escutado, sempre com respeito pela pessoa do outro. Então, a fala de quem escuta nunca é autoritária. Mesmo quando é discordante.

A escuta legítima demanda muitas qualidades daquele que escuta. Essas qualidades vão sendo desenvolvidas na própria prática de escutar. Aceitar e respeitar a diferença é uma dessas virtudes essenciais para quem quer aprender a escutar o outro.

Sem o respeito pela pessoa do outro, não há escuta, há preconceito, discriminação. A discriminação impede que a pessoa discriminada seja verdadeiramente escutada. Isso porque aquele que discrimina parte do pressuposto de que é superior àqueles que lhe parecem diferentes. Nesse processo, o outro não é visto em sua totalidade, em sua humanidade, é estigmatizado e reduzido à característica que o estigmatiza.

A pessoa que acredita ser a única certa não escuta quem tem idéias ou costumes diferentes dos seus. Logo, se domina a forma "culta" da língua portuguesa, não escuta quem escreve ou fala fora dos padrões da gramática normativa, quem fala de forma diferente da dela. Não está aberta às diferenças.

O educador autoritário não respeita a concepção de mundo que o educando traz ao chegar à escola. Esquece-se de que a visão de mundo do aluno está associada a uma "cultura de classe", de que foi construída dentro de uma comunidade, e que tem sentido e significado no seio desse grupo. Quando o educador nega o saber que o aluno demonstra ao chegar à escola, nega, também, o grupo de pertencimento do aluno, suas crenças, sua história, nega o próprio aluno.

Essa negação, muitas vezes inconsciente, constitui-se em um obstáculo para que um processo de aprendizagem significativa aconteça.

Na exploração dos temas geradores escolhidos pela turma, bem como durante todo o processo, a atitude de respeito para com as objetivações feitas pelos alunos, pela visão de mundo e sentimentos de cada um deles, facilitou o desenvolvimento de um sentimento de autoconfiança nos alunos e uma relação autêntica de cada aluno consigo mesmo e, também, com os outros. Facilitou, também, o processo da construção de uma visão mais crítica da realidade.

À medida que os alunos sentiram que a concepção de mundo que expressavam não era criticada nem menosprezada, eles se sentiram à vontade para explorá-la e puderam, então, modificá-la ou ampliá-la, passando da curiosidade ingênua para uma curiosidade epistemológica.

A compreensão da forma como os alunos "liam" o mundo foi essencial na facilitação do processo ensino-aprendizagem. A concepção de mundo de cada aluno revelava uma construção que é social e cultural. Revelava, também, o trabalho pessoal, idiossincrático, no próprio processo de compreensão do mundo. É a partir dessa compreensão – que se dá e se amplia por meio do diálogo – que o educador vai conhecer cada um de seus alunos e trabalhar com eles, facilitando o processo de crescimento humano e a construção de uma visão crítica da realidade.

Discutindo sobre as mães, Tiago falou: *"Uma mãe deve cuidar de um filho com carinho e amor. Tem umas mães que é mal educada. Deixa o filho na rua, não tem dinheiro pra comprar fralda e aí pensa que tem que dar o filho pros outros. Aí só porque o cara tem dinheiro ela vai e namora com ele."*

Wagner: *"O filho quer amor."*

Júlio: *"Meu avô bebe muito."*

João: *"A mãe falou que se assoviar aparece cobra."*

Fernando, falando sobre Portugal disse: *"Portugal levou o dinheiro do Brasil e por isso nós ficamos pobres e eles ricos."*

Outro aluno: *"lá em Portugal era pobre e aqui era rico. Eles roubaram aqui. Eles ficaram ricos"*. Na aula seguinte, levamos um texto sobre Portugal e um mapa-múndi.

Alguns aspectos promovem ou dificultam a comunicação entre os alunos. A continuidade ou ruptura do diálogo obedece a certas "leis" que dirigem o processo dialógico. Nesse sentido, algumas expressões facilitam a continuidade do diálogo, outras provocam a ruptura do mesmo.

As expressões que introduzem um novo aspecto ao que está sendo discutido, sem quebrar a continuidade de intercâmbio, possibilitam a fluidez do diálogo. Ao contrário, as expressões que mudam bruscamente a linguagem ou o tema tendem a interromper o diálogo (PAGÈS, 1976).

Então, quando o grupo está, por exemplo, em um estudo racional de um problema e alguém sugere, prematuramente, uma medida prática no plano de ação, sua sugestão pode ser ignorada ou soar como um ruído horrível e interromper o trabalho do grupo (PAGÈS, 1976).

Apesar da mudança brusca de linguagem interromper o fluxo do diálogo, a mudança de linguagem pode ser confirmante se for gradativa e preparada por mudanças anteriores (PAGÈS, 1976).

As respostas confirmantes que dávamos às perguntas ou objetivações dos alunos facilitaram o fluir do diálogo. Essa confirmação dizia respeito ao reconhecimento daquilo que foi falado, à compreensão do material que foi expresso no ato da fala e, fundamentalmente, a uma resposta que transmitisse essa compreensão, que aceitasse seu significado e que reconhecesse o ato evocador.

As repostas confirmantes não eram necessariamente positivas, nem sempre significaram estar de acordo com o que os alunos estavam pedindo ou dizendo. Uma resposta negativa era altamente confirmante quando reconhecia o ato evocador e compreendia o significado do que foi verbalizado. Nesse caso, expressa-se a compreensão do que foi dito, reconhecendo que pertence ao outro e a discordância de opinião com relação ao discurso proferido.

Como, por exemplo, quando José ficou incomodado com os deboches dos colegas de outras salas por causa da posição das carteiras em círculo e disse que tínhamos de deixar as carteiras igual a todo mundo deixa, nós discutimos o assunto e lemos a história da Maria-vai-com-as-outras.

Quando Jairo insistia em dizer que era burro, não concordávamos com ele. Nós dialogávamos com ele para que pudesse refletir sobre sua crença, a fim de poder modifica-la.

É importante lembrar que uma resposta confirmante, baseada em uma identificação radical entre os interlocutores, não favorece o diálogo. Pois, nesse caso, não facilita a progressão do mesmo, é imobilizante. Da mesma forma, são imobilizantes as oposições ou aprovações sistemáticas.

Nas situações em que os alunos tiveram atitudes de identificação radical ou oposições sistemáticas, tentamos ajudá-los a refletir, mostrando outros ângulos da questão. Nessas situações, usamos músicas, histórias, brincadeiras ou a expressão pura do que pensávamos.

Esses níveis de linguagem estão presentes na sala de aula. Embora, o educador não vá trabalhar predominantemente com eles, é importante que os reconheça, a fim de que não os reprima e possa ajudar seus alunos a se expressarem com mais clareza e consciência do que estão querendo dizer.

Neste contexto, o educador está livre de preconceitos. Respeita seus alunos como pessoas que são. Todas as formas de expressão, bem como todas as variantes da língua, são compreendidas e respeitadas como meio de comunicação e não são rejeitadas.

Conclusão

Nosso interesse no processo de alfabetização data de longo tempo. Durante dezoito anos, exercemos o magistério na rede pública de ensino, trabalhando com diversos níveis de escolaridade. Durante esse período, sempre nos sensibilizamos ao encontrar uma criança, um adolescente ou um adulto que não tinha conseguido ser alfabetizado.

No curso de Psicologia e no mestrado em Psicologia Social, durante nossos estudos, aprofundamo-nos no conhecimento sobre o Humanismo e sobre o Existencialismo. Tivemos, também, a oportunidade de participar de vários estágios em dinâmica de grupo. Voltando do mestrado e retomando as atividades do magistério na escola onde trabalhávamos, constatamos que algumas crianças não sabiam ler nem escrever, não tinham sido alfabetizadas, apesar de freqüentarem a escola há alguns anos.

Um grupo de colegas, que conhecia parte de nossos trabalhos, sugeriu que formássemos uma turma com alguns desses alunos, para que tentássemos alfabetizá-los. Então, montamos um projeto de alfabetização, embasado no humanismo existencialista e na metodologia de Paulo Freire.

Para melhor compreensão do crescimento humano, do ponto de vista psicossocial, embasamo-nos na teoria de desenvolvimento de Erikson, ressaltando os sentimentos positivos e negativos que podem ser incorporados em cada fase. Se algumas etapas não forem solucionadas de maneira adequada, a pessoa pode incorporar os sentimentos negativos relacionados a essas respectivas etapas e o seu processo de desenvolvimento pode ficar inibido ou bloqueado. A má resolução de uma etapa pode interferir negativamente na vivência da(s) etapa(s) seguinte(s).

Uma prática pedagógica autoritária, na qual os conteúdos são depositados nos alunos, não facilita o processo de crescimento humano. Nesse contexto, as relações verticais que se estabelecem podem dificultar a vivência de algumas etapas do crescimento, que são, também, vividas na escola. Embasamos esta discussão nos estudos de Rogers e de Freire.

Acreditamos que uma prática pedagógica humanista pode facilitar o desbloqueio do processo de crescimento humano, facilitando, também, o processo de aprendizagem.

Das fases do desenvolvimento, descritas na teoria de Erikson, enfatizamos a escolar, etapa em que se encontravam nossos alunos. Essa fase é decisiva no que tange à incorporação dos sentimentos de operosidade, de capacidade para participar do mundo das descobertas e construções.

O papel da escola é fundamental nessa etapa. A dinâmica escolar pode ser desastrosa ao indivíduo e à sociedade democrática como um todo, se dificultar o sucesso ou mesmo a continuidade da vida escolar de algumas crianças. Se a criança se sentir marginalizada ou "expulsa" nas atividades escolares pode incorporar um sentimento de inferioridade. Então, conformando-se com esse lugar que lhe foi imposto, pode tornar-se, mais tarde, um escravo da tecnologia e do grupo que a explora.

Dedicamo-nos, então, a compreender os meios pelos quais uma prática pedagógica humanista e progressista facilita o processo de uma aprendizagem que seja significativa para os alunos, facilitando, também, o processo de crescimento humano.

Dando continuidade a essa caminhada, discutimos a respeito do preconceito lingüístico, da forma como ele se manifesta na educação formal e dos prejuízos que traz para o processo ensino-aprendizagem.

Em seguida, discutimos, brevemente, sobre a importância do lúdico na vida humana e na educação. Enfocamos sua participação na facilitação da auto-expressão, da aprendizagem e da elaboração de conflitos.

Passamos, então, a discutir a metodologia de alfabetização de Paulo Freire, um dos pilares que embasa este trabalho.

Nosso projeto de alfabetização, embasado em uma prática pedagógica humanista e na metodologia de Paulo Freire, foi desenvolvido com uma turma de dezoito alunos, que cursava a quarta-série em uma escola pública, na qual trabalhávamos como educadora.

Baseados na análise dos dados obtidos das falas dos alunos durante as aulas, no que se refere à violência e às relações interpessoais, constatamos que, no início do processo de alfabetização, os alunos agiam de forma impulsiva e agressiva. Eles se agrediam fisicamente e se insultavam repetindo estereótipos criados socialmente para as minorias sociais e que se associavam à pobreza e a uma falta de capacidade para estudar.

Nesse contexto, não havia espaço para o diálogo. As brincadeiras eram estereotipadas e agressivas e, não raro, acabavam em briga. Havia uma disputa constante entre os alunos e eles se preocupavam em ser o mais forte ou em ostentar algum objeto ou material que os outros não tivessem. A solidariedade e o companheirismo praticamente não existiam no grupo.

Era como se os alunos tivessem "perdido" a capacidade de refletir criticamente e no dia-a-dia adotassem atitudes alienadas, compulsivas ou adaptativas, ao invés de uma ação para a mudança. Eles não agiam de forma consciente e responsável, alienando-se de seu potencial para decidir por si mesmos e para tomar novas atitudes frente às várias situações.

À medida que o processo de alfabetização acontecia, na exploração dos temas geradores, por meio de um diálogo autentico, os alunos expressaram suas dúvidas, experiências e conflitos. Esse material era expresso e explorado de uma forma, geralmente, impessoal. Assim, falava-se em um âmbito mais abrangente, o social, embora, muitas vezes, os alunos relatassem experiências próprias.

À medida que o diálogo fluía, a agressividade diminuía. Os alunos ficaram menos agitados e menos agressivos. Eles passaram a conversar e a respeitar as falas uns dos outros. Como se sentiam aceitos e respeitados, eles falaram abertamente de seus conflitos, sempre associados às temáticas estudadas, escolhidas por eles.

Aproximaram-se de suas idéias, experiências e sentimentos, passaram a ter mais respeito por si mesmos e, também, pelos outros. Ficaram solidários, criativos e o companheirismo passou a ser uma constante na sala de aula. Embora ainda brigassem e discutissem, houve uma mudança significativa nos alunos. Eles passaram a brigar muito menos e a conversar quando havia algum problema, passaram a se preocupar uns com os outros.

O estudo, no início do processo, apareceu associado a experiências de fracasso. Nesse contexto, os alunos julgavam a si mesmos como inabilitados para o estudo e repetiam essas imagens estereotipadas para referirem-se a si mesmos e, também, aos colegas. Então, os alunos preferiam fazer atividades nas quais sabiam que seriam bem-sucedidos, demonstravam interesse em ficar fora da sala de aula, em jogar futebol ou correr no pátio. Eles demonstravam receio de "fracassar" e, assim, no início do processo, apresentavam resistências para fazer uma leitura ou um exercício. Demonstravam, também, um excesso de sensibilidade a qualquer observação de que algo precisava ser corrigido, durante os exercícios. Saber que tinham feito algo "errado" fazia reviver os estereótipos de que eles não conseguiam aprender a ler e nem a escrever.

Eles demonstravam sentimentos ambivalentes. De um lado, recusavam-se a ler os exercícios, de outro, iniciavam a leitura logo após verbalizarem que não leriam. Resistiam à aprendizagem com receio do fracasso, mas, em seguida, empenhavam-se na tarefa, garantiam o andamento do processo ensino-aprendizagem.

Em um clima de aceitação incondicional, de respeito e acolhimento, os alunos puderam se expressar com maior liberdade, permitindo-se aprender, perguntar, falar, sugerir, contar e criar. À medida que sentiam que eram respeitados e incentivados a prosseguir no processo de aprendizagem, os alunos tornavam-se mais seguros, autoconfiantes. Passaram a incentivar uns aos outros na hora da leitura. Começaram a demonstrar satisfação quando liam e o estudo passou a ser associado a coisas boas como paz, alegria, amizade.

Os alunos passaram a gostar de ficar na sala e a gostar de ler, escrever, de desenhar, contar histórias, fazer jograis, cantar, ler poesias e de inventar brincadeiras.

No início do processo, os alunos não dialogavam. Eles repetiam comportamentos estereotipados, agressivos, e agiam de maneira compulsiva, sem nem mesmo saber explicar o motivo de certas atitudes, quando questionados. A angústia sentida cotidianamente, nas várias formas de exclusão social vividas por eles, era manifestada de forma compulsiva, sem uma reflexão que permitisse maior compreensão da realidade e uma ação para mudança, pelo menos no que diz respeito às atitudes na escola e às relações familiares.

Nesse contexto, não havia lugar para a decisão humana, para a escolha, para a transformação. A prática pedagógica, embasada no diálogo autêntico, ajudou a resgatar a autonomia dos educandos, sua liberdade e criatividade, sua capacidade de fazer escolhas e de assumi-las.

Com o desenvolvimento do processo de alfabetização, durante os diálogos nos quais os temas geradores eram explorados e, também, durante as brincadeiras, os alunos foram construindo uma relação dialógica conosco e uns com os outros. Passaram a conversar e a resolver as várias situações, conversando. Passaram a demonstrar solidariedade uns com os outros e a intervir nas várias situações de maneira crítica e consciente.

Nesse contexto, as brigas diminuíram muito. Os alunos ficaram mais sociáveis, e muitas situações que geravam brigas no início do processo passaram a ser resolvidas por meio do diálogo. Eles passaram a argumentar e a defender seus pontos de vista, agora mais críticos. Passaram a expressar as situações e experiências vividas nas suas várias dimensões, de forma consciente, verbalizando, inclusive, os sentimentos de tristeza, raiva ou alegria.

A partir da própria vivência da relação dialógica é que os alunos aprenderam a dialogar. Sentindo-se respeitados e aceitos, eles aprenderam a respeitar e a aceitar não só a si mesmos mas também uns aos outros. Durante as aulas, a partir da construção do diálogo autêntico, os alunos passaram a demonstrar respeito por si e pelo outro, solidariedade, companheirismo.

Nesse contexto, a alfabetização fluiu e os alunos começaram a ler. Os temas geradores tiveram uma grande importância nesse processo. Por meio da exploração desses temas, escolhidos pelos alunos, eles puderam, também, compreender melhor a própria realidade na qual estavam inseridos.

Ao compreenderem melhor a realidade, tornavam-se menos angustiados e mais disponíveis para a aprendizagem da escrita e da leitura, o que parecia impossível para eles nos anos anteriores. O diálogo livre e autêntico, na sala de aula, facilitou não só a exploração dos temas geradores e uma maior compreensão de algumas questões sociais mas também uma aproximação dos alunos de si mesmos, um autoconhecimento.

Dessa forma, eles ficaram mais próximos, também, uns dos outros. Passaram a compreender que os problemas vividos por um aluno, muitas vezes, era vivido por todos. Desenvolveu-se um sentimento de solidariedade na turma.

No final do semestre, com exceção de dois alunos, a turma estava lendo pequenos textos, placas, cartazes, bilhetes, embalagens.

Dois alunos ainda não tinham se comprometido com o processo de alfabetização. Um deles ainda estava se preparando para iniciar o processo. As imagens negativas que ele tinha de si mesmo, de sua inabilidade para o estudo, ainda estavam sendo desconstruídas. O outro estava iniciando o processo na fase em que o restante da turma já estava começando a ler.

Consideramos o resultado obtido satisfatório, tanto do ponto de vista do crescimento humano dos alunos, quando da aprendizagem da leitura e da escrita.

Concluindo: Cada um dos alunos e a classe como um todo apresentou mudanças significativas na forma de se relacionarem uns com os outros e com as outras pessoas. As relações passaram a ser solidárias e as várias questões resolvidas, muitas vezes, por meio do diálogo. Houve mudanças relevantes, também, na forma de encarar o estudo. Este passou a ser associado a coisas positivas e a possibilidade de obtenção de êxito no processo ensino-aprendizagem. Os alunos construíram relações embasadas em um diálogo autêntico durante as aulas e desenvolveram uma auto-imagem mais positiva.

Os dados deste trabalho corroboram nossa hipótese de que uma prática pedagógica embasada no humanismo existencialista e na metodologia de Paulo Freire pode facilitar o processo de alfabetização, de aprendizagem e de crescimento humano dos alunos.

Referências

AFONSO, Maria Lúcia Miranda (Org.). *Oficinas em dinâmica de grupo: um método de intervenção psicossocial*. Belo Horizonte: Edições do Campo Social, 2000.

ARIÈS, Philippe. *História social da criança e da família*. Rio de Janeiro: Zahar Editores, 1981.

AXLINE, Virginia. *Ludoterapia – a dinâmica interior da criança*. Belo Horizonte: Interlivros, 1972.

BAGNO, Marcos. *Preconceito lingüístico – o que é, como se faz*. São Paulo: Loyola, 2001.

BARDIN, Laurence. *Análise do conteúdo*. [S.l.]: Edições 70, 1977.

ERICKSON, Erik. *Identidade, juventude e crise*. Rio de Janeiro: Zahar, 1976.

ERIKSON, Erik. *Infância e sociedade*. Rio de Janeiro: Zahar, 1976.

FONSECA, Afonso H. Lisboa da. *Grupo, fugacidade, ritmo e forma, processo de grupo e facilitação na psicologia humanista*. São Paulo: Agora, 1988.

FREIRE, Paulo. *À sombra desta mangueira*. São Paulo: Olho d'Água, 2001.

FREIRE, Paulo. *Pedagogia da autonomia – saberes necessários à prática educativa*. São Paulo: Paz e Terra, 2004.

FREIRE, Paulo. *Pedagogia do oprimido*. São Paulo: Paz e Terra, 2003.

FREIRE, Paulo. *Professora sim, tia não*. São Paulo: Olho d'Água, 2003.

FROMM, Erich. *O medo à liberdade*. Rio de Janeiro: Zahar, 1975.

GARVEY, Catherine. *El juego infantil*. Madrid: Morata, 1983.

GOFFMAN, Erving. *A representação do eu na vida cotidiana*. Petrópolis: Vozes, 1985.

GOFFMAN, Erving. *Estigma – notas sobre a manipulação da identidade deteriorada*. Rio de Janeiro: Guanabara, 1988.

HUIZINGA, J. *Homo Ludens*. São Paulo: Perspectiva, 1971.

LEWIN, Kurt. *Problemas de dinâmica de grupo*. São Paulo: Cultrix, 1988.

MAILHOT, G. B. *Dinâmica e gênese dos grupos*. São Paulo: Livraria Duas Cidades, 1991.

MASSIMI, Marina; MAFHOUD, Miguel (Orgs.). *Diante do mistério / Psicologia e senso religioso*. São Paulo: Loyola, 1999.

OAKLANDER, Violet. *Descobrindo crianças*. São Paulo: Summus, 1978.

OLIVEIRA, Roberto Cardoso. *Identidade, etnia e estrutura social*. São Paulo: Copyright, 1970.

PAGÈS, Max. *Orientação não diretiva em psicoterapia e psicologia social*. São Paulo: Copyright, 1970.

PAGÈS, Max. *A vida afetiva dos grupos*. São Paulo: Vozes, 1976.

PERINI, M. *Sofrendo a gramática – ensaios sobre a linguagem*. São Paulo: Ática, 1999.

ROGERS, Carl R. *Grupos de encontro*. São Paulo: Martins Fontes, 2002.

ROGERS, Carl R. *Liberdade para aprender*. Belo Horizonte: Interlivros, 1972.

ROGERS, Carl R. *Tornar-se pessoa*. São Paulo: Martins Fontes, 1999.

ROMEIRO, Emílio. *As dimensões da vida humana, existência e experiência*. São José dos Campos: Novos Horizontes, 1999.

RÚDIO, Franz Victor. *Compreensão humana e ajuda ao outro*. Petrópolis: Vozes, 1999.

RÚDIO, Franz Victor. *Orientação não diretiva na educação, no aconselhamento e na terapia*. Rio de Janeiro: Vozes, 1975.

SAWAIA, Bader (Org.). *As artimanhas da exclusão – Análise psicossocial e ética da desigualdade social*. Petrópolis: Vozes, 1999.

Qualquer livro da Editora não encontrado
nas livrarias pode ser pedido por carta,
fax, telefone ou pela Internet.

Autêntica Editora
Rua São Bartolomeu, 160 – Bairro Nova Floresta
Belo Horizonte-MG – CEP: 31140-290
PABX: (0-XX-31) 3423 3022
e-mail: vendas@autenticaeditora.com.br

Visite a loja da Autêntica na Internet:
www.autenticaeditora.com.br
ou ligue gratuitamente para
0800-2831322